Fremdsprachen
in Geschichte und Gegenwart

Herausgegeben von
Helmut Glück und Konrad Schröder

Band 18

2017

Harrassowitz Verlag · Wiesbaden

Eckhard Hoffmann

Emil Krebs
Ein Sprachgenie im Dienste der Diplomatie

2017
Harrassowitz Verlag · Wiesbaden

Wissenschaftlicher Beirat: Csaba Földes, Mark Häberlein, Hilmar Hoffmann,
Barbara Kaltz, Jochen Pleines, Libuše Špáčilová, Harald Weinrich, Vibeke Winge.

Abbildungsnachweise:
Abb. 1, 2, 3, 4, 6, 7, 8, 9, 10, 11, 12, 14, 15, 16, 17, 18, 19, 20, 21, 22, 27, 28, 29, 32, 34, 35, 41, 42, 44, 45, 46, 47, 52, 55, 56, 57, 58, 59, 60, 61, 62, 63, 65 aus den privaten Archiven von Eckhard Hoffmann, Potsdam und Brigitte Mayr, Gaienhofen.
Abb. 13, 23, 24, 25, 26, 30, 31, 33, 36, 37, 38, 39 aus „Tagebuch in Bilder" von Alfons Mumm von Schwarzenstein (ebenfalls im Privatarchiv der Vorgenannten).
Abb. 5, 40, 43, 48, 49, 50, 51, 52, 53, 54 mit freundlicher Genehmigung aus dem Politischen Archiv des Auswärtigen Amts, Berlin.
Abb. 64 mit freundlicher Genehmigung aus den Beständen der Staatsbibliothek Berlin.

Bibliografische Information der Deutschen Nationalbibliothek
Die Deutsche Nationalbibliothek verzeichnet diese Publikation in der Deutschen
Nationalbibliografie; detaillierte bibliografische Daten sind im Internet
über http://dnb.dnb.de abrufbar.

Bibliographic information published by the Deutsche Nationalbibliothek
The Deutsche Nationalbibliothek lists this publication in the Deutsche
Nationalbibliografie; detailed bibliographic data are available in the internet
at http://dnb.dnb.de

Informationen zum Verlagsprogramm finden Sie unter
http://www.harrassowitz-verlag.de
© Otto Harrassowitz GmbH & Co. KG, Wiesbaden 2017, 2019
Kreuzberger Ring 7c-d, D-65205 Wiesbaden,
produktsicherheit.verlag@harrassowitz.de
Das Werk einschließlich aller seiner Teile ist urheberrechtlich geschützt.
Jede Verwertung außerhalb der engen Grenzen des Urheberrechtsgesetzes ist ohne
Zustimmung des Verlages unzulässig und strafbar. Das gilt insbesondere
für Vervielfältigungen jeder Art, Übersetzungen, Mikroverfilmungen und
für die Einspeicherung in elektronische Systeme.
Gedruckt auf alterungsbeständigem Papier.
Satz und Gestaltung: Michael Fröhlich
Druck und Verarbeitung: BoD, Hamburg
Printed in Germany
ISSN 1860-5842
ISBN 978-3-447-10740-2

Inhalt

Zum Geleit VII

Danksagung IX

Vorwort XI

1. Kindheit, Schule, Studium 1
   Kindheit und Schule 1
   Studium 5

2. Emil Krebs in China 19
   Überfahrt nach China 19
   Die ersten Jahre in der Gesandtschaft 20
   Abordnung zum Gouvernement Kiautschou 22
   Aufgaben in Tsingtau (Qingdao) 24
   Tauziehen um Krebs' Rückkehr zur Gesandtschaft 26
   Rückkehr zur Gesandtschaft nach Peking 28
   Urlaub in der Heimat 32
   Hochzeit in Shanghai 1913 und Reiseberichte von Mande Krebs ... 34
   Die letzten Jahre in China 50

3. Wieder in Deutschland 69
   Ankunft in Berlin 69
   Nachrichtenstelle für den Orient 70
   Eingabe an Außenminister Dr. Friedrich Rosen 72
   Interesse des Sprachendienstes des Auswärtigen Amtes 77
   Bemühungen um Anstellung beim Seminar für Orientalische Sprachen ... 78
   Einsatz beim Sprachendienst des Auswärtigen Amtes 81
   Verbindung zu Gustav Krupp von Bohlen und Halbach 83
   Emil Krebs' Tod 94
   Nachrufe 101
   Untersuchung von Emil Krebs' Gehirn 102
   Interview mit Frau Amande Krebs 104
   Übersicht: Stationen in Emil Krebs' Leben 107

4. Emil Krebs' Sprachen und seine Privatbibliothek 111
   Emil Krebs' Bibliothek 111
   Was passierte mit seiner Bibliothek? 113
   Inventarlisten 114

Die Rolle religiöser Inhalte in fremdsprachigen Schriften 120
Inhaltliche Bandbreite der chinesischen Schriften in Krebs' Bibliothek 121
Wie lernte Krebs eine neue Sprache? 123
Inhalte fremdsprachlicher Schriften und Mittlersprachen 125
Welche Sprachen hat Krebs auf welchem Niveau
(für Übersetzungs- oder kommunikative Zwecke) beherrscht?............... 127
Tabellarische Übersicht: Einzelsprachenbezogene Auswertung der Inventarliste . 129

5. Zeitzeugen und Veröffentlichungen von Emil Krebs 139
   Zeitzeugen 139
   Veröffentlichungen von Emil Krebs 145
   Chinesische Schattenspiele 147
   Krebs' Nachbetrachtung Deutschland – China (1920).................... 151
   Chinas innere und äußere Politik 154
   Buchbesprechung in „Der Neue Orient" Band VII 1920.................. 171
   Über das Chinesisch Lernen... 175
   Emil Krebs, Nutzen des Sprachstudiums für Beamte des Auslandsdienstes.... 184

Quellenangaben 211

Zum Geleit

Im Zentrum des vorliegenden Bandes aus der verdienstvollen Harrassowitz-Schriftenreihe „Fremdsprachen in Geschichte und Gegenwart" steht ein Mann, der als eines der größten Sprachwunder der Menschheitsgeschichte gilt: Emil Krebs (1867–1930). Krebs hat sich nachgewiesenermaßen mit mehr als 100 Sprachen befasst und nach Berichten von Zeitzeugen zwischen 45 und 68 davon in Wort und Schrift beherrscht. Von seinen unerreichten Sprachkenntnissen profitierte in erster Linie das Auswärtige Amt, in dessen Diensten er bis zu seinem Tode 1930 stand.

Emil Krebs hatte bereits als Schüler eine besondere Neigung zu den Sprachen der Welt gefasst, sich jedoch nach dem Abitur zunächst der Theologie zugewandt, später den Rechtswissenschaften, in denen er 1891 sein Examen ablegte. Er arbeitete als „Königlich-Preußischer Gerichtsreferendar", betrieb aber – von der Juristerei offenbar weniger begeistert – seine Sprachstudien im Orientalischen Seminar in Berlin weiter, wo er die Dolmetscherprüfung für Chinesisch mit der Note „gut" ablegte. Mit diesem Abschluss bewarb sich Krebs als Dolmetscher beim Auswärtigen Amt und wurde 1893 in dieser Funktion an die deutsche Gesandtschaft in Peking entsandt, wo er die nächsten 25 Jahre als Dolmetscher und Legationsrat zubringen sollte.

Wie der Lebens- und Berufsweg des über das Sprachenlernen hinaus vielseitig begabten Emil Krebs verläuft, soll in diesem Band auch im Kontext der politischen und kulturellen Entwicklungen des Kolonialzeitalters betrachtet werden.

Es ist das große Verdienst von Eckhard Hoffmann, dessen Großvater der Bruder von Emil Krebs war, das Sprachgenie der Vergessenheit entrissen zu haben, wobei ihn der Sprachendienst des Auswärtigen Amts gerne unterstützt hat. Denn Krebs' einzigartige Persönlichkeit liefert einem interessierten Publikum ebenso wie den Spezialisten für Dolmetschen, Übersetzen und Sprachtraining gleichermaßen wertvolle Erkenntnisse in sprachlichen Fragen, daneben aber auch spannende Einblicke in die Zusammenhänge des kolonialen Zeitalters.

Emil Krebs, im traditionell sprachmächtigen Niederschlesien geboren und aufgewachsen, ist heute für Deutsche wie für polnische Schlesier unübertroffenes Idol in Sachen „Mehrsprachigkeit". Gerade in Polen weiß man Krebs' einmalige Leistung zu schätzen, setzt ihm Denkmäler und zeigt Ausstellungen über seinen Werdegang im damals deutschen, heute polnisch-europäischen Schlesien.

Aber nicht nur der wohl größte Polyglotte aller Zeiten Emil Krebs und seine Verwurzelung in Schlesien faszinieren Polen und Deutsche gleichermaßen: auch seine aufrechte und dezidierte Haltung in politischen Fragen, womit er als deutscher Beamter durchaus Konflikte in Kauf nahm, nimmt uns für ihn ein. So schrieb er beispielsweise in scharfem Gegensatz zu den kolonialen Ansprüchen seiner Zeit: „Die nunmehr achtzigjährige Geschichte der näheren Beziehungen Chinas zu den europäischen Staaten stellt eine ununterbrochene Kette von Vergewaltigungen der territorialen und souveränen Rechte Chinas auf politischem, wirtschaftlichem und kulturellem Gebiet dar…"

Nach Rückkehr aus China wird Krebs 1922 Übersetzer im Sprachendienst des Auswärtigen Amts, wo er aus 45 Sprachen amtliche Texte ins Deutsche übersetzt. In diesen Jahren erweitert er zudem die Palette der von ihm beherrschten Sprachen. Die heutige Sprachenvielfalt der Europäischen Union hätte Emil Krebs mit Sicherheit gefallen, da er aller ihrer Sprachen mächtig war.

Emil Krebs' Ruf als Sprachgenie und scharfsinniger politischer Beobachter ist heute nicht mehr allein auf Deutschland und Polen beschränkt, er wird zunehmend auch in dem Land rezipiert und verehrt, in dem er 25 erfüllte Berufsjahre verbringen durfte: in China. Und sein Name wird inzwischen auch als Gütesiegel von Sprachschulen vereinnahmt, in denen nach einer „Emil-Krebs-Methode" unterrichtet wird, die jedoch niemand genauer zu beschreiben weiß. Und dennoch: das Sprachlernzentrum des Auswärtigen Amts, das sich seit Jahren eingehend mit Emil Krebs und seinem Weg zu den Fremdsprachen befasst, konnte aus den methodischen Ansätzen des großen Vorbilds wertvolle Hinweise für Lernökonomie und Transfer von Sprachwissen entnehmen, die dem Unterricht für die Diplomaten und Mitarbeiter des Auswärtigen Amts zu Gute kommen.

Berlin, im November 2016
Stephan Steinlein, Staatssekretär des Auswärtigen Amts

Danksagung

Als stellvertretender Leiter des Sprachendienstes im Auswärtigen Amt und Mit-Initiator dieser Monographie über unseren früheren Kollegen Emil Krebs ist mir sehr daran gelegen, allen jenen zu danken, die zur Realisierung des Bandes beigetragen haben.

Auf dem langen Weg von der ersten Idee über die Konzeptionierung bis zur Erstellung einer Emil-Krebs-Biographie haben der Verfasser des Buches und der Autor dieser Zeilen gemeinsam viele anregende Erfahrungen bei Vorträgen und Ausstellungen zu Emil Krebs machen dürfen, vor allem auch in Krebs' Heimat Niederschlesien. Die äußerst positive Resonanz zu Leben und Werk Emil Krebs' hat letztlich den unermüdlichen Autor Eckhard Hoffmann zum Verfassen dieses Werkes bewogen. Daher geht der erste Dank an die Interessenten und Unterstützer bei der Wiederentdeckung des Sprachgenies Emil Krebs in Polen (insbesondere der Stadt und Region Schweidnitz/Swidnica), in Deutschland und nicht zuletzt in China.

Dr. Bettina Morcinek („Weiterkommen" gemeinnützige GmbH, Bamberg), die den Band sachkundig lektorierte, Prof. Dr. Helmut Glück (Bamberg), der den Band in die Reihe „Fremdsprachen in Geschichte und Gegenwart" aufnahm und Krebs' Vortrag in Kap. 5 des Buches mit Kommentaren versah, sowie dem Verlag Otto Harrassowitz, der dem Autor bei der Herstellung der Druckvorlage vielerlei Unterstützung zukommen ließ, gebührt Dank für ihre effiziente Mitarbeit an diesem Werk.

Für wichtige sprachwissenschaftliche Hinweise, insbesondere zum Aufsatz von E. Krebs in diesem Band, danke ich dem Sinologen und ehemaligen Albanisch-Dolmetscher/Übersetzer des Sprachendienstes im Auswärtigen Amt, Dr. Werner Bartels. Die Autorin und Malerin Melinda Kovacs hat ebenfalls sprachliche Hinweise zum Krebs-Artikel geliefert, vor allem aber durch die parallele Erarbeitung einer von ihr verfassten und gezeichneten Bildergeschichte über das Leben von Emil Krebs wertvolle Impulse gegeben. Prof. Dr. Marek Sadowski, Görlitz, danke ich für seine Hinweise zum Polnischen, Ungarischen und Finnischen.

Ohne die tatkräftige Unterstützung von Antonio Reda, dem Leiter des Sprachendienstes im Auswärtigen Amt, wäre die Realisierung dieses Bandes nicht möglich gewesen. Ihm und allen weiteren ideellen Unterstützern herzlichen Dank.

Dass Emil Krebs noch heute im Auswärtigen Amt ein hohes Ansehen genießt, zeigt die Tatsache, dass Staatssekretär Stephan Steinlein bereit war, das Vorwort zu diesem Band beizusteuern, wofür ihm unser spezieller Dank gebührt. Wir wissen uns dabei mit ihm einig, dass Mehr- und Vielsprachigkeit der Schlüssel zur Verständigung unter den Völkern ist und jedes Individuum und jede Institution hierzu einen eigenen Beitrag leisten kann.

Berlin, im Dezember 2016
Gunnar Hille, VLR I, Stellvertretender Leiter des Sprachendienstes
Auswärtiges Amt

Vorwort

Die Beherrschung von Fremdsprachen ist heute für viele Bereiche der Schlüssel zu beruflichem Aufstieg und Erfolg. Die weltweiten unternehmerischen Verknüpfungen, die kulturellen Beziehungen der Völker untereinander, aber auch persönliche Interessen, fremde Länder und Kulturen kennenzulernen sind ohne entsprechende Sprachkenntnisse nur ungenügend oder gar nicht denkbar. Sie sind heute Bestandteil einer guten Allgemeinbildung. Bereits Kindergärten führen die ihnen Anvertrauten den Fremdsprachen zu. Dies setzt sich dann in der Schule fort. Zum Teil wachsen Kleinkinder bereits mehrsprachig auf. Einstieg und Fortbildungen für Fremdsprachen werden auf breiter Basis allen Altersklassen angeboten. Diese Entwicklung begründet die Verständigung der Völkergemeinschaft und erleichtert die Bewältigung der verschiedensten Beziehungen untereinander. Schon immer, aber besonders ab der Mitte des 19. Jahrhunderts erforderten politische Gegebenheiten und wissenschaftlicher Gedankenaustausch die Beherrschung fremder Sprachen. Entsprechend ausgebildete Dolmetscher und Übersetzer bewältigen diese Anforderungen. Sie sind heute unentbehrlich. Dies gilt auch für die Wirtschaft. Jedoch wird hier erwartet, dass die Verhandlungsführer bis zu einer gewissen Ebene ebenfalls der jeweiligen Fremdsprache mächtig sind, oder man einigt sich auf eine für alle Teilnehmer tragende Sprache (überwiegend Englisch). Hieraus ergibt sich der heutige Wert erlernter Sprachen.

Nun gibt es, und dies gilt auch für weit zurückliegende Epochen, Menschen, denen Fremdsprachen besonders leicht zugänglich sind oder waren. Diese Vielsprachler, auch Polyglotte oder Hyperpolyglotte genannt, sind mit allgemeinen ‚Mehrsprachlern' nicht zu vergleichen. Für allgemein Gebildete erscheinen diese Kenntnisse unter Umständen unwirklich und kaum vorstellbar. Der Lebenslauf dieser Ausnahmemenschen ist schwer nachvollziehbar und vielleicht auch nicht grundsätzlich erstrebenswert. Einer dieser Hyperpolyglotten war Emil Krebs. Ihm ist die vorliegende Erinnerung gewidmet.

Nur wenige Eingeweihte erinnern sich seines Lebens. Bis in die 1960er Jahre war Krebs jedoch als Sinologe und Polyglott ein Begriff für Freunde von Kreuzworträtseln. In deutschen Lexika finden wir dieses außergewöhnliche Sprachgenie nicht, im chinesischen *Lexikon der Namen der Ausländer in der modernen Zeit Chinas* (chin. 近代来华外国人名辞典) dagegen ist er noch heute verzeichnet.[1] Seit kurzem wird immerhin seines Geburtstages im Teletext des Ersten Deutschen Fernsehens gedacht (ARD Text, Kalenderblatt) – gemeinsam mit dem Geburtstag von Gerhart Hauptmann. Im Sprachendienst des Auswärtigen Amtes, für den Emil Krebs ab 1923 bis zu seinem Tod 1930 gearbeitet hat, ist er nach wie vor ein Begriff. Seine Sprachfähigkeiten und seine Sprachenvielfalt werden dort auch heute noch als bisher unerreicht angesehen.

---
1 Diese Information verdanken wir Jianan Yan (Peking).

Diese Veröffentlichung spart die damals herrschenden politischen Gegebenheiten weitestgehend aus. Es soll vorrangig das Leben und Wirken eines Ausnahmemenschen aus der Vergangenheit gelöst werden und hoffentlich auch für die Zukunft erhalten bleiben. Daher sind diese Ausführungen schwerpunktmäßig Krebs' lebenslangen Sprachstudien und seinen herausragenden Sprachkenntnissen gewidmet.

Der Großteil der Dokumente, die für dieses Buch gesichtet worden sind, stammen aus Emil Krebs' Personalakte, die im Politischen Archiv des Auswärtigen Amts des Deutschen Reichs aufbewahrt wird (im Weiteren: PA AA), bzw. aus dem Historischen Archiv Krupp der Alfried Krupp von Bohlen und Halbach-Stiftung, Essen (Sigle FAH 4 E847; im Weiteren: Historisches Archiv Krupp).

Besonderer Dank gilt Brigitte Mayr (Gaienhofen), Mande Krebs' Enkelin, für ihre Bereitschaft, private Dokumente und Bilder für diese Veröffentlichung zur Verfügung zu stellen.

Die chinesischen Orts- und Personennamen wurden so übernommen, wie sie in den Originaldokumenten transkribiert sind (nach Wade-Giles). In Zitaten wurde die heute übliche Schreibweise bzw. der heute gebräuchliche Name in Klammern dazugesetzt (angelehnt an Pinyin, ohne Tonzeichen). Im Fließtext wird die heute übliche Schreibweise verwendet.

Potsdam, im Dezember 2016
Eckhard Hoffmann

1. Kindheit, Schule, Studium

Kindheit und Schule

Emil Krebs wurde am 15. November 1867 in Freiburg/Schlesien (Swiebodzice) als Ältester von zehn Geschwistern der Eheleute Gottlob und Pauline Krebs geboren. Sein Vater, geboren am 31. Dezember 1834 in Alt-Jauernick (Stary Jaworów), war Zimmermeister, seine Ehefrau Pauline geb. Scholz, geboren am 8. Mai 1845, stammte aus Esdorf (Opoczka), Kreis Schweidnitz (Świdnica). Aus beruflichen Gründen verlegte die Familie Krebs 1870 ihren ständigen Wohnsitz in den Geburtsort der Mutter. Esdorf, nur wenige Kilometer von Schweidnitz entfernt, bildete mit Schwengfeld (Makowice) eine Doppelgemeinde. Die statistischen Angaben für das Jahr 1885 (zwei Jahre vor Emil Krebs' Abiturjahr) berichten über die Gemeinde Esdorf: „269 ha, 48 Häuser, 388 Einwohner. Schwengfeld Gemeinde: 346 ha, 32 Häuser, 346 Einwohner." Heute ist zur besseren Orientierung neben der Kreisstadt Schweidnitz (evangelische Friedenskirche, UNESCO-Weltkulturerbe) vor allen Dingen die Nachbargemeinde Kreisau (Kreisauer Kreis) zu nennen. Von Esdorf/Schwengfeld nach Kreisau *(Krzyżowa)* bedarf es eines nur ca. 45 Minuten dauernden Fußweges.

Ein kleiner Ausflug in die damaligen bildungspolitischen Gegebenheiten der Landgemeinden zeigt die aus heutiger Sicht schwierigen und zum Teil unzulänglichen Bildungsmöglichkeiten. Sie zeugen aber auch davon, dass hochbegabte Kinder durchaus ihre Chancen erhielten, sofern die Lehrer dies erkannten und förderten.

Die damals einklassige evangelische Grundschule in Esdorf wurde 1830 gegründet. Zu diesem Zeitpunkt unterrichtete ein Lehrer die Schüler beider Dörfer gemeinsam in einer Klasse. Eine katholische Schule in Schwengfeld wurde erst später eingerichtet.

Die Wasserverhältnisse in Esdorf waren nicht gut. Nur drei Brunnen hielten bei Trockenheit durch. Oft mussten Bauern mit dem Jauchefass das Wasser aus dem Esbach holen, um ihr Vieh zu tränken. Die Schule litt unter diesem Wassermangel besonders schwer, weil sie auf dem ‚Schulbergel' am Ende des schmalen Weges lag. Das Wasser für den Lehrer holten damals noch die Schulkinder. Erst später legte man eine Wasserleitung zur Schule.

Der kleine Emil konnte sich in Esdorf nach Herzenslust austoben. Das ländliche Umfeld barg viele Verstecke. Wie wir später sehen werden, wurden seine besonderen Fähigkeiten früh erkannt und gefördert. In der Familie kursiert eine heitere Anekdote, die eine bestimmte Begebenheit als Grund für Emils Sprachtalent angibt: Bevor Emil eingeschult wurde, hatte er durch seinen Onkel Reinhold Scholz eine etwas schmerzhafte Erfahrung machen müssen. Im Winter, bei grimmiger Kälte sollte er mit der

Zunge doch einmal probieren, wie kalt die aus Metall geschmiedete Türklinke der Haustür sei. Natürlich blieb die Zunge haften. Er riss sich los und verletzte sich dabei. Sein Onkel aber behauptete später, er habe ihm dazu verholfen, ein Sprachgenie zu werden, denn er habe doch erreicht, dass seine Zunge geschmeidig geworden sei. Das sonst hinderliche Fell sei durch seinen Rat abgelöst worden. Die Nachfahren von Reinhold Scholz betonen, das sei die Wahrheit. Legen wir es also in das Fach ‚beglaubigte Anekdoten'.

Im Jahr 1873 begann für Emil Krebs in der Dorfschule die Schulzeit. Der Lehrer hieß Theodor Hoffmann, wie seine spätere Frau Mande berichtet. Für die ersten Jahre seiner Schulkarriere ist nichts Aufregendes überliefert. Dann jedoch spielte der Zufall für sein weiteres Leben eine entscheidende Rolle: Im Alter von ungefähr neun Jahren fand Emil in der Dorfschule ein französisches Wörterbuch. Er nahm es mit nach Hause und lernte heimlich

Abb. 1 Schüler Emil Krebs um 1877

diese Sprache, ohne sich jedoch mit der Aussprache zu befassen. Seine Schulkameraden weihte er nicht ein und zog sich von den bisherigen Spielen zurück. Nach einigen Wochen wollte er sein Wissen an den Mann bringen. „Parlez vous Franzais", jedoch in der erlernten Schriftsprache, hörte Lehrer Hoffmann aus dem Munde seines Schülers. Aber nicht Anerkennung seiner Mitschüler wurde ihm zuteil, nein, ein lautes Gelächter begleitete sein scheinbares Kauderwelsch.

Der Lehrer stutzte. Die eingehende Befragung des kleinen Emil durch Lehrer und Eltern offenbarte seinen Drang und sein Talent zum Erlernen fremder Sprachen. Er beobachtete den Jungen in der Folgezeit genauer und erkannte bald dessen besondere Begabung. In Absprache mit dem Vater veranlasste er den Besuch einer Höheren Schule. Da der Vater aus Freiburg/Schlesien stammte und dort noch Verwandte wohnten, finden wir Emil Krebs ab 1. April 1878 in der dortigen Höheren Bürger- und Realschule (Schweidnitzer Straße) in der Sexta wieder. Zwei Jahre später (1880) stellte sich heraus, dass diese Schule ihn nicht mehr genügend fordern konnte, und er selbst soll gesagt haben: ‚Das ist nicht die richtige Schule für mich, ich will aufs Gymnasium.'

Mande Krebs hat dieses kleine französische Wörterbüchlein später gefunden. Sie berichtet in einem Brief: „Ich fand später in seiner Bibliothek ein kleines schmales Bändchen[1]

---

[1] Aller Wahrscheinlichkeit nach handelt es sich dabei um ein Schulbuch aus dem 19. Jahrhundert, nämlich Ploetz, Karl (1858): Lehrbuch der französischen Sprache, 2. Cursus, Schulgrammatik. 11. Auflage,

Abb. 2 Damaliges evangelisches Gymnasium Schweidnitz (Aufnahme 2010)

über die Anfangsgründe der französischen Sprache, in die in Kinderhandschrift hinter die deutschen die englischen, hinter die französischen die italienischen Vokabeln geschrieben waren." Dieses Schulbuch dürfte der eigentliche Einstieg in das Sprachenlernen gewesen sein. Bemerkenswert ist hier die bereits zu diesem Zeitpunkt erkennbare Zielstrebigkeit, die Ausdauer und die unbewusste Fähigkeit, autodidaktisch zu lernen.

1880 wechselte Emil Krebs zum evangelischen Gymnasium der Stadt Schweidnitz (später Schlageter Oberschule). Auf dem Schweidnitzer Gymnasium offenbarten sich sehr schnell Krebs' besondere Fähigkeiten für Sprachen und Mathematik. Das *Programm des Evangelischen Gymnasiums zu Schweidnitz*[2] für das Abiturjahr 1887 nennt 36 Wochenunterrichtsstunden, davon Latein 8, Griechisch 6, Französisch 2, Hebräisch 2 und Mathematik 4 Stunden. Krebs wurde wegen seiner überragenden mathematischen Leistungen im Abiturjahr vom täglichen Unterricht befreit mit der Auflage, monatlich einen zusammenfassenden Bericht der Unterrichtsthemen abzuliefern. Aus dem „Verzeichnis der Abiturienten" ist ersichtlich, dass er „vom mündlichen Examen dispensiert" wurde. Als gewählte Studienfächer werden seitens der Schule Theologie und Philologie genannt.

Berlin. Vgl. dazu Willems, Aline (2013): Französischwerke im Deutschland des 19. Jahrhunderts. Eine Analyse aus sprachwissenschaftlicher, fachdidaktischer und kulturhistorischer Perspektive Stuttgart (= Romanische Sprachen und ihre Didaktik, hg. von Michael Frings und Andre Klump, Bd. 46).

2 Dank an den Schweidnitzer Historiker Horst Adler (Regensburg) für die Überlassung des Programms.

Die *Schulnachrichten 1931* dieser Schule gedenken Emil Krebs und seiner herausragenden Leistungen in den fremdsprachlichen und mathematischen Bereichen.

Die in der Personalakte des Auswärtigen Amts vorhandene beglaubigte Abschrift seines Abiturzeugnisses vom 17. März 1887 bestätigen Krebs „sittliche Aufführung und Fleiß und wissenschaftliches Interesse, eine erfreuliche Gesinnung und ein anständiges, wohlgesittetes Betragen"; seinen Lehrern und Vorgesetzten gegenüber „benahm er sich immer bescheiden und ehrerbietig." Darüberhinaus wird ihm „steter Fleiß und ein sichtlich hervortretendes wissenschaftliches Interesse" bestätigt. „Der mündlichen Prüfung durfte er überhoben werden."

Die Beurteilungen seiner fremdsprachlichen Fähigkeiten in Latein, Alt-Griechisch, Französisch und Hebräisch bewegen sich zwischen ‚gut' und ‚sehr gut'. Hebräisch scheint zu diesem Zeitpunkt seine besondere Stärke gewesen zu sein: „Die Prüfungsarbeit

Abb. 3 Abiturient Emil Krebs

über Exodus XXXIII, 1 – 5 erhielt das Prädicat ‚sehr gut'; sie verriet über das gewöhnliche Maß hinausgehende Kenntnisse. Auch sonst waren die Leistungen sehr gut. So erhält er in diesem Falle das Zeugnis der Reife mit dem Prädicate ‚sehr gut'." Bedenkt man, dass Krebs sich noch mit weiteren acht Sprachen (Arabisch, Englisch, Italienisch, Neu-Griechisch, Polnisch, Russisch, Spanisch und Türkisch) autodidaktisch beschäftigt hat, gewinnen diese Beurteilungen zusätzliches Gewicht.

Die sehr gute Beurteilung seiner mathematischen Kenntnisse mit dem Vermerk: „zudem beschäftigte sich der Zögling dauernd und mit gutem Erfolge privatim mit mathematischen Disziplinen, die jenseits des Gymnasialzieles liegen", impliziert, dass er sich ebensogut der Mathematik hätte widmen können. Neben guten Beurteilungen in weiteren Fächern ist allerdings über seine sportlichen Leistungen angemerkt, sie „genügten nur wenig."

Ein vom heutigen Cécile und Oskar Vogt-Archiv der Heinrich-Heine-Universität Düsseldorf dankenswerterweise in Kopie zur Verfügung gestellter Schriftwechsel aus dem Jahr 1930 zwischen dem damaligen Kaiser-Wilhelm-Institut für Hirnforschung (Berlin-Buch) und seinem früheren Lehrer Dr. Ludwig Worthmann bestätigt die außergewöhnlichen Sprachkenntnisse von Krebs bereits während der Schulzeit.

In diesem Schriftwechsel befragte der Sprachforscher und Neurologe Dr. Eberhard Zwirner[3] am 19. Mai 1930 Lehrer Dr. Worthmann nach dessen Erinnerungen an seinen früheren Schüler Emil Krebs. Zwirners wissenschaftliches Interesse galt dabei vor allem Krebs' ungewöhnlicher Sprachbegabung. „Angeblich soll er auch mathematisch recht begabt gewesen sein, was bei Sprachwissenschaftlern ja verhältnismäßig selten ist." Dr. Worthmann beantwortet die Anfrage wie folgt:

> […] dass ich mich an meinen ehemaligen Schüler, den späteren Legationsrat Emil Krebs, sehr genau erinnere. Von einem ganz besonders begabten Jahrgange war er der unbestrittene Primus. In dem wahlfreien Unterricht im Hebräischen setzte er bei den damals aufgegebenen Analysen seinen Lehrer, der eben nur Hebräisch konnte, in Verlegenheit, indem er immer noch dazu schrieb, wie das Wort Assyrisch oder Arabisch hieß. Dass er zugleich einer der besten mathematischen Schüler war, versicherte mir noch vor einigen Wochen sein noch hier lebender mathematischer Lehrer von damals, Professor Dr. Hübner.

Ferner verweist Dr. Worthmann Dr. Zwirner für zusätzliche Auskünfte an den Bruder Arthur Krebs, Amtsvorsteher in Gräditz (Gut Kreisau), und an Prof. Dr. Adolph Gutwein, Breslau, „den ehemaligen steten Klassennachbarn von Emil Krebs."

Seine sich schon in der Schule abzeichnende Bescheidenheit begleitete Krebs stets und erschien sehr ausgeprägt in den verschiedensten Schriftstücken seiner Personalakte. Sie war für seine Karriere offensichtlich jedoch hinderlich. Er war sich seines genialen Wissens und Könnens auf dem Gebiet der Sprachen und auch auf anderen Gebieten sicher, wusste dies jedoch gegenüber seinen vorgesetzten Stellen nicht zu seinem eigenen Vorteil zielführend einzusetzen. Dies zeigte sich besonders später in den Berliner Ministerien.

Studium

Emil Krebs belegte nach bestandenem Abitur im Sommer 1887 an der Universität Breslau die Fächer Theologie und Philosophie. Diese Studienwahl ging wohl auf seine strenggläubige evangelische Mutter zurück. Bereits nach einem Semester wechselte er jedoch zum Studium der Rechtswissenschaft nach Berlin an die Friedrich-Wilhelms-Universität (heute Humboldt-Universität). Das kurze Intermezzo in Breslau hat jedoch seine lebenslangen Sprachstudien stark beeinflusst. Dies belegen in seinem Besitz befindliche religiöse Schriften. z. B. das Neue Testament in 61 Sprachen. Überhaupt finden wir in seiner Privatbibliothek Schriften in den verschiedensten Sprachen zum Islam, Buddhismus und Taoismus.

---

3 Dr. phil. Dr. med. Eberhard Zwirner, geboren am 1. Oktober 1899 in Löwenberg/Schlesien, gestorben am 11. Juli 1984 in Nottuln, war zu diesem Zeitpunkt Abteilungsleiter am Kaiser-Wilhelms-Institut für Hirnforschung in Berlin. Zuletzt hatte er ab 1964 als ordentlicher Professor den Lehrstuhl für Phonetik und Phonologie an der Universität Köln inne. Zwirner untersuchte als einer der ersten Sprache mit statistischen Methoden und begründete damit die quantitative Linguistik. Er befasste sich mit Auswirkungen von Hirnschäden und Krankheiten auf die gesprochene Sprache und archivierte Sprachaufnahmen der deutschen Mundarten im sogenannten Zwirner-Korpus.

In Berlin bewarb er sich zeitgleich beim neugegründeten Seminar für Orientalische Sprachen (SOS).⁴ Offenbar war er sich nun seiner eigentlichen Berufung, dem Gebiet der Sprachen, bewusst geworden. Sein späteres Bewerbungsschreiben an das Auswärtige Amt in französischer Sprache dokumentiert, dass er sich während seines Breslauer Studiums verstärkt seiner Lieblingsbeschäftigung gewidmet hatte, nämlich dem Arabischen und Türkischen. Auch spricht er davon: „Ohne das Studieren der türkischen und arabischen Sprache außer Acht zu lassen, begann ich eine weitere Sprache zu lernen: Chinesisch. Aufgrund der Einzigartigkeit der chinesischen Sprache schaffte sie es, meine Interessen bis aufs Letzte auf sich zu ziehen." Während des Studiums in Berlin besuchte er zusätzlich einen Kurs zur orientalischen Philologie.

Seine Bewerbung beim Seminar für Orientalische Sprachen wird von verschiedenen Anekdoten begleitet. Eine aus der Verwandtschaft überlieferte sei kurz genannt: Als Krebs sich in Berlin bewarb, erhielt er einen Vordruck mit den am SOS angebotenen Sprachen. Er sollte eine davon auswählen, notierte auf dem Papier aber ‚alle'. Der Vorgang wiederholte sich, nun allerdings mit dem Hinweis des SOS, nur eine Sprache sei gestattet. Krebs entschied sich für Chinesisch.⁵

Das Sprachangebot beim SOS war zu diesem Zeitpunkt nicht sehr umfangreich. Über die orientalischen Sprachen Arabisch, Chinesisch, Hindustani, Japanisch, Persisch und Türkisch hinaus wurden noch einige afrikanische Sprachen angeboten. Dem SOS oblag ursprünglich die Aufgabe, den theoretischen Unterricht in den lebenden orientalischen Sprachen mit praktischer Übung zu verbinden und dadurch künftigen Aspiranten für den Dolmetscherdienst die praktische Anwendung dieser Sprachen zu ermöglichen. Den Unterricht je Sprache gestaltete ein deutscher Dozent und zur Unterstützung wurde ihm überwiegend noch ein Lektor der jeweiligen Muttersprache beigegeben. In Krebs' Fall war dies ein Chinese namens Kuei Lin.

Prof. Wilhelm Matzat hat im Jahr 2000 einen kurzen Bericht über Emil Krebs veröffentlicht.⁶ Er sieht in der neuen Studienwahl eine nun von Krebs bewusst eingeschlagene Richtung in seiner Lebensplanung und vermutet Folgendes:

> Aufgrund seiner Sprachinteressen hat er offensichtlich die Absicht, in den Dolmetscherdienst des Auswärtigen Amtes einzutreten. Der Dienst für das AA kannte damals noch drei getrennte Laufbahnen: den diplomatischen, konsularischen und Dolmetscher-Dienst. Beim letzteren wurde man zunächst als sogenannter Dolmetschereleve angestellt, und

---

4 Gründung des SOS im Jahre 1887 auf Initiative des Reichskanzlers Otto von Bismarck. Er sah die unbedingte Notwendigkeit zur Ausbildung zusätzlicher Dolmetscher für den Bereich des Orients (Eintritt Deutschlands in die Reihe der Kolonialmächte).
5 Diese Anekdote wird in verschiedenen Nachrufen auf Emil Krebs aufgegriffen, z. B. Lessing, Ferdinand: *Emil Krebs.* In: Ostasiatische Rundschau, 11. Jahrgang, Nr. 8 (16.04.1930); Gutmann, Heinrich: *Ein Kopf und hundert Zungen.* Berliner Illustrierte Zeitung, Nr. 22 (31.5.1930), S. 979–981.
6 Matzat, Wilhelm (2000): Emil Krebs (1867-1930), das ‚Sprachwunder', Dolmetscher in Peking und Tsingtau. In: Deutsche China-Gesellschaft, Mitteilungsblatt, 43, Heft 1, S. 31-47. Im Internet unter <http://www.tsingtau.org/das-sprachwunder-emil-krebs/> (2.11.16). Weitere Aussagen von Prof. Matzat entstammen derselben Quelle.

Abb. 4 Student Emil Krebs

man musste sich für zehn Jahre verpflichten. Wenn man nach zwei bis drei Jahren seine Dolmetscherprüfung absolviert hatte, wurde man ‚etatsmäßiger' Dolmetscher, vorausgesetzt, dass eine Planstelle frei wurde. Damit war man Beamter im Reichsdienst mit Anrecht auf eine Pension. Bewährte man sich in diesen zehn Jahren, und hatte man wohlwollende Vorgesetzte, konnte der Dolmetscher nach zehn Jahren sich einer sogenannten Konsulatsprüfung unterziehen. Zu diesem Zwecke musste er zwei schriftliche Arbeiten einreichen, eine ‚wissenschaftliche' in deutscher und eine ‚praktische' in englischer oder französischer Sprache. Die Themen stellte das Auswärtige Amt. Fielen die Gutachten zu den Texten günstig aus, wurde einem die mündliche Prüfung erlassen. Damit eröffnete sich für einen ehemaligen Dolmetscher die Möglichkeit, aufzusteigen als Vizekonsul, Konsul, eventuell Generalkonsul. Da das Auswärtige Amt schon erwartete, dass ein Dolmetscher später in die Konsulatslaufbahn wechseln würde, in dieser aber juristische Kenntnisse nötig waren, empfahl das Amt allen Dolmetscheraspiranten, sowohl ein Jura- als auch ein Sprachstudium zu absolvieren. Genau dies tat auch Emil Krebs. (S. 32).

Am 24. Juli 1890 bestand Krebs nach gerade knapp zwei Jahren sein Chinesisch-Examen vor der Königlichen Prüfungskommission mit der Benotung ‚gut'. Es zeichneten Dr. Eduard Sachau (1845-1930), Vorsitzender; Prof. C. Arendt (1838-1902); Kuei Lin; Dr.

Georg von der Gabelentz (1840-1893); Dr. Wilhelm Grube (1855-1908). Dieses Diplom mit der Gesamtnote ‚gut' bestätigt Krebs u. a., er habe

> bei der schriftlichen Prüfung in dem Verständnis und der Übersetzung zweier schwierigerer Schriftstücke im amtlichen Stil aus dem Chinesischen ins Deutsche eine tüchtige Befähigung und Gewandtheit, bei der Übersetzung eines Briefes im amtlichen Stil und einer Erzählung in der Umgangssprache aus dem Deutschen ins Chinesische bei guter Zeichenkenntnis befriedigende Fertigkeit und Sicherheit bewiesen. Sein deutscher Aufsatz über die exterritoriale Gerichtsbarkeit in China konnte als eine besonders tüchtige Leistung bezeichnet werden. Im Schreiben chinesischer Zeichen hat er sich eine hinlängliche Geschicklichkeit angeeignet. Bei der mündlichen Prüfung hat er eine recht anerkennungswerte Geläufigkeit und Korrektheit im Verständnis und in der Handhabung der chinesischen Umgangssprache bei deutlicher und im Allgemeinen richtiger Aussprache, verbunden mit sicherem Urteil und guten Kenntnissen in der grammatischen Theorie und im Wortschatz, sowie eine anerkennungswerte Fertigkeit in der Übertragung von Texten im höheren Stil an den Tag gelegt.[7]

Aus einer internen Notiz des Auswärtigen Amts in Krebs' Personalakte, vom Prüfer Prof. Sachau noch zusätzlich unterstrichen, geht hervor:

> Derselbe [gemeint ist Krebs] ist nach dem Urtheile des kommissarischen Direktors des betreffenden Seminars ein sehr begabter junger Mann und erscheint für sprachliche Studien in hervorragender Weise veranlagt.[8]

Otto Julius Bierbaum[9] hat in seinen *Studenten-Beichten* unter dem Titel *To-lu-to-lo oder Wie Emil Türke wurde* seinem Studienfreund Emil eine Geschichte gewidmet.[10] Krebs' Namen ändert er in ‚Emil Meyer'. Er beschreibt hier die Studienzeit am Orientalischen Seminar, seine Schaffenskraft und die schüchterne Liebe des Referendars Emil zu einem Fräulein Gertrud. Der schamlose chinesische Lektor, Herr Pan, spannt ihm seine geliebte Gertrud aus und verhöhnt ihn im Chinesisch-Unterricht. Emil wechselt daraufhin in das Fach Türkisch. Dieser tatsächlich von Emil Krebs vollzogene Wechsel vom chinesischen zum türkischen Sprachstudium wird hier natürlich unter einer vollkommen anderen Voraussetzung dargestellt. Interessant an dieser Geschichte ist die Beschreibung von Emil Krebs' Charakter und sein Umgang mit anderen, ihm auch durchaus nahestehenden Personen. Auch wenn sich diese amüsante Episode aus Emil Krebs' Leben nicht ganz so abgespielt hat, beschreibt sie doch prägnant seine Wesensart

---

7 PA AA, Personalakte Krebs, Bd. 1, S. 7f.
8 PA AA, Personalakte Krebs, Bd. 1, S. 52.
9 Otto Julius Bierbaum, geboren am 28. Juni 1865 in Grünberg/Schlesien, gestorben am 1. Februar 1910 in Kötzschenbroda (Radebeul), studierte Philosophie, Jura und Sinologie in Zürich, Leipzig, München und Berlin. Von 1891 bis 1894 war er Herausgeber des *Modernen Musenalmanachs*, Mitarbeiter der naturalistischen Zeitschrift *Die freie Bühne*, 1894 Gründer der Zeitschrift *Pan* und seit 1899 Mitherausgeber der Zeitschrift *Insel*.
10 Bierbaum, Julius (1897): To-lu-to-lo oder Wie Emil Türke wurde. In: Ders.: Studentenbeichten, Kap. 4, S. 38-77.

aus der Sicht eines Studienfreundes, wie sie auch in persönlichen Briefen und Berichten seiner Frau Mande Krebs sowie in biographischen Ereignissen in Berlin erkennbar wird.

Emil Krebs bestand am 12. Juni 1891 nach sechs Semestern die Erste Juristische Staatsprüfung mit ‚gut'. Als ‚königlich-preußischer Gerichtsreferendar' trat er den Ausbildungsdienst beim Königlich-preußischen Amtsgericht in Gottesberg/Schlesien (Boguszówan), wo er bis zum 31. Mai 1892 im Bereich des Kündigungsschutzes tätig war. Richtig zufrieden war er dort offenbar nicht. Dies ergibt sich aus der an anderer Stelle bereits erwähnten Bewerbung beim Auswärtigen Amt: „In meiner Freizeit breitete ich mein Wissen der orientalischen Sprachen weiter aus. Allerdings fand ich in Gottesberg nicht die Möglichkeit, mein Wissen anzuwenden, weder um dem Bürgermeister zu assistieren noch um als Hilfsbibliothekar zu helfen." Das Amtsgericht Gottesberg bestätigte ihm am 30. Mai 1892 laut eines Aktenvermerks des Auswärtigen Amtes:

> Die Ausbildung wird durch das rege Interesse, welches Gerichtsreferendar Krebs der Praxis jederzeit entgegenbrachte, und seinen anerkennungswerthen Fleiß und Eifer, mit welchem er die ihm übertragenen Arbeiten erledigte, wesentlich gefördert. Er besitzt umfassende, auf guter systematischer Grundlage ruhende Gesetzeskenntnisse, eine schnelle und scharfe Auffassung, ein gesundes Urtheil und völlig ausreichende praktische Gewandtheit. Der Erfolg seiner Ausbildung kann daher als ein guter bezeichnet werden.[11]

Am 1. Juni 1892 kehrte er nach Berlin zurück, zur dortigen 8. Strafkammer und zum Untersuchungsrichter des Landgerichts I. Vom 1. Oktober 1892 bis Anfang Mai 1893 kam er seinen Aufgaben als Haft- und Ermittlungsrichter bei der Zivilkammer des gleichen Gerichts in Berlin nach, um anschließend bis Juli 1893 bei der königlichen Staatsanwaltschaft des vorgenannten Gerichts tätig zu sein. Auch hier bestätigt das Amt mit einem Aktenvermerk das Zeugnis des Landgerichts I Berlin vom 31. Mai 1893. Danach hat Emil Krebs „während dieser Zeit mit Fleiß gearbeitet, Gesetzeskenntnis und Geschäftsgewandtheit bewiesen und seine Ausbildung beim Landgericht mit gutem Erfolg vollendet."

Nun noch einmal zurück ins Jahr 1891. Bereits mit Schreiben vom 16. August 1891 an das Auswärtige Amt bittet Krebs um Vormerkung für eine spätere Anstellung in China und reicht entsprechende Unterlagen ein. Ein interner Vermerk des Amts dokumentiert, dass vorerst keine Stelle frei sei, seine hervorragenden Zeugnisse jedoch eine spätere Berücksichtigung möglich machen. Er möge daher seine juristische Laufbahn weiter betreiben und sich zusätzlich englische Kenntnisse aneignen, da diese für China erforderlich seien. (Offensichtlich hatte Krebs diese bereits vorhandenen Kenntnisse nicht genannt.[12]) Weiterhin ergeben intern dokumentierte Absprachen im Amt, dass in Constantinopel Bedarf bestehe. Krebs, seit 1892 Mitglied der türkischen Klasse im SOS, sei hierfür vorgesehen und solle sein Examen vorziehen.[13] Nachdem der Direktor des SOS, Prof. Dr. Sachau, dem Vorziehen des Examens für den Oktober 1893 zugestimmt hatte, bat der Referendar

---

11 PA AA, Personalakte Krebs, Bd. 1, S. 18.
12 PA AA, Personalakte Krebs, Bd. 1, S. 5f.
13 PA AA, Personalakte Krebs, Bd. 1, S. 10-20.

Krebs am 11. Juli 1893 seine vorgesetzte Dienststelle, das preußische Justizministerium, um Beurlaubung bis Ende Oktober, „um die Vorbereitungen zu dieser Prüfung mit größerer Aussicht auf einen möglichst günstigen Erfolg betreiben zu können."[14] Die Sorge um ein gutes Ergebnis ist nachvollziehbar, ist er doch erst seit gut einem Jahr Mitglied der türkischen Klasse. Als Termin seiner vorgezogenen Diplomprüfung wird der 1. Oktober 1893 verfügt, also sechs Monate vor Ablauf des vorgesehenen Studiums.

Zu dieser Prüfung kam es dann jedoch nicht mehr. Krebs erhielt Ende September 1893 vollkommen überraschend die schriftliche Bestätigung seiner Entsendung nach Peking. Diese Reise jedoch hing, wie sich sehr schnell herausstellte, an einem seidenen Faden. Er benötigte ein Gutachten über seinen Gesundheitszustand. Das erste Ergebnis war negativ. Krebs widersprach auf Anraten seines früheren Chinesisch-Lehrers Dr. Grube. Das neue Attest befürwortete den Einsatz in China. In einem längeren Begleitschreiben an das Auswärtige Amt begründete Krebs die unterschiedlichen Befunde. Das Amt folgte daraufhin dem zweiten Gutachten. Interessant sind die in diesem Begleitschreiben enthaltenen Hinweise auf einen mehrwöchigen Aufenthalt in einem kleinen Ort im Zentrum Sardiniens, wo er sich intensiv mit der italienischen Sprache beschäftigt habe, und ein im Sommer des Jahres 1893 erhaltenes Angebot aus Neuguinea.[15] Während seines Aufenthaltes auf Sardinien beschäftigte er sich offenbar nicht nur mit der italienischen Sprache allgemein, sondern erlernte auch die Sprache der Camorra. In einem umfangreichen Vortragsaufsatz aus dem Jahr 1919 finden wir hierzu folgende Aussagen:

> Gänzlich verschieden davon ist die Gaunersprache in Deutschland, die zahlreiche hebräische Wörter enthält (dibbern, kasiber, Kalle, Kümmelblättchen). Solche Geheimsprachen, die auf den Gebrauch gewisser Kreise beschränkt ist, gibt es allenthalben. Manche sind gebildet durch Verschiebung der Wortbedeutung, manche durch Wortveränderung. Zu letzteren gehört z.B. die Sprache der Camorra in und um Neapel, die nach demselben Prinzip geformt ist wie die spielerische ‚Sprache', mit denen wir uns als Kinder belustigten. Während meines Aufenthaltes in Italien 1888 brachte mir ein Neapolitaner diese Sprache bei. Die regelmäßigen Lautumstellungen und Zusätze hatten die italienischen Wörter für die nichteingeweihten Italiener so unkenntlich gemacht, dass sie meiner Versicherung, jener Neapolitaner und ich sprächen chinesisch, ohne weiteres Glauben schenkten.[16]

Innerhalb der Behörden fand nun ein reger Schriftwechsel statt, zumal Krebs als Gerichtsreferendar nicht dem Auswärtigen Amt, sondern dem preußischen Justizministerium unterstand. Diese Behörde musste Krebs für die Dauer seiner Tätigkeit als Dolmetscher-Aspirant in China vom Dienst beurlauben. Die Beurlaubung war jeweils auf zwei Jahre befristet und dann erneut zu beantragen. Mit Schreiben vom 3. Oktober

---

14 PA AA, Personalakte Krebs, Bd. 1, S. 13.
15 PA AA, Personalakte Krebs, Band 1, S. 32-35.
16 Emil Krebs, Nutzen des Sprachstudiums für Beamte des Auslandsdienstes. Vortrag im Auftrag des Auswärtigen Amts in der Außenhandelsstelle Berlin im September 1919. Unveröffentlichtes Manuskript, Historisches Archiv Krupp, FAH 4 E847, S. 135-166.

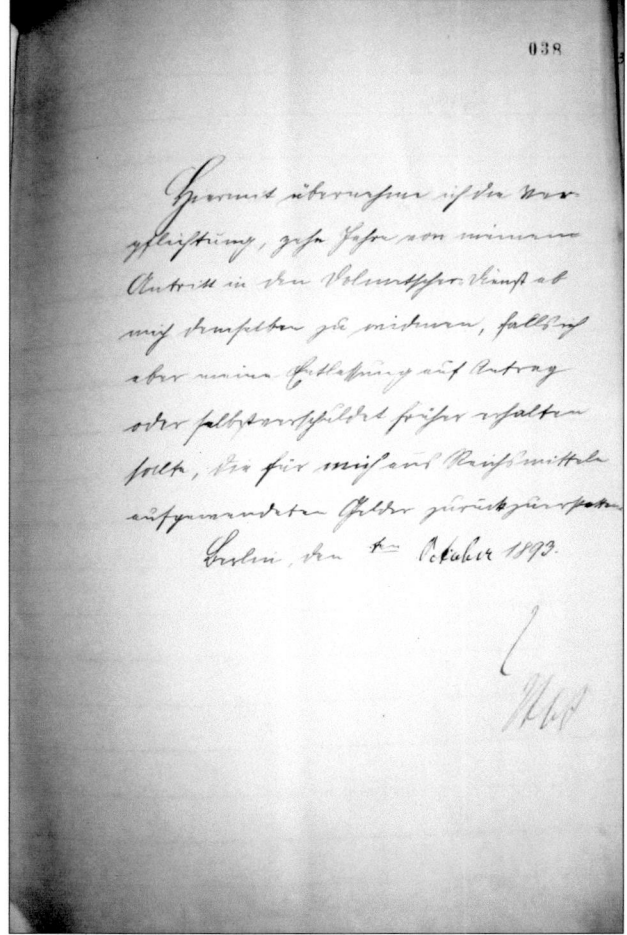

Abb. 5 Verpflichtungserklärung 1893

1893 bestätigte Krebs dem Reichskanzler Graf von Caprivi[17] die Abfahrt nach Shanghai für den 22. Oktober ab Brindisi (Italien) mit Ankunft 27. November 1893 in Shanghai. Auch übermittelte Krebs dem Reichskanzler die folgende erforderliche Erklärung, deren Inhalt für ihn nicht ohne Risiko war:

> Hiermit übernehme ich die Verpflichtung, zehn Jahre von meinem Antritt in den Dolmetscher Dienst ab mich demselben zu widmen, falls ich aber meine Entlassung auf

---

17 Georg Leo Graf von Caprivi (geboren am 24. Februar 1831, gestorben am 6. Februar 1899) war als Nachfolger Bismarcks vom 20. März 1890 bis 29. Oktober 1894 zweiter deutscher Reichskanzler. Er wurde 1891 zum Grafen ernannt. Vor seiner Berufung zum Reichskanzler war er Chef der Admiralität und Kommandierender General.

Antrag oder selbst verschuldet früher erhalten sollte, die für mich aus Reichsmitteln aufgewendeten Gelder zurückzuerstatten.[18]

Krebs unterschrieb den Zehnjahresvertrag mit einem Monatsgehalt von 500 Mark und freier Wohnung im Gesandtschaft-Hotel in Peking. Für die Ausrüstung erhielt er zusätzlich 1200 Mark und einen Reisekostenvorschuss. Aus dieser für ihn finanziell riskanten Verpflichtung ergab sich dann ein China-Aufenthalt von fast einem Vierteljahrhundert.

Bis zur Abfahrt nach Peking meldete er sich zu einem Heimaturlaub nach Esdorf ab. Für viele Jahre wird dies das letzte Zusammentreffen mit Eltern und Geschwistern sein.

---

18 PA AA, Personalakte Emil Krebs, Bd. 1, S. 49f.

Abb. 6 Eltern Gottlob Krebs und Pauline, geb. Scholz
*31.12.1834 + 1.5.1907   * 8.5.1845 + 11.6.1906

Abb. 7 Krebs´ Elternhaus in Esdorf/Opoczka, Privataufnahme 2014.

Abb. 8 Krebs´ Urlaubsaufenthalt in Esdorf/Opoczka bei seinem Bruder Alfred Krebs (auch Geburtshaus des Autors), Privataufnahme 2014.

Abb. 9 Höhere Bürger- und Realschule in Freiburg/Schlesien heute Swiebodzice (letzter deutscher Name: Graf-Zeppelin-Schule).

Abb. 10 Gedenktafel für den ehemaligen Schüler Emil Krebs gestiftet von dieser Schule, angebracht im Juni 2016.

PROGRAMM

DES

EVANGELISCHEN GYMNASIUMS

ZU

SCHWEIDNITZ.

INHALT:

1. DIE DEUTSCHEN KOLONIEEN IN WESTAFRIKA. VON OBERL. DR. LUDW. WORTHMANN.
2. SCHULNACHRICHTEN. VOM DIREKTOR A. FRIEDE.

SCHWEIDNITZ.
L. HEEGE'S BUCHDRUCKEREI (OSCAR GÜNTZEL).

1887. Progr.-Nr. 193.

Abb. 11 Programm des Evangelischen Gymnasiums Schweidnitz 1887.

56

C. Verzeichnis der Abiturienten.

Vor- und Zuname.	Geburtsort.	Stand des Vaters.	Alter.	Konfession.	Aufenthalt in der Schule Jahr.	Aufenthalt in der Prima Jahr.	Studium oder Lebensberuf.
1. Max Hertzog	Käntchen, Kr. Schweidnitz	Wirtschafts-Inspektor †	19½	evang.	10½	2½	Medizin
2. Max Rosenzweig	Treuenbrietzen	Oberstabsarzt a. D.	20⅔	jüdisch	11½	2½	Medizin
3. Albrecht Irrgang	Zduny, Kr. Krotoschin	Kantor u. Lehrer	19½	evang.	9½	2½	Medizin
4. Wilhelm Pfeiffer	Zduny, Kr. Krotoschin	Pastor	20¾	evang.	11½	2	Medizin
5. Emil Krebs	Freiburg, Kr. Schweidnitz	Zimmermeister	19⅓	evang.	7	2	Theologie u. Philologie
6. Adolf Gutwein	Schweidnitz	Partikulier †	20	evang.	6	2	Geschichte und neuere Sprachen
7. Karl Daniel	Schweidnitz	Postschaffner	19⅙	evang.	9	2	Postfach
8. Leonh. Sandrock	Neumarkt i/Schl.	Professor und geistl. Inspektor	20	evang.	11	2	Militär.
9. Martin Sandrock	Neumarkt i/Schl.	Professor und geistl. Inspektor	17⅙	evang.	8½	2	Jura
10. Ernst Heift	Frankenstein	Schuhmachermeister	20	evang.	2	2	Theologie
11. Karl Grantzow	Liebau, Kr. Landeshut	Rechnungsrat †	18⅙	evang.	9	2	Militär
12. Max Wischeropp	Schweidnitz	Heildiener	19	evang.	10	2	Medizin
13. Arthur Paul	Dorpat	Seminardirektor †	20¾	evang.	5¼	2	Geschichte
14. Karl Prenzel	Ida-u. Marienhütte, Kr. Striegau	Buchhalter	22⅓	evang.	9¼	2	Theologie.

Nr. 1—4 erhielten das Zeugnis der Reife am 20. August 1886, Nr. 5—14 am 17. März 1887. Die erste Prüfung fand unter dem Vorsitze des Geh. Regierungs- und Provinzial-Schulrats Dr. Sommerbrodt, die zweite unter dem des Direktors statt. 8 Zöglinge waren vom mündlichen Examen dispensiert.

V. Sammlungen von Lehrmitteln.

Durch die Güte der vorgesetzten Behörden erhielt die Bibliothek:

Publikationen aus den preussischen Staatsarchiven, Bd. XXVII; Luthers Werke, kritische Gesammtausgabe, Bd. IV; Stoelzel, Suarez' Leben; Zeitschrift für deutsches Alterthum, Bd. XVIII, 3|4 und Bd. XIX, 1|2.

Herr Professor Dr. **Schmidt** schenkte die Zeitschrift für das Gymnasialwesen, Jahrgang 1852—1868.

Angekauft wurden ausser den im Laufe des Jahres erschienenen Fortsetzungen verschiedener Werke und Zeitschriften:

Abb. 12 Abiturienten des ev. Gymnasiums Schweidnitz 1886/87.

2. Emil Krebs in China

Überfahrt nach China

Das Auswärtige Amt kündigte mit Schreiben vom 6. Oktober 1893 dem Pekinger Gesandten Freiherrn Gustav Adolf Schenck zu Schweinsberg (1843-1909) die Abreise des Kammergerichts-Referendars Emil Krebs von Brindisi (Italien) für den 13. Oktober an (tatsächliche Abreise am 22. Oktober). Die fahrplanmäßige Ankunft des englischen Dampfers *Oceana* der englischen *Peninsular and Oriental Steam Navigation Company* in Shanghai wurde auf den 24. November terminiert (tatsächliche Ankunft am 27. November). Seine Ankunft in Peking wurde vom Gesandten mit dem 5. Dezember 1893 bestätigt – nach Erinnerungen seiner Ehefrau „bei großer Kälte, damals gab es noch keine Bahn von Tientsin [Tianjin] nach Peking, und er musste den größten Teil der Strecke auf dem Eise zurücklegen."[1] Die Anzahl der Reisetage betrug somit 49 Tage ohne Anreise von Berlin (18. Oktober 1893) nach Brindisi.

Eine heutige Reise nach Peking ist natürlich viel einfacher und schneller zu bewerkstelligen. Als Gepäck reichen uns heute vielleicht einige Koffer mit Kleidung und Toilettenartikeln. Und damals? Auskunft hierüber gibt eine vierseitige Anweisung des damaligen Auswärtigen Amts mit dem Titel *Was der Dolmetscheraspirant von Deutschland mitbringen soll!* Nur einige Ausrüstungsgegenstände seien hier genannt: „Ein ordentliches, anständiges, breites Bett aus Eisen, mit eiserner Sprungfedermatratze und daraufgelegter Rosshaarmatratze" einschließlich der erforderlichen Bettwäsche, „mehr dauerhaft als schön." Zusätzlich benötige man „eine gute und vollständige Toilettenausrüstung mit reichlichen Ersatzstücken [...] für mehrjährigen Gebrauch." Medikamente in Pastillenform sowie Briefpapier aller Art und ein guter Füllfederhalter werden zur Mitnahme empfohlen. „Einen guten Sattel, bei dessen Anschaffung Sparen Verschwendung ist" zu kaufen, mit entsprechendem Zaumzeug und Reitkleidung, wird angeraten. Empfohlen werden ein „leichter englischer und [ein] deutscher Bock-Sattel". Die Garderobe für den täglichen Bedarf und insbesondere für den diplomatischen Dienst ist vielfältig und auf drei bis fünf Jahre zu bemessen, weil der Bezug in China in aller Regel wegen der sehr viel höheren Kosten auszuschließen sei. Empfehlungen für Jäger werden genannt, auch ein Hinweis auf die Anschaffung einer Verteidigungswaffe (Browning-Pistole) mit reichlich Munition. Zigarren solle man nur in bzw. aus Deutschland beziehen. Vorhänge und Gardinen solle man mitnehmen, da diese in

---

1 Hochzeitsbrief von Mande Krebs an ihre Großnichte Barbara Wagner (aus der Familie Krebs) in Dresden vom 23. Juli 1960.

Abb. 13 Deutsche Gesandtschaft in Peking (rechts) (aus „Tagebuch in Bildern" von Alfons Mumm v. Schwarzenstein 1900-1902).

China sehr teuer seien, und außerdem erhalte der Dolmetscheraspirant „nur eine leere, keine möbilierte Wohnung. Er muß daher in den ersten Tagen nach seinem Eintreffen einen Betrag von mindestens 150,00 Dollar oder 300,00 Mark zur Verfügung haben zwecks Anschaffung der notwendigsten Möbel."

Diese ausführliche Anweisung des Auswärtigen Amtes zeigt: Hier befand sich eine kleine Expedition auf dem Weg nach Peking.

Die ersten Jahre in der Gesandtschaft

Bereits wenige Tage nach seiner Ankunft in Peking testete der Erste Dolmetscher und Sekretär Freiherr von der Goltz Krebs' chinesische Sprachkenntnisse. Das gute Ergebnis übermittelte der Gesandte Schenck dem Reichskanzler Georg Leo Graf von Caprivi (1831-1899) mit dem zusätzlichen Vermerk:

> Obwohl derselbe bereits im Sommer 1890 seine Diplom Prüfung beim Orientalischen Seminar bestanden und seitdem Einiges vergessen hat, so sind seine chinesischen Sprachkenntnisse gleichwohl sehr befriedigend und legen Zeugnis ab einerseits von sei-

ner hervorragenden Begabung, andererseits von der Vorzüglichkeit des Unterrichts in der chinesischen Klasse des Orientalischen Seminars zu Berlin. Die Auswahl des Herrn Krebs für den hiesigen Dolmetscher- und konsularischen Dienst wird voraussichtlich als eine sehr glückliche sich erweisen. Seine erste Chinesisch-Prüfung wurde auf den 25. Januar 1894 terminiert.

Von der Goltz bestätigte Krebs darüber hinaus:

> Seine Kenntnis chinesischer Schriftzeichen ist eine ungewöhnlich gute. Er wird sich zunächst bestreben, was das Sprechen des Chinesischen betrifft, das Vergessene wieder einzuholen und dazu das Wade'sche Lesebuch Tsu erh ohi benutzen.[2]

Die Erwähnung des Wade'schen Lesebuchs erscheint insoweit interessant, wenn man Krebs' Hinweise in einem leider nur noch als Fragment vorliegenden Schreiben aus seiner Anfangszeit in China ohne Empfängerangabe beachtet (siehe Kapitel 4, *Schwierigkeiten mit der Pekinger Umgangssprache*).

Über die guten bis sehr guten Ergebnisse der anschließenden Prüfungen am 25. Januar 1894 und 1. Februar 1895 informierte man ebenfalls den Reichskanzler. Auch der Direktor des Seminars für Orientalische Sprachen erhielt hierüber Kenntnis. Nach Auskunft des gegenwärtigen Leiters des Sprachendienstes des Auswärtigen Amts, Antonius Reda, wurde Emil Krebs im Jahr 2007 anlässlich der Feier zum 120. Jubiläum des SOS in Berlin als herausragender Absolvent dieses Institutes besonders hervorgehoben.

Ab dem 10. Mai 1896 übertrug man Krebs kommissarisch die Geschäfte des Zweiten Dolmetschers der Gesandtschaft in Peking. Seine sprachlichen Fähigkeiten fanden damit bereits nach zweieinhalb Jahren in Peking Anerkennung.[3]

Abordnung zum Gouvernement Kiautschou

Die Gegebenheiten, die zu Emil Krebs' Abordnung zum Gouvernement Kiautschou führten, und der geschichtliche Ablauf der Besetzung des Pachtgebietes werden im Folgenden nur kurz berührt; einige Aussagen sind Wilhelm Matzats Lebensskizze von Emil Krebs entnommen.[4]

England, Russland, Japan und andere europäische Staaten hatten bereits seit längerem chinesische Hoheitsgebiete für sich in Anspruch genommen oder über Pachtverträge ‚vereinnahmt'. Auch der deutsche Kaiser wollte nicht zurückstehen und suchte einen Anlass, tätig zu werden, zumal die chinesische Regierung nicht bereit war, ein entsprechendes Gebiet zur Verfügung zu stellen. Der Geologe und Chinaforscher Ferdinand Freiherr von Richthofen (1833–1905) hatte bereits während seiner Chinareisen auf die

---

2 PA AA, Personalakte Krebs, Bd. 1, S. 63ff.
3 PA AA, Personalakte Krebs, Bd. 1, S. 81f.
4 Matzat, Wilhelm (2000): Emil Krebs (1867-1930), das ‚Sprachwunder', Dolmetscher in Peking und Tsingtau. In: Deutsche China-Gesellschaft, Mitteilungsblatt 43, Heft 1, S. 31-47. Im Internet unter <http://www.tsingtau.org/das-sprachwunder-emil-krebs/> (2.11.16).

besonders günstige Lage der Bucht von Kiautschou hingewiesen. Berlin war fest entschlossen, diesen Bereich als Stützpunkt für seine Flotte, wenn nötig auch mit Gewalt, an sich zu bringen. Die Ermordung von zwei deutschen Missionaren in China wurde als willkommener Anlass genutzt.

Im November 1897 landeten ca. 700 deutsche Soldaten in der Bucht von Kiautschou. Ihnen standen 2000 chinesische Soldaten gegenüber. Krebs, der bereits zum dritten Mal dem chinesischen General Tschang[5] gegenüberstand, dolmetschte die jetzige Begegnung und ließ Tschang wissen, dass es sich nicht um eine Übung, sondern eine Besetzung handele. Der überrumpelte General Tschang musste innerhalb weniger Stunden das besetzte Gebiet verlassen. Ihre Waffen durften die chinesischen Soldaten mitnehmen. Entsprechende von Krebs übersetzte und bereits in Peking entworfene Proklamationen wurden übergeben und die endgültige Einnahme der Bucht von Kiautschou war besiegelt.

Den Ablauf der ‚Einnahme' der Bucht von Kiautschou schildert Emil Krebs in einem Kurzprotokoll, *Zusammenstellung der im Auftrage des Kaiserlichen Herrn Gesandten Freiherrn von Heyking von dem Dolmetscher-Eleven E. Krebs ausgeführten Dienstreise.* Diese Dienstreise begann am 5. Oktober 1897 und führte über Tientsin (Tianjin), Taku (die Taku-Forts), Chefoo (Yantai) nach Shanghai (12. Oktober 1897). Von dort ging es weiter nach Hankow (Hankou), zurück nach Shanghai (9. November). Hier die wörtliche Wiedergabe des Protokolls:

> 11. November Abfahrt [von Shanghai] nach Kiaochao-Bay [Kiautschou] auf S.M.S. ‚Kaiser';
>
> 13. November früh Ankunft vor der Bucht, Orientierungsgang an Land, Besuch beim General Chang kao yüan;
>
> 14. November Besetzung der Häfen und Lager;
>
> 15. November Übersiedelung an Land in das Yamen des chinesischen Generals;
>
> 18. November Orientierungsfahrt an Bord S.M.S ‚Cormoran' innerhalb der Bucht;
>
> 19. November Morgens Rückkehr nach Chingtao [Qingdao]; dann Expedition nach Tsangkou [Tankou] zwecks Gefangennahme des chinesischen Generals;
>
> 20. November Fahrt nach der Nordseite der Bucht an Bord S.M.S. ‚Arcona', Landung bei der Zollstation Tapoutourh, Marsch nach der Stadt Kiaochou, Besetzung derselben;
>
> 21. November Rückmarsch von Kiaochou und Wiedereinschiffung an Bord S.M.S ‚Arcona';
>
> 22. November Wiedereintreffen an Land in Chingtao;
>
> 27. November Expedition des Herrn Gouverneur Zeye, die ich bis Tsaoyüan, wo die chinesischen Soldaten lagerten, begleitete, um dann mit Seiner Exzellenz dem Herrn Vice-Admiral von Diederichs nach Chingtao zurückzukehren.

---

5 In Krebs' Kurzprotokoll der Übernahme von Kiautschou (PA AA, Ziffer 1861/97) auch in der Schreibweise *Tschang*, sowie sein voller Name *Chang kao yüan*.

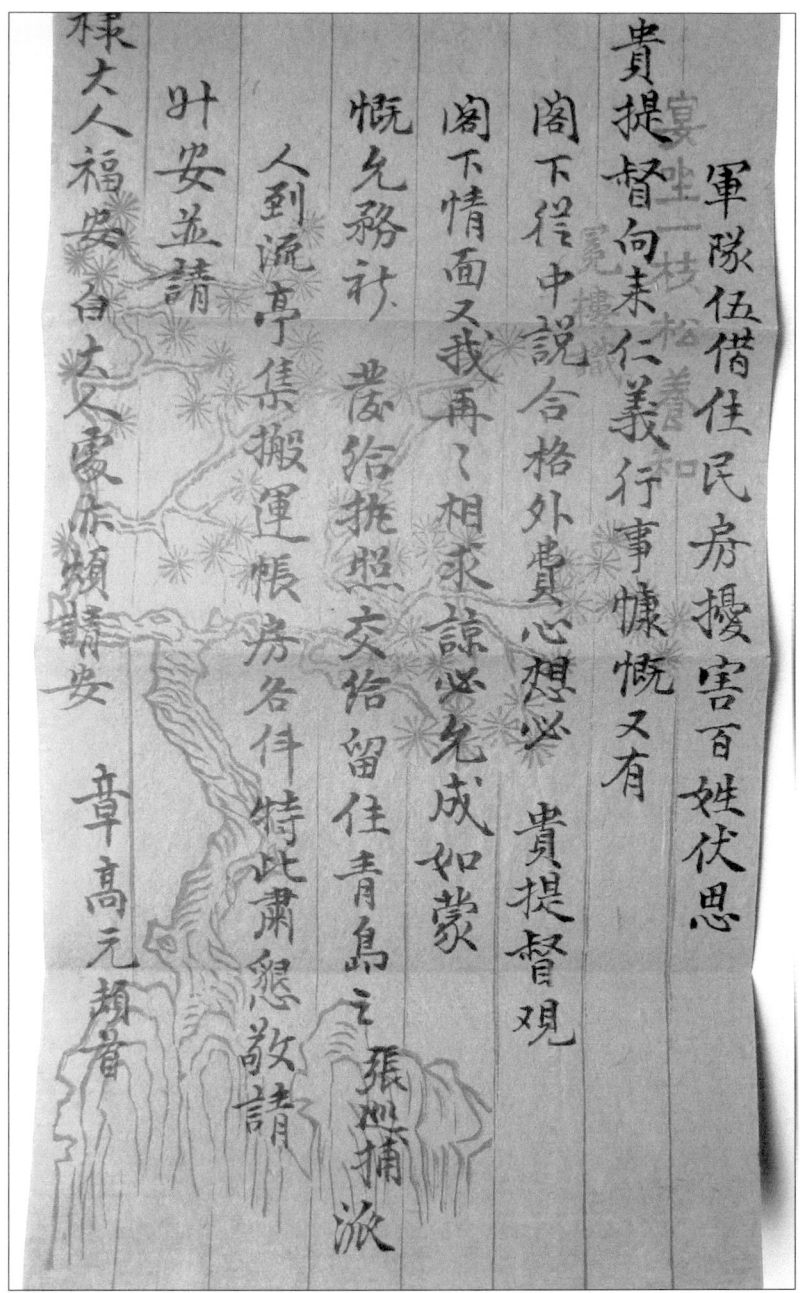

Abb. 14 Brief von General Zhang an Emil Krebs 1897.

Am Schluss des von Emil Krebs unterzeichneten Protokolls steht: „Seitdem bin ich bis jetzt immer an Land beschäftigt gewesen."⁶

Krebs blieb als Dolmetscher in Qingdao, während der Gesandte Baron Edmund von Heyking (1850- 1915) und dessen Gattin Elisabeth von Heyking, eine bekannte Schriftstellerin der damaligen Zeit, zurück nach Peking reisten.

In Emil Krebs' Nachlass befindet sich ein Originalbrief dieses chinesischen Generals Zhang aus jener Zeit. Er bedankt sich bei Krebs für dessen Hilfe bei der ‚Abreise' und seine Fürsprache bei einem Präfekten Di. Hierdurch sei der Abmarsch der Truppen reibungslos verlaufen und man habe die Bevölkerung nicht stören müssen. „Dass Präfekt Di aus Freundschaft mit Herrn Krebs mir geholfen hat, lobe ich den feinen Charakter von Herrn Krebs."⁷

Das besetzte Gebiet wurde dem Reichsmarineamt unterstellt. Krebs, der nach wie vor dem preußischen Justizministerium angehörte, wurde auf Antrag dem Marineamt als Dolmetscher zugeteilt. Er sollte mit seinen chinesischen Sprachkenntnissen und seinem kulturellen Wissen über dieses Land beim Aufbau einer deutschen Verwaltung nützlich und, wie man später sehen wird, geradezu unentbehrlich werden.

Die Verhandlungen in Peking mit dem Ziel eines 99-jährigen Pachtvertrages zwischen dem Gesandten Edmund von Heyking und der chinesischen Regierung gestalteten sich sehr schwierig. Dieser Kiautschou-Vertrag wurde in Peking im März 1898 abgeschlossen. Dolmetscher war Otto Franke. Krebs selbst war an diesen Verhandlungen nicht beteiligt.

In einem langen Brief (Januar 1898) schildert Elisabeth von Heyking Emil Krebs einige Begebenheiten dieser Verhandlungen und bedauert dabei auch im Namen ihres Mannes Krebs' und von der Goltz' Abwesenheit dabei: „Mein Mann hat oft Sie und Goltz sich hergewünscht, mit denen er sich während des ersten Jahres so ganz eingelebt hatte. Die Verhandlungen hier hätten Ihnen gewiß Spaß gemacht."

Aufgaben in Tsingtau (Qingdao)

Krebs bekleidete in der Verwaltung des ‚Schutzgebietes' in Qingdao wichtige Positionen. Als Vorstand der chinesischen Kanzlei gehörten zu seinem Aufgabengebiet die ein- und ausgehende chinesische Korrespondenz mit den Provinzial- und Lokalbeamten, die Beurteilung der von allen Seiten einlaufenden Proklamationen und Bekanntmachungen der chinesischen Beamten der Umgebung, die Verfolgung der Auslassungen und Berichte der chinesischen Presse, soweit sie für das Gouvernement von Bedeutung wa-

---

6 PA AA, Ziffer 1861/97.
7 Die Übersetzung des Briefes nahm Frau Linyao Du (Heidelberg) vor, durch Vermittlung von H. Wahner (ebenfalls Heidelberg), eines entfernten Verwandten von Emil Krebs.

ren, und die Bearbeitung des reichen Bittschriftenmaterials. Außerdem oblagen ihm die Aufgaben eines Bezirksamtmannes.[8]

Während seiner verantwortungsvollen und vielseitigen Tätigkeit für das ‚Schutzgebiet' lernte Krebs viele chinesische Persönlichkeiten kennen. Er vervollkommnete seine chinesischen Sprachkenntnisse und gewann tiefe Einblicke in das chinesische Gesellschaftsleben und die chinesische Kultur. Jedoch fühlte er sich während seiner Tätigkeit für das ‚Schutzgebiet' ausgenutzt und vor allen Dingen unterbezahlt. Außerdem waren seine Aufstiegsmöglichkeiten geringer als bei der deutschen Gesandtschaft in Peking. Auch gestaltete sich die Zusammenarbeit mit dem Chef der Zivilverwaltung Dr. Schrameier immer schwieriger. Krebs wollte aus solchen Gründen wieder zurück nach Peking. Es ist jedoch darauf hinzuweisen, dass die Familien Krebs und Schrameier in den späteren Jahren, vor allem in Berlin, freundschaftlich verbunden waren.

Es entwickelte sich ein umfangreicher Schriftwechsel zwischen Krebs, dem Auswärtigen Amt, dem Marineamt und dem Gesandten von Heyking.[9] Bis April 1900 wurde um Krebs ‚gefeilscht'. Seine sprachlichen Fähigkeiten wurden von allen Seiten benötigt und angefordert. Dann endlich übernahm Krebs die Initiative und verfasste einen Beschwerdebrief „An Seine Durchlaucht den Herrn Reichskanzler Fürsten zu Hohenlohe-Schillingsfürst" (1819–1901). Darin schrieb er unter anderem:

> Ich fühle mich (...) in mehrfacher Richtung beschwert. Einerseits ist es im Bereiche des Auswärtigen Amtes zweifellos, dass Dolmetscher in gleicher Linie mit den höheren Konsulatsbeamten rangieren, und es ist damit die Möglichkeit ausgeschlossen, auf gleiche Stufe mit sogenannten Subalternbeamten gestellt zu werden, wie dies hier der Fall und um so kränkender ist, als die Dolmetscher eine akademische juristische Karriere hinter sich haben.[10]

Er bat daher um „eine Rücküberweisung an das Auswärtige Amt mit möglichster Beschleunigung." Mit Schreiben vom 20. April 1900 unterstützte der nun amtierende Gesandte Clemens Freiherr von Ketteler (1853-1900) Krebs' Bestrebungen gegenüber dem Reichskanzler mit dem zusätzlichen Hinweis, dass die herausragenden Fähigkeiten des Dolmetschers Krebs in Peking dringend benötigt würden. Auch sprach er das gespannte Verhältnis zu Dr. Schrameier an.

Die im März 1900 ausgebrochenen Unruhen in China, bekannt unter dem Begriff ‚Boxeraufstand', erreichten Mitte Juni das Gesandtenviertel in Peking. Der deutsche Gesandte Clemens Freiherr von Ketteler wurde am 20. Juni 1900 auf offener Straße bei einem Attentat getötet. Krebs' Freund Heinrich Cordes[11], Zweiter Dolmetscher der

---

8 Schreiben des Gouverneurs Jaeschke vom 10. September 1900. PA AA, Personalakte Krebs, Bd. 1, S. 133-135.
9 P A AA, Personalakte Krebs, Bd. 1, S. 115-136.
10 PA AA, Auswärtiges Amt, Personalakte Krebs, Bd. 1, S. 117-119.
11 Heinrich Cordes (1866-1927) war bis zu seiner schweren Verwundung durch den Anschlag auf den Gesandten Ketteler Zweiter Dolmetscher an der Deutschen Kaiserlichen Gesandtschaft in Peking. Er

deutschen Gesandtschaft, wurde als Begleiter von Kettelers schwer verwundet. Das ‚Ketteler-Monument' in Peking erinnert an dieses Attentat. Krebs selbst befand sich zu diesem Zeitpunkt nicht in Peking. Der Ablauf dieses Tages und Heinrich Cordes' persönlicher Bericht wird geschildert in Scheibert (1909).[12]

Tauziehen um Krebs' Rückkehr zur Gesandtschaft

Nach Kettelers Tod bestellte das Auswärtige Amt Alfons Freiherr Mumm von Schwarzenstein als neuen Gesandten in China. Infolge Cordes' Verwundung und des Heimaturlaubs von von der Goltz' befand sich kein einsatzbereiter Dolmetscher mehr in der Pekinger Gesandtschaft. Krebs war noch in Qingdao und hatte die Belagerung der Gesandtschaften in Peking während des Boxeraufstands nicht erlebt. Seine Abberufung nach Peking stand noch aus.

Mumm von Schwarzenstein, dem Krebs' polyglotte Fähigkeiten bekannt waren, forderte, Krebs wieder als Dolmetscher in der Gesandtschaft in Peking anzutreffen. Das Auswärtige Amt teilte dies dem Reichsmarineamt am 19. Juli 1900 schriftlich mit.[13] Dieses versuchte noch Ende des gleichen Monats eine befristete Abordnung zu erreichen mit der Begründung,

> dass durch die Abberufung des Dolmetscher-Eleven Krebs von seinem Posten in Tsingtau, wo er als Bezirksamtmann fungiert, eine wesentliche Beeinträchtigung des Dienstes stattfindet, die sich unter den obwaltenden kritischen Verhältnissen besonders fühlbar machen wird. Außerdem ist Ersatz für den gen. Krebs nicht vorhanden.[14]

Das Auswärtige Amt widersprach jedoch dem Ansinnen einer befristeten Abordnung.[15] Mit Schreiben vom 10. September 1900 unternahm das Gouvernement Kiautschou (Unterschrift Jaeschke) nochmals einen verzweifelten Versuch, Krebs zurückzugewinnen. Hier zeigt sich nun in vollem Umfang, von welcher Bedeutung Krebs als Dolmetscher und Übersetzer, aber auch als Jurist für das Pachtgebiet war:

> [...] Dagegen würde der Fortfall des Dolmetschers Krebs für das Schutzgebiet nicht nur eine große Beeinträchtigung des Dienstes mit sich bringen, sondern geradezu eine ernste Störung des regelmäßigen Geschäftsbetriebes bewirken.[16]

---

schied nach diesem Attentat aus dem diplomatischen Dienst und wechselte als Generalvertreter zur Deutsch-Asiatischen Bank in China.

12 Scheibert, Justus (1909): Der Krieg in China 1900-1901, nebst einer Beschreibung der Sitten, Gebräuche und Geschichte des Landes. Berlin: C. A. Weller.
13 PA AA, Personalakte Krebs, Bd. 1, S. 121.
14 PA AA, Personalakte Krebs, Bd. 1, S. 123.
15 PA AA, Personalakte Krebs, Bd. 1, S. 126.
16 PA AA, Personalakte Krebs, Bd. 1, S. 133-135.

Mit dem Hinweis auf seine Tätigkeiten als Vorstand der chinesischen Kanzlei und als Bezirksamtmann führt Jaeschke weiter aus:

> Hierdurch wird die Arbeitskraft eines Beamten vollständig ausgenutzt, nur auf den Mangel von geeigneten Beamten ist es zurückzuführen, dass Herr Krebs den Posten eines Bezirksamtmanns für Tsingtau noch außerdem zu versehen hat. Wird schon für die erste Arbeit [Vorstand der chinesischen Kanzlei] eine vollständige Beherrschung der chinesischen Sprache verlangt, so setzt die zweite eine intime Kenntnis mit chinesischen Sitten und Anschauungen voraus, da der Bezirksamtmann den chinesischen Richter, dessen Zulassung wegen des allgemein bekannten chinesischen Charakters nicht wünschenswert erscheint, ersetzen soll.

Das Schreiben schließt mit einem Hinweis:

> In Folge der Störungen, die in der Einflusszone zu den regelmäßigen Vorkommnissen gehören, bin ich häufig gezwungen, einen sprachgewandten Beamten zur Untersuchung oder Verhandlung mit den chinesischen Beamten zu entsenden. Falls Herr Krebs dem Gouvernement genommen werden würde, würde ich in einem solchen Falle nicht nur ohne Berather für chinesische Angelegenheiten gelassen sein, sondern überhaupt die Arbeit des chinesischen Theils der Verwaltung vollkommen ruhen.[17]

Diese Zeilen machen Krebs' Bedeutung bereits zu dieser Zeit sowohl für das Pachtgebiet als auch für die Gesandtschaft deutlich. Seine umfassenden chinesischen Sprachkenntnisse und seine Kenntnisse des chinesischen Strafrechts werden hier hervorgehoben und gewürdigt. In diesem Zusammenhang sei an die positiven Feststellungen des Ersten Dolmetschers von der Goltz bereits zu Krebs' Dienstbeginn in Peking erinnert.

Vor allen Dingen Krebs' Kenntnisse des chinesischen Strafrechts könnten die Ablehnung einer Versetzung nach Peking begründen. Andererseits jedoch, wie zu Beginn bereits gesagt, entstammte Krebs einer tiefreligiösen Familie und hatte seine Studienzeit mit einem Theologiestudium begonnen. Als Bezirksamtmann in Qingdao waren ihm die richterlichen Befugnisse zum chinesischen Strafrecht übertragen worden. Lag hier vielleicht der eigentliche Grund seines Wunsches nach Rückkehr zur deutschen Gesandtschaft in Peking? Die nach dem chinesischen Strafrecht drakonischen Strafen, sofern diese bei Chinesen auch in Qingdao anzuwenden gewesen sein sollten, könnten sein Streben nach einer Rückkehr nach Peking begründen, wenn sie in Widerspruch zu seinem religiös bedingten Rechts- und Moralempfinden standen.

Im Auftrag des Auswärtigen Amts beteiligte sich Emil Krebs 1899 mit einem Aufsatz über das chinesische Strafrecht an einer Veröffentlichung über die damalige Strafgesetzgebung im internationalen Vergleich.[18] Der Herausgeber Franz von Liszt

---

17 PA AA, Personalakte Krebs, Bd. 1, S. 133-135.
18 Krebs, Emil (1899): [Abschnitt] XIX China. In: von Liszt, Franz (Hg.): Die Strafgesetzgebung der Gegenwart in rechtsvergleichender Darstellung. Bd. 2: Das Strafrecht der aussereuropäischen Staaten. Berlin: Otto Liebmann, S. 369-384.

weist in seinem Vorwort dankbar darauf hin, es sei „uns gelungen, einem der besten Kenner des deutschen Kolonialrechts die Bearbeitung übertragen zu dürfen [...]."

Der Aufsatz behandelt in groben Zügen die historische Entwicklung des Strafrechts ab 2205 v. Chr. (Dynastie Hia) bis zur gültigen Strafgesetzgebung im Jahr 1899, der Entstehungszeit des Aufsatzes.

Am 24. Juli 1900 trat Freiherr Mumm von Schwarzenstein ab Hafen Genua in Begleitung von Gustav (Krupp) von Bohlen und Halbach seine Reise nach Peking an und erwartete Krebs bei seiner Ankunft in Shanghai. Dies jedoch war wegen des hinauszögernden Verhaltens von Jaeschke nicht realisierbar. Der neu ernannte Gesandte beschwerte sich daher in einem gesonderten Schreiben vom 4. Oktober 1900 bei Reichskanzler Fürst zu Hohenlohe-Schillingsfürst über die Nichteinhaltung der Zusage. Er habe „wochenlang ohne den ihm zugesagten Dolmetscher Krebs auskommen müssen."[19]

Krebs traf schließlich Ende Oktober 1900 nach dreijähriger Tätigkeit im Pachtgebiet zusammen mit Mumm bei der Gesandtschaft in Peking ein. Sie hatten sich vorher in Tientsin (Tianjin) getroffen.

Rückkehr zur Gesandtschaft nach Peking

Ernennung zum Ersten Dolmetscher

Am 25. Oktober 1900 trat Krebs seinen Dienst bei der Deutschen Kaiserlichen Gesandtschaft in Peking als Zweiter Dolmetscher an.[20] Seine Tätigkeit in Kiautschou gereichte ihm nicht zum Nachteil. Im Gegenteil – seine zwischenzeitlich bekannt gewordenen chinesischen Kenntnisse und die Erfahrungen im Umgang mit chinesischen Amtsträgern führten am 1. August 1901 zur Ernennung zum Ersten Dolmetscher mit dem Titel *Secrétaire interprète* durch Reichskanzler Bernhard Fürst von Bülow (1849-1929). Sein Jahresgehalt stieg dadurch von 6.000 auf 15.000 Mark und er erhielt eine freie Dienstwohnung im Gesandtschaftsbereich. In Krebs' Personalakte ist dieser Ernennungsurkunde das Dokument der entsprechenden *Bestallung als Erster Dolmetscher bei der Kaiserlichen Gesandtschaft in Peking für den bisherigen Dolmetscher-Aspiranten Karl Gottlob Emil Krebs* im Namen des Kaisers beigefügt.[21]

Bisher war Krebs dem preußischen Justizministerium unterstellt. Dem Reichsmarineamt bzw. dem Auswärtigen Amt war er nur zu dienstlichen Zwecken überlassen worden. Die jetzige Beförderung bedeutete für ihn die Übernahme in den Reichsdienst und somit die Entlassung aus dem Preußischen Justizdienst.

Krebs bedankte sich am 5. September 1901:

---

19 P A AA, Personalakte Krebs, Bd. 1, S. 131f.
20 Keipert, Maria/ Grupp, Peter/ Historischer Dienst des Auswärtiges Amts (Hg.): Biographisches Handbuch des deutschen Auswärtigen Dienstes 1871-1945. Verlag Ferdinand Schöningh. Paderborn 2005, Bd. 2, G-K, S. 647f.
21 P A AA, Personalakte Krebs, Bd. 1, S. 140f.

An Seine Excellenz den Reichskanzler Herrn Grafen von Bülow. Für das durch diese Beförderung mir bewiesene gnädige Wohlwollen auszudrücken mir gestatte, erlaube ich mir gleichzeitig Eure Excellenz zu versichern, dass es stets mein eifriges Bestreben sein wird, mich durch Pflichttreue und Gewissenhaftigkeit im Kaiserlichen Dienst der mir zu Theil gewordenen Auszeichnung würdig zu zeigen.

Mit seiner Rückkehr an die Kaiserliche Gesandtschaft in Peking änderte und erweiterte sich seine Aufgabenstellung. Hierzu gehörte nun auch die Ausbildung der Dolmetscher-Eleven und die Überwachung und Prüfung ihrer Kenntnisse in Wort und Schrift.

Seine Kontakte zu den anderen ausländischen Gesandtschaften in Peking und zu unterschiedlichen chinesischen Institutionen wurden intensiver. Von Ende 1900 bis Herbst 1901 liefen nach dem Boxeraufstand die Friedensverhandlungen zwischen den ausländischen Mächten und der chinesischen Regierung. Krebs selbst äußerte sich sehr viel später in Deutschland in einem längeren, persönlich formulierten unveröffentlichten Aufsatz zum Ergebnis dieser Verhandlungen sehr kritisch (vgl. kurzes Zitat im Kap. ‚Veröffentlichungen von Emil Krebs').

Sein erfolgreiches Wirken als Chefdolmetscher führte zu Anerkennung, auch in Form von Orden. Einige davon seien nachfolgend genannt:

Der chinesische Kaiser verlieh Krebs für seine Tätigkeit anlässlich der erwähnten Friedensverhandlungen den Orden des ‚Doppelten Drachen'. Im Jahr 1904 erhielt er anlässlich eines Besuches des Prinzen Adalbert von Preußen in Peking den ‚Roten Adler-Orden'. Die ‚Chinesische Erinnerungsmedaille von China' und die ‚Chinesische Erinnerungsmedaille (Goldener Kranz)' verlieh ihm der chinesische Kaiser. Für den Tianjin-Yangtse-Eisenbahnvertrag wurde ihm der ‚Kronen Orden' verliehen. Am 24. April 1908 hob ihn Kaiser Wilhelm II. in den Rang eines Rates.[22]

Deutscher Prinzenbesuch in China

Prinzenbesuche in China (u. a. Prinz Adalbert von Preußen 1904, Prinz Leopold von Preußen 1905) begleitete Krebs als Dolmetscher und Übersetzer. Als guter Kenner chinesischer Verhältnisse vermittelte er ihnen Einblicke in die inneren Angelegenheiten Chinas.

Am 3. Juni 1904 schildert Emil Krebs in einem langen Brief aus Peking seinen Eltern und Geschwistern in Esdorf ausführlich den Ablauf des Besuchs von Prinz Adalbert im Mai 1904. Diese Schilderung vermittelt einen kleinen Einblick in den Tagesablauf eines solchen Besuchs bei Hofe. Krebs befand sich mehrere Tage zur Begleitung auf Ausflügen in die Umgebung Pekings. Auch bei Audienzen mit Gegenbesuchen in der ‚Verbotenen Stadt' war er gefordert. Er berichtet, wer wann und wo vor dem kaiserlichen Thron sprechen durfte. Dabei erfahren wir einiges zur Kaiserinwitwe und deren Begleitung in den Gärten des Sommerpalastes. Die Anteilnahme und Neugier

---

22 PA AA, Personalakte Krebs, Bd. 1, S. 96; Bd. 2, S. 3; 5-7; 20; 54. Nach Überlieferungen sollen es insgesamt 40 Auszeichnungen (einschließlich der chinesischen) sein.

Abb. 15 Chinesische Regentin, Kaiserinwitwe Cixi 1904 (Mitte sitzend).

der Chinesen an solchen Begebenheiten werden beschrieben, ebenso die farbenfrohen chinesischen Eskortenreiter und die deutschen Lanzenreiter. Interessant ist der Hinweis: „Ein Haus, in welchem ein Kaiser geboren worden ist, darf nicht mehr zu Palastzwecken dienen, sondern wird in einen Tempel umgewandelt." Weiterhin interessant sind auch Informationen zu damaligen Transportmöglichkeiten, z. B. chinesische Karren. Dieser mehrseitige Bericht wird durch eine besonders umfangreiche Akte im politischen Archiv des Auswärtigen Amts bestätigt. Darin finden sich zusätzliche Informationen zum Inhalt der teilweise von Krebs entworfenen Ansprache des deutschen Prinzen an die chinesische Regentin sowie über verschiedene Empfänge chinesicher Würdenträger. Sitzpläne geben Auskunft über die geladenen Gäste der in Peking residierenden Gesandtschaften.

Krebs erhielt 1908 die Möglichkeit, sein Konsulatsexamen abzulegen. Er verzichtete jedoch. Seine Beweggründe hierzu sind nicht bekannt und lassen sich auch nicht der Personalakte entnehmen. Für seine weitere Laufbahn im diplomatischen Dienst bedeutete diese Entscheidung jedoch das Aus. Sicherlich ist es nicht abwegig zu vermuten, dass Krebs klar erkannte, dass seine Möglichkeiten, weitere Sprachen zu erlernen, als Konsul eingeengt sein dürften. Sein Interesse an Sprachen ging ihm über alles. Im Verlauf seines weiteren Lebens werden sich ähnliche ablehnende Entscheidungen wiederholen.

Ernennung zum Legationsrat

Während seines dritten Heimaturlaubs vom 17. Oktober 1911 bis 11. Mai 1912 verlieh ihm Kaiser Wilhelm II. am 15. Februar 1912 im Neuen Palais in Potsdam persönlich den Rang eines Legationsrates. Damit wurde ihm die Anerkennung seiner herausragenden Dienste in China bekundet.[23]

In einem Brief vom 5. August 1912 an seine Schwester Gertrud in Breslau deutet Emil Krebs an, dass er anlässlich eines Empfanges beim Kaiser diese Ernennung zum Legationsrat von ihm persönlich erhalten habe. Er (Krebs) sei erstaunt gewesen, dass darüber in der Zeitung berichtet worden sei, jedoch habe er sich nicht weiter darum gekümmert. Seine Schwester möge seinen neuen Titel aus einer beigefügten Visitenkarte entnehmen.

Zugang zur chinesischen Kaiserinwitwe

Krebs erhielt wegen seiner hervorragenden Kenntnisse der chinesischen Kultur und seiner vorzüglichen Aussprache des Chinesischen und Mandschurischen des öfteren Einladungen der Kaiserinwitwe. Eine besondere chinesische Visitenkarte (siehe am Ende dieses Kapitels) ermöglichte ihm den direkten Zugang. Solche Visitenkarten wurden von chinesischen Würdenträgern, z. B. Prinzen, Angehörigen der deutschen Gesandtschaft bei Einladungen ausgehändigt. Auf Krebs' Visitenkarte stand der Name ‚Sommer', (chin. *Xia*) – dies entsprach dem Namen Xia Li-fu, der ihm von chinesischer Seite zugedacht worden war.

Seine Schwägerin Toni Deneke (Biographie- und Romanautorin zu Goethe und seinem Umfeld) schildert diese Zusammenkünfte mit der Kaiserinwitwe wie folgt:

> Sie liebte es, mit Krebs zu plaudern. Von Zeit zu Zeit sandte sie einen Palankin mit Gefolge und ließ ihn zum Tee holen. Sie, eine Frau mit einer besonders gepflegten Sprache, unterhielt sich mit besonderer Vorliebe gerade mit ihm, als dem sorgfältigsten und besten Sprecher des Chinesischen unter den Ausländern. Dann saß sie in einem schwarz-geschnitzten, breiten Sessel mit wunderbar schillernden Seidenkissen; sie selbst in gelber Seide, märchenhaft gestickt. Rechts und links Pyramiden von frischen Äpfeln, ihr Lieblingsparfüm. Das Porzellan ihrer henkellosen Tasse war so dünn, dass man ihre mit kostbaren Hülsen geschützten Fingerspitzen durchschimmern sah. Den Tee schenkte man, den Fremden zu ehren, aus einer abscheulichen blauen Emaillekanne, einem Küchengerät.

Weiter heißt es dann:

> Gelegentlich kam es zu kleinen Sensationen – beispielsweise, als eine mongolische Gruppe einen Brief an die Kaiserin schickte, den niemand lesen konnte. Man holte Krebs, der – wie die „Gazette de Lausanne" später berichtete – den Mongolenbrief vom Blatt weg übersetzte. Überhaupt scheinen mongolische und tibetanische Texte ihn damals sehr be-

---

23 PA AA, Personalakte Krebs, Bd. 2, S. 38f.

schäftigt zu haben. Ihr Tod (1908) brachte die große Umwälzung. Der junge Kaiser wurde entthront, und das Reich der Mitte wurde Republik unter dem ersten Präsidenten Yüan Schi-Kai [heutige Namensschreibung: Yuan Shikai, chinesisch: 袁世凯]. Das Fest, was man den ausländischen Gästen gab, bedeutete den Bruch mit der viel tausendjährigen Tradition. Die chinesischen Würdenträger erschienen in europäischen Fracks, nur mit der Variante, dass die zum Teil mit Pelz gefüttert waren, was ihren Sitz nicht eleganter machte. Der Zopf war endgültig abgeschnitten, in jedem Sinne, und die prachtvollen Gewänder mit den Mandarinenschildern in die Mottenkiste verbannt. Neue Sachlichkeit marschierte.[24]

Einladung des Präsidenten Yuan Shikai

Präsident Yuan Shikai [25] und Emil Krebs begegneten sich wohl häufiger und kannten sich daher sehr gut. Dies lässt sich aus einer schriftlichen Einladung von Yuan Shikai an Emil Krebs ableiten. Hier bittet er Krebs zu einem Besuch in sein Haus und betont ausdrücklich, dass es sich um einen privaten Besuch unter Freunden handele. Er würde hierzu extra Schnaps besorgen – eine aus heutiger Sicht merkwürdige, jedoch zu damaliger Zeit aus chinesischer Sicht sehr persönlich gefasste Einladung, zumal sie von ihm selbst in historischem Mandarin geschrieben bzw. gemalt worden war. Dieses originale Schriftstück befindet sich im Krebs'schen Nachlass bei seiner Enkelin Brigitte Mayr, geborene Jasper, in Gaienhofen am Bodensee.

Urlaub in der Heimat

Während seines fast ein Vierteljahrhundert andauernden China-Aufenthaltes befand sich Emil Krebs nur dreimal auf Heimaturlaub: Vom 13. September 1902 bis 4. Juni 1903, vom 24. Juni 1907 bis 9. Mai 1908 und vom 17. Oktober 1911 bis 11. Mai 1912. Allein eine Überfahrt von Peking nach Deutschland dauerte fast zwei volle Monate. Alle drei Urlaube ergaben somit allein eine Gesamtreisezeit eines vollen Jahres. Emil Krebs war und blieb sein Leben lang seiner Heimat Schlesien, dem Heimatdorf Esdorf im Kreise Schweidnitz, eng verbunden. Für Esdorf und insbesondere für die dort wohnende Familie des Bruders Alfred Krebs bedeuteten die Urlaube aufregende Zeiten der Vorbereitung. Seine Ankunft kündigte sich bereits Wochen vorher an. Kisten voller Bücher wurden angeliefert und mussten im Hause aufbewahrt werden. Ein Raum, nämlich die ‚gute Stube' im oberen Geschoss, wurde für den Besuch hergerichtet. Dort befand sich für die Dauer seines Aufenthaltes sein Büro. Im Garten des gro-

---

24 Deneke, Toni (1967): Das Sprachwunder. In memoriam Emil Krebs, 15.11.1867-31.3.1930. Unveröffentlichtes Manuskript. Das Original befindet sich in Besitz von Krebs' Enkelin Brigitte Mayr (Gaienhofen). Ihr gilt herzlicher Dank für die Überlassung einer Kopie und die Genehmigung der Veröffentlichung.
25 Yuan Shikai, geboren am 16. September 1859, gestorben am 6. Juni 1916. Militärführer, Politiker der späten Qing-Dynastie und der Republik China und später Kaiser der Hongxian-Dynastie.

ßen Grundstückes beschäftigte er sich jeden Tag mit Sprachen. Noch heute wird beim jährlichen sogenannten Esdorf/Schwengfeld-Treffen (Heimattreffen), das seit über 60 Jahren regelmäßig Ende Mai in Seesen im Harz stattfindet, davon gesprochen, was die Vorfahren der kleinen schlesischen Gemeinde bei der Nennung des Namens Emil Krebs erzählten. Immer wieder fallen die Stichworte: Kein Hut auf dem Kopf, Zwicker auf der Nase, Buch in der Hand, leicht mürrisch vor sich hinmurmelnd. Krebs war im Dorf eine Ausnahmeerscheinung und ist es noch heute in den Gedanken der nachfolgenden Generationen.

Vom ersten Urlaub in Deutschland ist nichts Besonderes zu berichten. Im zweiten Urlaub jedoch kam es bei einem Treffen in Berlin beim Ostasiatischen Kreis zur ersten Begegnung zwischen ihm und seiner späteren Gattin, Amande Heyne, geb. Glasewald. Toni Deneke, Mande Krebs' Schwester, erinnert sich an diese Begegnung:

> Neben uns saß ein Herr mit Spitzbart und einem klugen, aber verschlossenen Gesicht. ‚Gelehrtes Huhn, spricht 45 Sprachen', tuschelte uns meine Schwester zu. Mein witziger Mann pflegte später von diesem Abend zu berichten: ‚Ein interessanter Abend. Ein gelährter Herr, der sich in 45 Sprachen ausschwieg.' Damals ahnte ich noch nicht, dass sechs Jahre später dieser mysteriöse Fremde mein Schwager werden würde.[26]

Die Ehe zwischen Mande und dem Kapitänleutnant zur See Adolf Heyne zerbrach. Zwischen Emil Krebs und Amande Heyne entwickelte sich im Laufe der Jahre ein loser Briefkontakt. Während seines dritten Urlaubs 1911/12 erklärte sich Krebs und machte Frau Heyne einen Heiratsantrag. Sie, die aus erster Ehe zwei Töchter, Charlotte-Luise (Lotteliese), geb. 17. Oktober 1900 in Kiel, und Irmgard, geb. 15. Dezember 1903 in Magdeburg, allein aufzog, zögerte aus verständlichen Gründen. Krebs verlängerte seinen Urlaub um einige Tage in der Hoffnung auf eine baldige Antwort. In einem Brief an seine Schwester in Breslau schreibt er: „Ihr Zögern kostet mich pro Tag 65 Mark. Jeder überschrittene Tag wird vom Gehalt abgezogen."[27] Erst als er wieder in Peking war, erhielt er das ersehnte Ja. Mitte Januar 1913 fuhr Frau Heyne mit dem Zug über Sibirien nach China.

In der Familie hält sich die Überzeugung, dass Emil Krebs und Mande Heyne durch Kollegen aus der deutschen Diplomatie in China verkuppelt worden sind – mit gegenseitigem Einverständnis und zur beiderseitigen Freude. Dies wird durch Aussagen von Krebs' Enkelin Brigitte Mayr bestätigt, die mit Mande Krebs in Gaienhofen zusammenlebte.

---

26 Deneke, Toni (1967): Das Sprachwunder. In memoriam Emil Krebs, 15.11.1867-31.3.1930. Unveröffentlichtes Manuskript, S. 2.
27 Ebd.

Hochzeit in Shanghai 1913 und Reisebericht von Mande Krebs

Die Eheschließung mit Frau Amande (genannt Mande) Heyne am 5. Februar 1913 in Shanghai wurde sowohl vom Auswärtigen Amt als auch von Krebs persönlich dem Reichskanzler Theobald von Bethmann-Hollweg (1856-1921) zeitnah bekannt gegeben. Er antwortete: „Lassen Sie mich Ihnen zunächst meine aufrichtige Gratulation hierzu ausdrücken und meine besten Wünsche für einen recht glücklichen und zufriedenen Ehestand *übermitteln.*"[28] Die Trauung in Shanghai nahm der dortige Generalkonsul von Buri vor. Die Braut war kurz vorher direkt aus Berlin mit der Bahn gekommen. Die beiden Töchter Lotteliese und Irmgard Heyne kamen erst später mit ihrer Betreuerin und Lehrerin nach, weil im Zug von Berlin für sie kein Platz mehr vorhanden war.

Die nun folgenden, stark gekürzten und um einige Hinweise ergänzten Schilderungen der Hochzeitsreise durch Mande Krebs geben einen detaillierten Einblick in das damalige China und die dortigen Lebensverhältnisse. Auch beinhalten sie Informationen zum Privatmann Emil Krebs.[29] Die Hochzeitsreise begann am 7. Februar in Shanghai und endete am 23. März 1913 in Peking. Die Bahnreise von Berlin nach Shanghai wird ausgespart; der Bericht beginnt mit der Trauung in Shanghai:

> Am 5. Februar, Mittwoch, sind wir getraut. Der Wagen vom Generalkonsulat holte uns um 11 Uhr ab. Die Kutscher hatten schwarz-weiß-rote Schärpen um. Um ½ 12 Uhr waren wir im Generalkonsulat [Shanghai], natürlich zu früh, dann traute Herr von Buri, der Generalkonsul, uns selbst. Herr Michelau und Oskar Kirchner waren Zeugen. Dann gab uns Frau von Buri Brötchen und Portwein. Der Bruder von Emmi Cleve, Kaptltn. Georgi, kam mich zu begrüßen (musste um 1 Uhr in See). Unterdessen war alles versammelt. Die beiden Kinder Karla und Elke Michelau voran gingen wir zu Fuß über die Straße zur Kirche. Ich dachte an die Geschichte „Herr Kreisrichter, nicht so fix", und dass, wenn ihr Blumenstreukinder gehabt hättet, dieses unmöglich gewesen wäre. Die Kirche war von Frau von Buri geschmückt, machte aber trotz alledem einen kahlen Eindruck. Die Rede von Pfarrer Schüler war gerade so, wie ich es wollte, kurz und nicht auf die Nerven gehend. Ich hatte vorher deshalb mit seiner Frau telefoniert. Leider hatte er Diphteritis gehabt und konnte nicht mit zum Essen kommen. In dem fürstlichen Hause versammelte alsbald sich die Hochzeitsgesellschaft, Bekannte von Krebs, ungefähr 20 Personen mit uns. Es waren viele schöne Blumen geschickt worden in Körben, Kristall- oder Silberschalen. Ein glänzendes Hochzeitsfrühstück mit vielen Gängen, pünktlich um 1 Uhr. Herr von Buri saß auf meiner anderen Seite, und Herr Michelau mir gegenüber. Diese beiden Herren hielten auch Reden, ersterer auf chinesisch, wovon ich nichts verstanden haben würde, wenn er es nicht schriftlich hätte, ungefähr des Sinnes, dass Krebs 20 verschiedene Sprachen kenne, aber die Amors noch nicht, und dass ich da

---

28 PA AA, Personalakte Krebs, Bd. 2, S. 50f.
29 Die Originalberichte befinden sich in Krebs' Nachlass im Besitz seiner Enkelin Brigitte Mayr, geb. Jasper, in Gaienhofen am Bodensee. Ihr gilt besonderer Dank für die Zustimmung zur Veröffentlichung dieser Berichte. Sie ermöglichen der Leserschaft interessante Einblicke in das damalige Leben in China.

Abb. 16 Emil Krebs vor der Trauung in Shanghai mit Generalkonsul Buri 1913

Abb. 17 Das Brautpaar Krebs mit den Kindern Karla und Elke Michelau 1913

seine Lehrmeisterin sein würde. Es war im allgemeinen eine angeregte Unterhaltung, wie das so auf großen Gesellschaften zu sein pflegt. Außer meinem Brautkleid und den beiden Reden erinnerte nichts daran, dass es eine Hochzeit sei. Das ist immer etwas, was mich wundert, dass in der großen Welt das rein Persönliche ganz verschwindet. Doch ich vergaß die beiden Blumenstreumädchen, die plötzlich als Fee und Köchin erschienen und allerliebste Gedichte aufsagten, mir zwei silberne Salzfässer überreichend. Das war auch zur Hochzeit gehörig. Im übrigen war's mir lieb, dass das Persönliche wegblieb, denn ganz einfach war das Ganze nicht, und ich betrachtete es mehr als Krebsens Hochzeit, und mich als Objekt. Denn nach einem Schwatz mit den Damen im Nebenzimmer gingen wir ungefähr um 4 ½ Uhr fort, Krebs zu Kirchners und ich hinauf. Wir zogen uns um und machten eine köstliche Autofahrt.

Da der Dampfer uns aber nicht den Gefallen tat, früher als Freitag abzufahren, haben wir zusammen noch bei Michelaus gewohnt. Hätte ich die Sache arrangieren können, hätte ich das anders eingerichtet, denn es ist ein bisschen sonderbar und genierlich, aber Krebs ist in diesen Dingen ungeeignet im Nachdenken, und in diesem Spezialfalle konnte ich's nicht für ihn übernehmen. Jedenfalls ist alles ohne jede Aufregung abgegangen, innerlicher und äußerlicher Art. Mir scheint, nach allen Erlebnissen habe ich eine gewisse Stumpfheit über mich kommen lassen, was ich in gewissem Sinne bedaure, weil es selbstverständlich die höhere Genussfähigkeit ausschließt. Ich nehme für meine Begriffe die Dinge gar zu sehr wie sie sind; eine Fähigkeit, nach der ich lange gestrebt habe, und die zu besitzen keine Befriedigung gibt, wenigstens nicht mir. Es kommt mir vor, wie das Nivellierende, Schablonen mäßige, das ich immer weiter um sich greifen sehe und überall bedauere. Wie betrübte es mich in Shanghai, die Chinesen ohne Zöpfe zu sehen. Und Krebschen ist mir vertraut, als wäre ich jahrelang seine Frau. Der funkelnde Ehering kommt mir putzig vor.

Mande Krebs schildert die anschließende Hochzeitsreise in langen Briefen an Eltern und Geschwister. Hierbei beschreibt sie sehr eindrucksvoll Land und Leute des damaligen China und die Begebenheiten mit und um ihren Ehemann Emil Krebs, den sie nur „Krebschen" nennt. Bereits bei der Ankunft in Shanghai gab es, wie Mande beschreibt, ein kleines für Krebs typisches Problem:

Diese Fahrt [von Harbin nach Shanghai] war überhaupt ganz hübsch. Da war mein Mann meistens guter Laune. Dies verging erst, als wir in Shanghai ankamen und inmitten unserer Koffer warteten, dass sie von selbst in den Tender kamen. Da mir aber nicht erlaubt wurde, in die Dispositionen einzugreifen, und ich ja auch die meisten nicht kannte, wartete ich das Weitere ab. Einer der Mitreisenden arrangierte dann dies „Weitere", und wir kamen auf den Tender und in 10 Minuten in Shanghai an der Landungsstelle beim Customhouse an.

Auch während dieser Reise konnte Krebs auf seine geliebten Sprachen nicht verzichten. Er beschäftigte sich ‚nebenbei' mit dem Studium der portugiesischen Sprache. Eine sehr bewegte Reise mit Schiff, Bahn, Esel, Sänften, Karren und sonstigen unbequemen Beförderungsmitteln. Nach heutigen Maßstäben war es keine Hochzeits-, sondern eine Abenteuerreise. Anhand der einzelnen Briefe lässt sich der Reiseweg gut verfolgen. Nach Shanghai wurden Hongkong, Macao, Canton (Guangzhou), Sikiang (Xi Jiang), Wutchan (Wuhan), Nanking (Nanjing), Yentschoufu, Kufu (Qufu), Taianfu (Tai'an), Tsinanfu (Jinan)besucht und über Tientsin (Tianjin) erreichte man Peking. Da die Reiseschilderungen von Frau Krebs nicht in vollem Umfang ausgebreitet werden können, werden hier nur einige Ausschnitte wiedergegeben. Dabei wird versucht, einige Krebs kennzeichnende Charakterzüge und Vorstellungen einer solchen Reise darzulegen. Interessant wiederum sind die Schilderungen des Alltag, des damaligen Lebens der chinesischen Bevölkerung und des Geschäftstreibens.

Grundsätzlich nutzte Emil Krebs auf dieser Reise seine Beziehungen zu den einzelnen Konsulaten. Er vermied, in fremden Hotels zu nächtigen, eigene Wege zu gehen oder gar vermeidbare Unannehmlichkeiten hervorzurufen. Daher waren die einzelnen für seine Zwecke wichtigen Ansprechpartner bereits von ihm informiert. Manchmal allerdings musste seine Ehefrau die Initiative ergreifen. Eine typische Krebs'sche Episode in Hongkong:

> Wir kamen am Montag früh in Hongkong an. Da gibt es keine Pier mehr, wie früher, da sie von einem Taifun weggerissen ist. Krebs als Reisemarschall ist köstlich. In gräulicher Ungeduld und gänzlicher Hilflosigkeit steht er da, wartend, dass die Dinge von selbst gehen. So hatte er von Hongkong die Vorstellung, dass wir im Victoria-Hotel eine Nacht verbringen würden. Ich wartete also auf die Kutsche (COUNCH) vom Victoria-Hotel. Ich sah eine vom Hongkong-Hotel, eine vom King-Edward-Hotel, und wir warteten. Schließlich erweibte ich mich und fragte heimlich den Packmeister des Schiffes. Von einem Victoria-Hotel hätte er nie gehört, aber die couch vom Astorhotel sei noch da. Also hinein.

In Canton (Guangzhou) blieb das Ehepaar Krebs etwas länger. Mande Krebs beschreibt das geschäftliche Treiben und schildert das Vorankommen in engsten Gassen voller kleiner Geschäfte und deren Angebote. Die anschließende Beschreibung des Hafenbereiches in Guangzhou ist lesenswert:

> Nun gingen wir mit dem Führer Wu Fan Pong in die Stadt. Es war mittlerweile ½ 12 Uhr, denn Krebs war auch zum Konsul Rössler gegangen, während ich unter den schönen Bäumen am Wasser vor dem Konsulat saß mit dem dicken Tigges. Wir gingen also zu Fuß über die Brücke durch ein Tor, das von chinesischen Soldaten bewacht wird. Na, und da sieht man allerdings mit Staunen, nicht nur über den ungeheuerlichen Schmutz und den gräulichen Geruch, sondern über all das so ganz Andere, als es sonst in der Welt ist. Die Straßen sind kaum 1 Meter breit und belegt mit ebenso langen Granitsteinen. Den Himmel sieht man nur an wenig Stellen, denn die Häuser, meist 2-3 Stockwerke hoch, stoßen mit den Dächern fast zusammen, und oft sind diese Spalten noch mit Matten zugedeckt. Laden an Laden voll der sonderbarsten Dinge, aber meistens ganze Straßen voll derselben Art. So gingen wir erst durch solche voller Schuhe – europäische kommen jetzt sehr in Aufnahme – dann solche voller Baumwollstoffe, voller chinesischer Anzüge, Seidenstoffe, Silber und Jade, Esswaren, Elfenbein, Särge. Immer gleich gan-

ze Straßenreihen. Und hübsch sehen die in den buntesten Farben leuchtenden langen Lappen aus, die über den Läden flattern, wo in verschiedensten Farben zu lesen ist, was zu verkaufen ist. Ebenso sind seitlich über den Läden feste Tafeln angebracht mit den wunderlichen Schriftzeichen, auf denen Krebs die Firmennamen etc. feststellte.
Die reichen Läden sind mit wunderschön geschnitzten, reich vergoldeten Rahmen versehen. Natürlich sind alle Läden offen und alles steht offen zur Schau. Mir machten am meisten Spaß, die Esswaren und Garküchen zu sehen. Manchmal ekelte es mich gräulich. Getrocknete Frösche, Enten, Gänse ganz breit gepresst und an den langgezogenen Hälsen in Reihen aufgehängt, dann wieder hüpfte uns ein Karpfenkopf beinahe entgegen, der eben von seinem Rumpfe abgeschnitten war. Fische waren in ungeheuren Mengen zu sehen, teils lebende Flussfische in Kübeln voll Wasser, das erneuert wurde durch einen darüber hängenden laufenden Topf, teils große Seefische wie bei uns zu Hause und Haufen getrockneter Fische. Das Zurechtmachen der Fische wurde gleich in den Läden besorgt, wie auch eine grünlich aussehende Masse dort in Klößchen geformt wurde; ich nehme an, aus den Abfällen gemacht. Mein Mann bemerkt bei dieser Gelegenheit, dass die Fische rotes Blut haben. Dann sah man Läden, wo lauter Geflügelkörbe auf der Erde standen und Kulis die Tiere sehr fein säuberlich zurechtmachten und rupften und sengten, wie meine Köchin es in Berlin nie getan hat. Dann blieben wir vor einem Fass stehen, in dem meiner Meinung nach geröstete Schaben waren. Der Führer bezahlte 1 Cent und lud mich freundlichst ein, 10 Stück zu essen, was ich trotz allem ablehnte, wofür ich sicherlich von allen Umstehenden für dumm gehalten worden bin. Schön waren die Frucht- und Gemüseläden. Die schönsten grünen Erbsen und Bohnen, Bambussprossen, Wasserkastanien, Kohl, Spinat, Salat, Rüben sah ich herrlich frisch und grün und Mandarinen, Apfelsinen Pomelo, Bananen, Peanets und Vantan und Oue – letztere Namen kann ich weder in Deutsch noch Englisch sagen, weil niemand sie wusste. Es sind komische Früchte, die wir niemals sahen, aber probierten. Bei einem Tempel schlug ein Chinese yang-tan vom Baume. Wagen, Pferde, Esel, Karren, Rikschas sah ich nicht, sie würden ja auch bei dem Pflaster und den manchmal nicht einen Meter breiten Straßen nicht zu brauchen sein. Die Träger habe ich mit Vergnügen von meiner Sänfte aus beobachtet. Sie tragen über der Schulter die Bambusstange, an deren Enden die Waren mit Stricken befestigt sind. Ziegelsteine, Holz, Hühner, sogar Schweine, alles wird einzeln getragen. Glücklicherweise für die Schweine, sah ich sie in nach ihnen geformten, netzartigen Körben, wo ihre Beine meistens heraushängen. Hat so ein Kuli z.B. nur ein Schwein zu befördern, so hängt er an den anderen Strick einen schweren Stein, und laut „hai ho" rufend läuft er dahin. Auch die Köche laufen ihre Öfen, Essvorräte und Kochgeschirre so tragend weiter, brezeln, kochen, wenn es verlangt wird, ziehen dann weiter, um wo anders von neuem zu braten. Eine wichtige Rolle spielt auch der Schuster, der ebenfalls mit 2 Körben herumläuft, bis er Arbeit findet, die er dann auf der Straße hockend erledigt, den Raum zum Gehen noch verringernd. Tatsächlich breiten noch manche Kleinhändler dort ihre Waren aus, und es hat mich von Herzen betrübt, darunter auch vielen europäischen Schund zu sehen.

Weiter dann:

Ein solches Leben auf dem Wasser habe ich noch nie gesehen. Da ist Hongkong nichts dagegen. Ganz große hohe Dschunken fielen mir auf, die von einem kleinen Schleppdampfer längsseits fortbewegt wurden. Sie waren hinten mehrere Stock hoch, bunt bemalt, vollbepackt mit Menschen und hatten feuerrote Lappen mit weißen Hyroglyphen, den Namen der Orte, wohin sie fuhren, vorn wehen. Es sah wunderlich aus. Dazwischen unendliche Mengen kleiner Boote mit den runden Matten bedeckt, unter denen ganze Familien dauernd leben. Viele Frauen mit Kindern, auf dem Rücken festgebunden, sieht man hinten im Boote stehen und rudern. Andere waschen schnell ein bisschen Wäsche, trotzdem das Boot fährt, indem sie sich über Bord neigen. Das Boot ist mit Matten ausgelegt und sieht ganz leidlich sauber und ordentlich aus. Kinder in allen Größen springen darin herum oder helfen auch schon beim Wrippen. Oft sieht man auch, wie im Boot gekocht wird. Neben unserer „Hoisang" lag ein schöner japanischer Kreuzer, der größte im Hafen. Um 8 Uhr machten sie Flaggenparade wie bei uns, Musiker spielten und der Offizier stand grüßend daneben. Dann fuhr ein großes Schiff vorüber, das von einer Menge Chinesen durch ein Rad am Heck getrieben wurde. Die Kerle sollen es 24 Stunden hintereinander aushalten. Es ist die übliche Fortbewegung der großen Hausboote. Ich hatte ein bisschen die Empfindung von Galeerensklaven. Unsere Anlagestelle war eine scheußliche, kleine Brücke; die Sampans und Dschunken lagen in Reihen dicht aneinander davor. Dahinter an Land sah man große Brandstätten; ein ganzes Viertel ist im vorigen Jahre abgebrannt, und das Feuer ist sogar über den breiten Perlfluss gesprungen und hat auch dort viele Häuser vernichtet. Nur die großen steinernen Pfandtürme ragen einsam aus den Trümmern.

Ihre Schilderungen führen dem Leser die damalige Zeit lebendig vor Augen und könnten fortgesetzt werden. Die folgenden Abschnitte aus Mande Krebs' Berichten beinhalten Aussagen über ihren Ehemann. Wie bereits erwähnt suchte Krebs immer die Nähe der Konsulate. Daher finden wir hierzu immer wieder entsprechende Hinweise seiner Frau:

> Nun habe ich zwar wieder gar nicht viel von meinem Manne, weil er ewige Reden hält mit Voretzsch [dem Konsul]. Der Mann müsste wirklich Professor sein, statt an der dummen Gesandtschaft Legationsrat.

Oder aber:

> Bei Voretzsch war es hübsch. Krebs erfreute sich einer ungeheuren Beliebtheit, und ich profitierte davon. Seine Frau sagte mir: „Pflegen Sie nur Ihren Mann recht in Macao, er hat entsetzlich viel zu tun, er macht alles; die anderen an der Gesandtschaft können gar nichts." Und so geht's überall. Immer wieder wird mir gesagt ‚what a learned man I have.'

Das frischvermählte Ehepaar besuchte unter anderem auch das Grab des Konfuzius in Kufu. Mande Krebs beschreibt ausführlich diese große Grabstelle, die wie ein Tempel wirkt, und weist darauf hin, dass ihr Mann mit Konfuzius' Nachkommen Prinz Kung gut bekannt sei, ihn seines Lebenswandels wegen jedoch nicht mag. Sie beschreibt weiter einen heiligen Berg bei Taianfu (Tai'an), den sie erstiegen haben, jedoch nicht mit eigenen Füßen, sondern sie wurden von Trägern auf Stühlen 5000 Stufen bis zum

Gipfel getragen. Ein Fehltritt wäre ihr Tod gewesen! Auch berichtet sie von einem Ort, an dem sie mit einem auf einer Lanze aufgespießten Menschenkopf begrüßt wurden.

Weiterhin lässt sie uns an einer Einladung eines chinesischen Prinzen in Tsinangfu teilhaben:

> Durch bergige Gegenden kamen wir dann gegen 5 Uhr in Tsinangfu an. Das ist die Hauptstadt der Provinz Shantung und Sitz des Gouverneurs Chow Tcechi, der ein guter Freund meines Mannes ist. Karfreitag früh war es, als wir hier herumgingen, mittags waren wir zum Essen bei Herrn Rust, Direktor der Deutsch-Ostasiatischen Bank, zum Tee beim Konsul Beetz, aber zum Abend gab Chow Tcechi uns zu Ehren ein großes Essen. Das war also mein erstes chinesisches Essen und die erste Bekanntschaft mit vornehmen chinesischen Würdenträgern. Um 7 Uhr ging's in Sänften im Trab durch die eisige Winterstadt, alle Läden erleuchtet, aber immer noch das gleiche Treiben. Wir kamen gegen ¾ 8 durch ein Tor mit vielen Soldaten, durch einen Hof, wieder ein Tor usw., bis wir im 4. Hofe vor einer erleuchteten Halle hielten. Ein Diener empfing uns, ein anderer bat uns um die Visitenkarte (das ist üblich), ein anderer nahm uns die Sachen ab, ein anderer führte uns in einen großen Raum (europäische Möbel), wo schon viele Menschen versammelt waren, aber die Gastgeber kommen zuletzt. Ein Herr Yan stellte uns vor, es waren 2 amerikanische Missionare mit ihren Frauen da, von denen der eine 30 Jahre in China ist, der englische Konsul, der deutsche Konsul mit seiner Frau, einige andere noch und drei hohe Chinesen, von denen der eine früher Gesandter in Wien war und deutsch sprach. Herr Chow Tzechi und seine Frau begrüßten uns sehr freundlich, er spricht fließend Englisch, so dass ich Freude hatte, mich bei Tische (er führte mich) unterhalten zu können. Er war Gesandter in Washington, kennt Deutschland und hat die Welt mit offenen Augen gesehen. Die Tafel war europäisch gedeckt, aber die Gerichte waren chinesisch, und denkt Euch, es schmeckte hervorragend. Dazu gab es unsere Weine und sehr viel Mumm. Herr Chow trank nichts außer etwas Sekt. Die Bedienung war lautlos, unbemerkt und schnell; die Teller verschwanden, ein neu gefüllter stand da. Es hat mir hervorragend geschmeckt trotz der ganz anderen Zubereitung. Beim Fisch ließ Herr Chow Stäbchen für mich bringen, ich wollte es doch gern probieren, feine Elfenbeinstäbchen. Es dauerte ein bisschen lange, aber schließlich ging's. Dabei war die Unterhaltung eine so glänzende, und die ganze Art gefiel mir so, dass ich mich ungeheuer wohl fühlte. Hier herrscht die alberne Sitte, dass die Damen nach Beendigung des Mahles aufstehen und ins Nebenzimmer gehen, während die Herren am Esstisch sitzen bleiben und rauchen. So wurde es auch hier gemacht und wir 5 Damen setzten uns ins Nebenzimmer an den Kamin. Schließlich dann also Verabschiedung, Sänften bestiegen und durch die dunkle Stadt gefahren. Die beiden Stadttore wurden geöffnet, und feierlich ging der lange Zug mit den bunten Laternen hinaus.

Abschliessend zu Mande Krebs' Bericht über ihre Hochzeitsreise wird noch die folgende Episode über Emil Krebs referiert:

> Krebs wird schwindlig und er bekommt gräulich Herzklopfen beim Bergsteigen. Als ich herunter gerutscht kam, saß er in dem Einsiedlertempelchen und las die Gebete für den Priester. Es ist ganz lustig mit ihm, weil er immer Späße macht mit den Chinesen, und wenn er nun meistens schneller und besser liest als die Leute, betrachten sie ihn immer

mit einer gewissen Ehrfurcht. Neulich las er von einem Gedenkstein, wo in Chinesisch, Tibetisch, Mongolisch, Mandschurisch, Kalmückisch, Türkisch zu lesen war, und staunend versammelte sich das Volk um ihn.

Zusammenleben der Familie Krebs

Ostern 1913 erreichte das Paar Peking. Glückwünsche zur Vermählung wurden ausgesprochen und Geschenke übergeben, von denen sich einige noch im Besitz von Krebs' Verwandschaft befinden, z. B. ein wertvoller, ca. sechs Quadratmeter großer Wandbehang aus roter Seide mit Glückwünschen in chinesischer, mongolischer, mandschurischer und tibetischer Sprache sowie den Namen der Dolmetscher-Eleven, die Krebs unterrichtete.

Mande Krebs gefiel ihre Unterkunft in der Gesandtschaft überhaupt nicht. Sie bewohnten zwar ein großes Haus, jedoch hatte ihr Mann bisher keinen großen Wert auf Einrichtung und Behaglichkeit gelegt. Sie fand, es war eines Ehepaares nicht würdig. Mit Hilfe chinesischer Diener gelang ihr die Umsetzung eigener Ideen, sodass sie bald Diplomaten anderer Gesandtschaften oder chinesische Prinzen zum Tee laden konnte. Krebs jedoch war dies nicht so wichtig. Sein Interesse und seine Leidenschaft galt hauptsächlich den Sprachen.

Aufgrund dessen widmete Krebs seine Freizeit den Sprachen und Schriften seiner Bibliothek. Das Familienleben im eigentlichen Sinne war dadurch sehr eingeschränkt. Aus persönlichen Briefen geht allerdings hervor, dass er sich hingebungsvoll um die von seiner Frau in die Ehe gebrachten Töchter kümmerte, mit ihnen spielte und besonders gern Mathematik mit ihnen übte.

Der Tagesablauf der Familie wurde im Laufe der Zeit durch feste Termine streng geordnet. Krebs selbst schreibt in einem Brief am 8. Dezember 1913 aus der Anfangszeit seiner Ehe an seine Schwester Gertrud in Breslau:

> Mit dem Briefe schreiben ist es jetzt etwas schwerer geworden. Mit nur weiblichen Menschen im Hause bin ich nicht mehr der freie Herr meiner Zeit, denn außer den beiden Kindern Lotteliese (13 Jahre) und Irmgard (die nächste Woche 10 Jahre alt wird), die sehr wohl erzogen sind und mir viel Vergnügen machen, haben wir, da hier keine Schule für Europäer sich befindet und wir wünschen, dass die Mädchen den gewohnten Schulunterricht weiter erhalten, auch eine Lehrerin kommen lassen, die bei uns im Hause wohnt und an der die Kinder sehr hängen, da sie sich seit Jahren kennen. Ich bin daher nicht allein und muß oft mit den Mädeln Mathe, Domino und andere niedliche Spiele spielen, was mir aber gar nicht langweilig wird, zumal die Kinder viel Freude daran haben, wenn ich mich mit ihnen beschäftige. Nur mich „Vater" zu nennen, wird ihnen noch schwer. Vorläufig bin ich noch der Onkel Krebs. Eingelebt haben sie sich ganz hübsch, ebenso meine Frau, die überhaupt die günstige Eigenschaft besitzt, jeder Lage die möglichst beste Seite abzugewinnen. Wegen ihres freundlichen, liebenswürdigen Wesens ist sie allgemein beliebt und macht mir dadurch das mir sonst nicht gerade überaus sympathische gesellschaftliche Leben angenehm und leicht. Sie gibt sich die größte Mühe,

Abb. 18 Die Töchter Lotteliese (oben) und Irmgard 1914

Abb. 19 Mande Krebs 1914

mir das Wandern beim Lesen abzugewöhnen, ganz gelungen ist es ihr noch nicht. Es ist natürlich schwer, sich von einer lang eingeregelten Gewohnheit frei zu machen. Leider muß ich daher außerdem feststellen, dass meine Augen seit meiner Rückkehr sicher bedeutend schlechter geworden sind. Ich hoffe, dass ich doch noch dazu komme, sie mehr zu schonen. Meine Frau wird mir schon dazu verhelfen.

Seine Frau schirmte Emil Krebs vor unliebsamen Besuchen ab und verschaffte ihm so seine ihm wichtigen Freiräume. Eine kleine, aber kennzeichnende Episode, die aus Erzählungen innerhalb der Familie überliefert ist, zeigt Mande Krebs' Verständnis für die extensiven Sprachstudien ihres Mannes: Das Ehepaar Krebs weilte hin und wieder auf Urlaub am gelben Meer. Eines Tages befanden sie sich wieder einmal am Pekinger Bahnhof, um diese Reise anzutreten. Mande Krebs bemerkte bereits seit einiger Zeit eine unübersehbare Unruhe ihres Mannes. „Krebschen, was ist los?" – „Ich erwarte heute oder morgen eine größere Bücherlieferung aus Leipzig. Sie ist sehr wichtig für mein Studium einer neuen Sprache." Seine einfühlsame Gattin erkannte das Problem sehr schnell, entließ den Gatten zu seinen Büchern und fuhr alleine in den Urlaub.

Offizielle Veranstaltungen wie etwa Bankette versuchte Krebs zu meiden, wenn seine Anwesenheit aber unbedingt erforderlich war, begleitete ihn seine Frau. Damals sah die Kleiderordnung bei solchen Veranstaltungen grundsätzlich lange Kleider vor. Sie versteckte dann immer eine kleine Schale im Kleid. Hier verbarg sie dann Essen, das ihr ungenießbar erschien.

Die Deutsche Kaiserliche Gesandtschaft in Peking 1914

Nach Auszügen aus Mande Krebs' Schilderungen ihrer Hochzeitsreise und ihres gemeinsamen Familienlebens erzählt der folgende Abschnitt nun von Krebs' dienstlichem Alltag.

1914 berichtete Erich von Salzmann für die Zeitschrift *Die Woche* über die deutsche Gesandtschaft in Peking.[30] Ihm war offensichtlich der Auftrag erteilt worden, der fernen Heimat einen positiven Eindruck zu vermitteln. Die damalige wirtschaftliche Bedeutung Chinas für das Deutsche Kaiserreich wird hierbei besonders hervorgehoben. Kritische Worte sind nicht zu entnehmen. Es gibt keine Hinweise auf die Schwierigkeiten, die drei Jahre später zum Abbruch der Beziehungen des Deutschen Kaiserreichs mit China führten. Der Artikel gibt nur oberflächlich die Entwicklung Chinas und die damaligen Verhältnisse innerhalb der Gesandtschaft wieder.

Salzmann beschreibt die langsame Umwandlung des chinesischen Reiches nach dem Staatsstreich von 1898, die Boxerwirren, den Sturz und den Rücktritt der mandschurischen Dynastie. Peking wird als Zentrale des Ostens und als wichtig für die gesamte Weltwirtschaft hervorgehoben. Daraus leitet Salzmann die besondere Bedeutung der Gesandtschaft und deren Personal für das Deutsche Reich ab. So schreibt Salzmann u. a. über Emil Krebs:

> Sehr wichtige Mitglieder des Stabs unserer Gesandtschaft sind infolge der Eigenartigkeit der Verhältnisse des fernen Ostens und der Forderung, wirkliche Kenner von Land und Leuten und besonders der komplizierten Sprache zu haben, die Dolmetscher-Sekretäre. Der erste dieser Herren ist der Legationsrat Krebs, eine heute wohl in der Welt der Linguisten über alle fünf Erdteile seiner außerordentlichen Kenntnisse wegen bekannte Persönlichkeit, dem eine liebenswürdige Gemahlin den Teil der Repräsentation im Haus abnimmt. (S. 25).

Der Personalakte des Auswärtigen Amtes ist zu entnehmen, dass Emil Krebs Anfang 1914 für einen Monat den abwesenden Gesandten von Haxthausen vertreten hat. Zur gleichen Zeit wurde ihm der ‚Rote Adlerorden mit Schleife' verliehen.

Zusammenarbeit mit chinesischen und sonstigen Dienststellen

Dolmetscher und Übersetzer sind für eine Botschaft bzw. Gesandtschaft zum Meinungsaustausch mit Vertretern des Gastlandes unabdingbar. Nicht immer ist ein Gesandter oder Botschafter der Sprache des fremden Staates mächtig, zumindest nicht in dem Maße, um schwierige Sachverhalte voll erfassen und vertreten zu können. Für die damalige Zeit galt dies besonders für China und die Türkei. Heute ist davon auszugehen, dass Botschafter aller Länder normalerweise in der Lage sind, ihr Land mit seiner Kultur und Politik in der Sprache des Gastlandes vorzustellen. Jedoch dürften auch sie bei komplexen Sachverhalten ohne Dolmetscher oder Übersetzer überfordert

---

30 *Die Woche*, Berlin, 1914, Heft 1, S. 24-29.

Abb. 20 Emil Krebs um 1916

sein. Krebs' Schwägerin Toni Deneke (1883-1970) schreibt über seine Beziehung zu den Gesandten, mit denen er im diplomatischen Dienst zu tun hatte:

> Krebs erlebte eine Reihe Gesandter, Nullen und Könner. Erstere waren ihm die bequemsten, denn sie ließen ihn schalten. Mit Hochachtung sprach er (wenn er sprach) von dem österreichischen Gesandten von Rosthorn, dem Deutschen von Heyking, dessen Gattin in ihrem damals bekannten Roman ‚Briefe, die ihn nicht erreichten' auch den ‚gelährten Herrn' [Emil Krebs] auftreten ließ, von dem Legationssekretär Daniele Varé, dem Italiener, Schöpfer des viel gelesenen Romans ‚Der lachende Diplomat', von Baron Ago von Maltzan[31], der dann in kritischer Zeit Botschafter in Washington wurde und dessen früher Tod durch Flugzeugabsturz großen Verlust bedeutete. Und von dem Secrétaire von Bohlen und Halbach (der später Bertha Krupp heiratete) mit dem ihn nicht nur ein gemeinsamer Koch, auch jahrelange Freundschaft verband.[32]

Die Aufgaben eines Dolmetschers und Übersetzers mögen sich in den letzten Jahrzehnten punktuell geändert haben. Die Vermittlung und Verständigung zwischen

---

31 Ago von Maltzan war 1912 bis 1917 Legationsrat an der Gesandtschaft in Peking, zeitweilig auch Geschäftsträger. Von Maltzan wurde 1925 Botschafter in Washington, kam aber 1927 während eines Heimaturlaubes bei einem Flugzeugabsturz ums Leben.
32 Deneke, Toni (1967): Das Sprachwunder. In memoriam Emil Krebs, 15.11.1867-31.3.1930. Unveröffentlichtes Manuskript, S. 4.

den Völkern wird jedoch maßgeblich von der Tätigkeit der Dolmetscher und Übersetzer gesteuert. Im Politischen Archiv des Auswärtigen Amts in Berlin eingesehene Unterlagen über Tätigkeiten der deutschen Kaiserlichen Gesandtschaft in Peking und der angeschlossenen Konsulate in China sind umfangreiche Übersetzungen der dort tätigen Übersetzer enthalten. Die Akten aus den Jahren 1900 bis 1917 umfassen zum größten Teil Übersetzungen damaliger Anordnungen des chinesischen Kaiserhauses, Verlautbarungen der chinesischen Presse und Eingaben chinesischer Prinzen. Auffallend sind die zahlreichen übersetzten Berichte von Veränderungen der Aufgaben chinesischer Würdenträger und hoher Beamter. Häufig wurde von Ab- und Neubesetzungen chinesischer Ämter berichtet. Krebs' Übersetzungen sind in diesen Akten zahlenmäßig führend.

Zu Krebs' Zeiten waren viele Länder nur nach wochen- oder monatelanger Reise erreichbar. Infolgedessen waren deren Sprachen in unseren Breiten eher unbekannt. Dazu gehörte auch der asiatische Raum. Welche Bedeutung Dolmetschern in diesen Ländern zugemessen wurde, ergibt sich aus der nachfolgenden in Auszügen zitierten Stellungnahme des damaligen Auswärtigen Amts aus einer Korrespondenz mit dem Reichsfinanzministerium, die aus der Zeit nach Krebs' Rückkehr aus China nach Deutschland stammt. Der Hintergrund dieser Korrespondenz war die immer wieder aufkommende Frage zu Emil Krebs' entgeltlicher Eingruppierung. Er fühlte sich nach seiner Rückkehr aus Peking 1917 ungerecht bezahlt und verwies in diesem Zusammenhang immer wieder auf seine sprachlichen Leistungen. Wirklich Entscheidendes hat sich für ihn in dieser Frage jedoch nie ergeben. In dieser späteren Stellungnahme des Auswärtigen Amts vom 19. Mai 1922 gegenüber dem Reichsfinanzministerium wird die besondere Bedeutung der Dolmetscher in der Türkei und in China beschrieben. Es geht um die Stellung des Ersten Dolmetschers in der Türkei und in China in der diplomatischen Rangfolge. Einleitend widerspricht das Auswärtige Amt der Meinung des Finanzministeriums, dass der Erste Dolmetscher in Konstantinopel als Gesandtschaftsrat Zweiter Klasse anzusehen sei. Weiter wird zitiert:

> Die Botschaft in Konstantinopel gehörte, insbesondere während des Krieges (1914-1917) und wegen der starken Interessen, die Deutschland mit der Türkei verbanden, zu den wichtigsten diplomatischen Vertretungen. Da der Botschafter und der Botschaftsrat der türkischen Sprache nicht mächtig waren, so vollzog sich der amtliche Verkehr zwischen der Botschaft und den türkischen Behörden, insoweit er nicht mit Hilfe der französischen Sprache vermittelt werden konnte, ausschließlich durch den Ersten Botschaftsdragoman. Dieser war für die richtige und zweckmäßige Durchführung der Anordnung des Botschafters oder seines Vertreters verantwortlich und genoss daher in erhöhtem Maße das Vertrauen dieser Beamten.

Im Weiteren werden höhere Einstufungen umfangreich begründet und Vergleiche zu Ersten Dolmetschern in anderen Ländern gezogen. Danach wird zur Person Emil Krebs weiter ausgeführt:

Ebenso liegen die Verhältnisse bei dem früheren Ersten Dolmetscher [Emil Krebs] in Peking. Da die chinesischen Diplomaten bisher nur in den seltensten Fällen eine andere als die Landessprache verstanden, gewann die Stellung des Ersten Dolmetschers in Peking eine ähnliche Bedeutung als diejenige in Konstantinopel. Sie kam auch äußerlich schon darin zum Ausdruck, dass der Erste Dolmetscher in Peking infolge seines Verkehrs mit einheimischen Kreisen verhältnismäßig größere Repräsentationspflichten zu erfüllen hatte als der Vertreter des Gesandten, der Erste Legationssekretär, mit dem er im Gehalte in derselben Gehaltsklasse stand. Dem gemäß war auch die dem Ersten Dolmetscher in Peking durch den Haushalt bewilligte Ortszulage erheblich höher als die des Ersten Legationssekretärs.[33]

Der Reichsminister der Finanzen ist in einem Schreiben vom 20. Juni 1922 Krebs' Anliegen einer angemessenen Bezahlung nur bedingt gefolgt. Krebs erhielt eine um eine Gruppe höhere Zulage und wurde damit dem Ersten Gesandtschaftssekretär – dem Vertreter des Gesandten – gleichgestellt.

Aus diesem Dokument des Auswärtigen Amts lässt sich sehr gut ableiten, welche Position der Chefdolmetscher in der Gesandtschaft in Peking innehatte, auch wenn Veröffentlichungen dieser Zeit kaum auf die Bedeutung der Dolmetscher und Übersetzer eingehen – dies gilt leider auch noch für die heutige Zeit. So findet man etwa in Edith Freifrau von Maltzans Briefen aus China und ihren Tagebuch-Aufzeichnungen 1914-1917[34] nur am Rande Hinweise zu Emil Krebs oder zu anderen Dolmetschern.

Die *Briefe an die Mutter Sophie von Bohlen und Halbach 1900-1903*[35], veröffentlicht von dem damaligen Gesandtschaftssekretär Gustav von Bohlen und Halbach (später Krupp von Bohlen und Halbach), berichten von veschiedenen Verpflichtungen gegenüber chinesischen Regierungsstellen, von Empfängen im chinesischen Kaiserhaus, Einladungen von und an unterschiedliche Gesandtschaften anderer Länder, Verhandlungen mit verschiedenen Konsulaten, aber auch von Tennis, Reiten, Ausflügen und sonstigen privaten Vergnügungen. In den Briefen, die von Bohlen und Halbach ein- bis zweimal pro Woche schrieb, ließ er sich über äußerst umfangreiche Arbeitstage aus, verlor aber kaum ein Wort über die Dolmetscher und Übersetzer. Nun stellt sich die Frage, wie diese umfangreichen Verpflichtungen gegenüber der chinesischen Seite trotz der Sprachbarrieren wahrgenommen werden konnten. Eine aufschlussreiche Antwort gibt Gustav von Bohlen und Halbach durch seinen Brief vom 23. Februar 1902 an seine Mutter:

> Ich selber mache mir überhaupt nichts aus diesen offiziell chinesischen gesellschaftlichen Funktionen, die eher an eine Äfferei grenzen. Und da ich kein Wort chinesisch sprechen kann – ich schwor mir, nicht eines zu lernen, damit ich nicht den Ruf bekommen kann,

---

33 PA AA, Personalakte Krebs, Bd. 2, S. 156f.
34 von Maltzan, Edith Freifrau (1986): Briefe aus China an ihre Eltern Hermann und Carola Gruson sowie Tagebuch-Aufzeichnungen 1914-1917. Bearbeitet von Edith von Bohlen und Halbach geb. von Maltzan. Partenkirchen, S. 178-181.
35 von Bohlen und Halbach, Gustav (1894): Briefe an die Mutter Sophie von Bohlen und Halbach 1900-1903. Essen: Richard Bacht, Grafische Betriebe und Verlag GmbH.

dass ich Chinesisch spreche und dann womöglich und letztlich ganz hier draußen bleiben muß – so geht die Konversation nur mit einem Dolmetscher, und das ist mühsame Arbeit. Am Donnerstag waren wir wieder zu einem Empfang am Hofe, das Zeremoniell war wie zuvor, nur merkte man, wie sich die Kaiserin-Mutter immer mehr nach vorne drängt. Außerdem hatten wir zahlreiche Diners, tatsächlich hatte ich nicht einen ruhigen Abend seit zwei oder drei Wochen![36]

Aus diesem Brief wird deutlich, dass die ‚mühsame Arbeit' bei solchen gesellschaftlichen Verpflichtungen wohl eher bei den Dolmetschern gelegen haben dürfte.

Die Verbindung zwischen dem späteren Krupp und Emil Krebs sollte übrigens zeitlebens andauern und später in Deutschland für Krebs noch von Bedeutung sein.

Krebs' vielseitige Sprachkenntnisse im Einsatz

Abb. 21 Emil Krebs auf dem Balkon seines Hauses in Peking um 1914

Der Polyglott Emil Krebs war nicht nur des Chinesischen mächtig, sondern beschäftigte sich, wie die Schriften seiner Bibliothek eindringlich belegen, auch mit weiteren Sprachen des riesigen Reiches: Mongolisch, Mandschurisch und Tibetisch.

---

36 Ebd., Brief Nr. 88, S. 171.

Während dieser Zeit beschäftigte er sich außerdem mit Sprachstudien im Japanischen, Siamesischen, Koreanischen, Portugiesischen, Finnischen und Russischen. Ferner stellte er Vergleichsstudien zwischen dem Chinesischen und dem Arabischen an.

Es darf durchaus unterstellt werden, dass er bei Bedarf auch Verhandlungen oder Korrespondenzen mit anderen in Peking anwesenden Gesandtschaften dolmetschte oder übersetzte. Zwei Begebenheiten geben darüber Auskunft: Krebs war während seiner Pekinger Zeit für einige Monate zusätzlich für die italienische Botschaft als Dolmetscher tätig, weil hier ein solcher zeitweilig fehlte. Außerdem hätte die niederländische Botschaft nach der Ausweisung der deutschen Gesandtschaft aus China Krebs gern in Peking gehalten. Einen vom Deutschen Reich angebotenen Ersatz für ihn lehnte man jedoch ab, weil niemand außer Krebs in der Lage gewesen wäre, in 14 Tagen Niederländisch zu lernen, um für die Arbeit der niederländischen Botschaft hilfreich zu sein.[37]

Krebs war bemüht, seine chinesischen Sprachkenntnisse möglichst oft anzuwenden, um dadurch auch seine Aussprache immer weiter zu verbessern. In seiner Verwandtschaft wird gern die nachstehende kleine Episode erzählt: Krebs befand auf einem Ausflug. Ihm begegnete ein alter Eseltreiber und er sprach ihn an. Es entwickelte sich ein Gespräch in einem dörflich begrenzten Dialekt. Als sich Krebs verabschiedete, bemerkte der alte Mann: „Ich kann nicht deine Sprache und du nicht meine, trotzdem haben wir uns verstanden."

Im Januar 1907 begleitete Emil Krebs den Gesandten Graf Rex nach Tianjin und dolmetschte die schwierigen Verhandlungen zum Tianjin-Yangtse-Eisenbahn-Vertrag und die Verhandlungen zum Aufbau einer deutschen Kulturpolitik in China. Graf Rex berichtete darüber dem Auswärtigen Amt in Berlin. Am 8. August 1914 wurden ihm zudem die standesamtlichen Befugnisse bei der Gesandtschaft übertragen. In einem Hochzeitsbrief an eine Großnichte in Dresden berichtet Mande Krebs, dass ihr Mann in Peking *walking dictionary* ‚wandelndes Lexikon' genannt wurde. Der russische Gesandtschaftsrat in Peking prägte gar das geflügelte Wort: ‚Wenn man gar nicht weiß, wie oder was es war, geht man zu Herrn Krebs. Er hat eine absolute Universalbildung.' Die äußerst breitgefächerte Bibliothek Krebs' belegt überzeugend diese Einschätzung.

Deutscher Reichstag diskutiert über Emil Krebs

Emil Krebs erlebte während seines letzten Urlaubs in Schlesien die Abdankung des chinesischen Kaisers nicht unmittelbar. Am 14. und 15. April 1913 fand im Deutschen Reichstag eine Debatte zur Ostasienpolitik der Reichsregierung statt.[38] Dabei kam es unter anderem auch zu einem hitzigen Meinungsaustausch zur Abwesenheit des Ersten Dolmetschers Emil Krebs während dieser Zeit in Peking.

---

37 PA AA, Personalakte Krebs, Bd. 2, S. 75.
38 Nachzulesen in Leutner, Mechthild (2006): Auszüge aus den stenographischen Berichten des Deutschen Reichstags (14.-15.04.1913). In: Dies. (Hg.): Deutsch-chinesische Beziehungen 1911-1927. Vom Kolonialismus zur ‚Gleichberechtigung'. Eine Quellensammlung. Verfasst von Andreas Stehn, Berlin, Kap. 1, Dokument 7, S. 79-90, bes. S. 84ff.

Es wurde bemängelt, dass bei Ausbruch der chinesischen Revolution alle deutschen China-Sachverständigen abwesend waren. Der zuständige Unterstaatssekretär Zimmermann erklärte, dass Emil Krebs als Erster Dolmetscher der Gesandtschaft danach gestrebt habe, wieder auf seinen Posten nach Peking zu gehen. Krebs weilte zu diesem Zeitpunkt auf Urlaub in Esdorf. Zimmermann begründete seine Verweigerung von Krebs' Rückreise nach Peking mit dessen Gesundheitszustand: „Nein, bleiben Sie zu Hause, jetzt können Sie da doch keine Geschäfte drüben in China machen." Dies forderte den Abgeordneten Müller zu weiteren Ausführungen heraus: „Wenn man einen solchen Mangel an fähigen Leuten für einzelne Posten wie gerade in China hat, dann sollte man doch froh sein, wenn einer auf seinen Platz gehen will." Müller bemerkte weiterhin: „Wenn der eine Herr nicht krank geworden wäre, dann hätten wir für China einen Mann gehabt, der Chinesisch konnte, da aber der eine Mann krank geworden ist, so hatten wir keinen Mann für die Versetzung in Peking, der Chinesisch versteht, und deswegen hat man einen Mann hin gesandt, der nicht Chinesisch sprechen kann. Wenn also ein solcher Mangel an Leuten ist, die Chinesisch sprechen können, dann hätte man wahrhaftig den Mann in einem solchen Zeitpunkt nicht abhalten sollen! Ich sollte meinen, dass niemals ein solcher Mann notwendiger ist als zur Zeit von Unruhen, wo die Kenntnis der Verhältnisse und Personen in China am aller notwendigsten ist." Unterstaatssekretär Zimmermann verwies danach erneut auf Krebs' angeschlagenen Gesundheitszustand. Außerdem sei wegen einer fehlenden Zentralregierung in China zu diesem Zeitpunkt ohnehin „alles drunter und drüber gegangen, und die im Außenministerium eingegangenen Informationen haben ausgereicht."

In der gleichen Debatte warf der Zentrums-Abgeordnete Dr. Pfeiferauch die Frage zur Stellung eines Dolmetschers in China auf. Er wies daraf hin, dass von den Dolmetschern in China die gleiche Vorbildung wie für die Diplomaten gefordert würde, nämlich das Referendarsexamen und zwei Jahre Tätigkeit an einem Gericht. Sie müssten tüchtig Chinesisch lernen und vollendete Sinologen sein, verblieben dann aber über Jahre als Dolmetschereleven in unteren Stellungen in China. Man solle daher die Konsulats- und Dolmetscherkarrieren vereinigen, die jungen Dolmetscher bald als Vizekonsuln beschäftigen und dann weiter aufsteigen lassen.

Die letzten Jahre in China

Der Ausbruch des Ersten Weltkrieges in Europa isolierte die Deutschen in China. Die Isolation wurde besonders durch England betrieben. Auch in der deutschen Gesandtschaft in Peking spürte man dies. Der normale Kontakt zu den nächsten Angehörigen in Deutschland wurde immer schwieriger. Briefe wurden zensiert und deren Laufzeit betrug nicht selten mehrere Monate. Mande Krebs schildert diese Zeit in Briefen an ihre Eltern und Geschwister in Deutschland. Hieraus ist erkennbar, dass die in China lebenden Deutschen das volle Ausmaß der Lebenseinschränkungen in

Deutschland nicht kannten. Hierfür fehlten selbst in der deutschen Gesandtschaft entsprechende Informationen. Die anschließenden kurzen Darstellungen wurden Briefen der Jahre 1914 bis 1917 entnommen.[39] Eine strenge Zensur der Engländer lag über allem. Dieser entzog man sich, indem Briefe über Drittländer adressiert wurden oder per ‚Boten', d. h. mit heimreisenden Bekannten, nach Deutschland gelangten. Deckadressen in neutralen Ländern wurden genannt. Hierbei waren die nordischen Länder wegen der Verbindung über Sibirien besonders gefragt. So finden sich vielerlei Hinweise oder Aussagen der folgenden Art zu den wochenlangen Brieflaufzeiten:

> Frau Schmidt hatte gestern den ersten Brief ihrer Mutter, der mit norwegischer Marke hier ankam über Sibirien und am 15. September in Deutschland geschrieben ist." Oder aber: „Über Amerika dauert es ja auch so lange und ist so unsicher. Wir bekamen vor 5 Tagen einen herrlichen ausführlichen Brief, der in der Rocktasche eines Amerikaners über Holland nach Amerika wanderte und von dort an die amerikanische Gesandtschaft hierher weiterging." Oder: „Denkt unserer manchmal und findet eine Möglichkeit Nachricht zu geben. Telegramme kommen nicht an, nur Briefe unter Deckadresse neutraler Länder, wovon die nordischen Reiche wegen der Verbindung über Sibirien am praktischsten sind. Elly Rupp hatte doch auch eine Schwedenfreundin?

Innerhalb der Gesandtschaft rückte man dichter zusammen; Flüchtlinge aus dem von Japanern belagerten Qingdao mussten untergebracht werden. Die Offiziersmesse wurde zur ‚Damenmesse'. Auch die Familie des Sinologen Dr. Richard Wilhelm wurde einquartiert. Bei Familie Krebs in Peking wohnte seit Spätherbst 1914 die Frau des deutschen Gouverneurs in Qingdao, Frau Meyer-Waldeck, mit ihren drei Kindern, bis sie im Sommer 1915 nach Deutschland zurückkehrten.

Über das ferne Deutschland informierte man sich in China anhand von Veröffentlichungen neutraler Länder. Emil Krebs übersetzte diese für die dortigen deutschen Zeitungen. Innerhalb des Gesandtschaftsviertels bestanden bis zur Ausweisung im Jahr 1917 gute Beziehungen zu den Gesandten der Länder Amerika, Italien, Österreich und Dänemark. Aber auch die Verbindung zur russischen Gesandtschaft wurde von der Familie Krebs sehr gepflegt. Der Krieg brachte für Krebs' Sprachstudien sowohl Vor- als auch Nachteile. So schreibt seine Frau:

> Mein Mann hat viel mit den Leuten zu tun, da sie den deutschen Schutz genießen und mit ihren Angelegenheiten zu ihm kommen. Er hat durch die verschiedenen Stämme, Araber, Armenier, fortwährend seine Sprachkenntnisse in Übung. Augenblicklich liest er 1001 Nacht auf arabisch. Aber sonst ist er verzweifelt, dass keine Büchersendungen mehr kommen. Er liest nun fortwährend die Bibel in allen möglichen Sprachen, da die von der Bibelgesellschaft hier zu haben sind. Ganz verzweifelt sucht er nach einem finnischen Wörterbuche, ganz egal in welcher Zusammensetzung, nur finnisch voran. Ich hoffe es jetzt aus Russland, finnisch –russisch, zu bekommen.

---

39 Aus dem Privatbesitz der Enkelin Brigitte Mayr, Gaienhofen am Bodensee.

In einem Brief von Tochter Irmgard vom 25. Dezember 1916 heißt es: „Als wir alles betrachtet hatten, zog Vater mit seinen finnischen Büchern ab." Krebs konnte sich also schließlich dem Erlernen der finnischen Sprache widmen, jedoch nur über das Russische als ‚Mittlersprache', wie dies auch dem Schriftennachweis seiner Bibliothek zu entnehmen ist.

In Deutschland sorgten sich Krebs' Angehörige, wie aus entsprechenden Anfragen beim Auswärtigen Amt zu entnehmen ist.[40] Dessen Antworten in der Sache waren allerdings abweisend oder wenig informativ: Auch die deutschen Regierungsstellen hatten Schwierigkeiten, aktuelle Informationen zur Lage in China zu erhalten.

Abschied von Peking

Im November 1914 kapitulierte die Festung Qingdao. Das Pachtgebiet Kiautschou wurde von Japan übernommen. (Die Rückgabe an China erfolgte 1922.) Bereits Wochen vor dem endgültigen Ausweisungstermin der deutschen Gesandtschaft aus China war die Stimmung dort sehr gedrückt. Den Verlauf der Geschehnisse bis zur Ausweisung schildert Edith Freifrau von Maltzan.[41] Ihre Schilderung wird im Folgenden zusammengefasst.

Ab dem 7. Februar 1917 überschlugen sich die Ereignisse. China wurde von den Alliierten so unter Druck gesetzt, dass mit dem Ende der diplomatischen Beziehungen zwischen China und Deutschland gerechnet wurde. Bereits zwei Tage später drohte der chinesische Präsident Li Yuanhong dem deutschen Gesandten von Hintze mit dem Abbruch der diplomatischen Beziehungen, falls Deutschland die U-Boot-Blockade um England nicht einstelle. Am 10. März stimmten in der chinesischen Unterhaussitzung 320 von 400 Stimmen gegen ein Verbleiben der diplomatischen Vertretung Deutschlands in China. Am 14. März überbrachte das chinesische Außenministerium um 12 Uhr Emil Krebs eine entsprechende Note mit der mündlichen Aufforderung, China binnen 48 Stunden zu verlassen. Bemerkenswert ist, dass nicht dem deutschen Gesandten, sondern Emil Krebs die Note über die Beendigung der Beziehungen zu Deutschland überbracht wurde. Am Tag darauf wehte ab 8 Uhr die niederländische Flagge über der deutschen Gesandtschaft, die von niederländischem Militär bewacht wurde. Den Niederlanden oblagen nun die Aufgaben der bisherigen deutschen Gesandtschaft. Eine Notiz aus der Personalakte Emil Krebs vom 29. August 1917 (ohne Angabe des Verfassers) lässt vermuten, dass die niederländische Gesandtschaft sprachliche Schwierigkeiten bei der Bewältigung deutscher Verwaltungsvorgänge hatte:

> Nach dem vom niederländischen Gesandten in Peking am 2. Juni d.Js. Nr. 117 0/19 DBC an seine Regierung über den Schutz der deutschen Interessen in China erstatteten Bericht, vorgelegt mit Gesandtschaftsbericht vom 25. August 1917 – A3427 – hat sich

---

40 PA AA, Personalakte Krebs, Bd. 2, S. 59-67.
41 von Maltzan, Edith Freifrau (1986): Briefe aus China an ihre Eltern Hermann und Carola Gruson sowie Tagebuch-Aufzeichnungen 1914-1917. Bearbeitet von Edith von Bohlen und Halbach geb. von Maltzan. Partenkirchen, S. 178-181.

das eine und das andere der Arbeitsfelder der niederländischen Gesandtschaft bedeutend erweitert. Bis jetzt fühlte er [der niederländische Gesandte] sich in keiner Weise durch den Vorschlag der deutschen Regierung im Telegramm Nr. 96, nämlich noch einen der deutschen Konsulat-Dolmetscher der Gesandtschaft beizufügen, angezogen. Wohl hätte er gern den ersten Sekretär-Dolmetscher Krebs der deutschen Gesandtschaft im März behalten. Als jedoch gegen dessen Verbleib (durch Frankreich) Beschwerde erhoben wurde, hatte er für einen anderen deutschen Dolmetscher kein Interesse. ‚Ein solch außergewöhnlicher Sprachkenner jedoch wie Krebs wäre wohl innerhalb 14 Tagen sicherlich der niederländischen Sprache so mächtig gewesen, dass er seine Auftragungen hätte übersetzen können. Mit einem anderen Deutschen wäre dies nicht der Fall gewesen. Es ist gerade die Unkenntnis der niederländischen Sprache, welche die Hilfeleistung der deutschen Beamten nur in sehr engen Grenzen zulässt.[42]

Ago von Maltzan notierte:

> 25. März, Sonnabend. Heute ist – nach mehreren Aufschüben – endgültig unsere Abreise. [...] Soeben wurde auch die letzte Kiste – 109 – mit unseren Betten zugenagelt. [...] Um 6 Uhr war großer Abschiedstrubel am Bahnhof.

Auch die lange Fahrt per Eisenbahn und Schiff von Peking bis Berlin wird beschrieben. Zwei Monate dauerte die verzögerte Heimreise. In einem Sonderzug ging es von Peking nach Shanghai (Hafen Wusung). Unterwegs kam es immer wieder zu Unterbrechungen. Am 27. März 1917 erreichte man Shanghai. Es folgte sofort die Einschiffung auf den niederländischen Dampfer *Rembrandt*. Dieses Schiff hatte die deutsche Regierung für die Überfahrt nach Amerika gemietet. An der japanischen Küste entlang über Nagasaki erreichte man am 1. April Yokohama, um von dort aus weiter in Richtung Honolulu zu fahren (Ankunft 13. April 1917). Nach ausgiebigen Verhandlungen mit dem dortigen spanischen Konsul erfolgte die Weiterfahrt mit der *Rembrandt* in Richtung San Francisco (Ankunft 21. April). Am 28. April ging es weiter mit der Santa Fe-Eisenbahnlinie (verplombt) über Chicago nach New York, das man am 3. Mai erreichte. Hier nahm sie dann der holländische Dampfer *Ryndam* zur Weiterfahrt nach Europa am 4. Mai auf. Man lief sehr bald aus und erreichte Halifax am 6. Mai. Die Weiterfahrt nach Rotterdam verzögerte sich wegen schlechten Wetters und umfangreicher Überprüfungen der Passagiere durch ein englisches Kriegsschiff. Schließlich erreichte man Rotterdam nach fast zwei Monaten am 22. Mai 1917, um von dort aus direkt nach Berlin weiterzureisen.[43]

Das verpackte Eigentum der Familie Krebs – darunter auch die kostbare Bibliothek – verblieb zum großen Teil in Peking und wurde dortigen Dienern zur Aufbewahrung und späteren Überstellung nach Deutschland anvertraut.

---

42 PA AA, Personalakte Krebs, Bd. 2, S. 75.
43 von Maltzan, Edith Freifrau (1986): Briefe aus China an ihre Eltern Hermann und Carola Gruson sowie Tagebuch-Aufzeichnungen 1914-1917. Bearbeitet von Edith von Bohlen und Halbach geb. von Maltzan. Partenkirchen, S. 183-202.

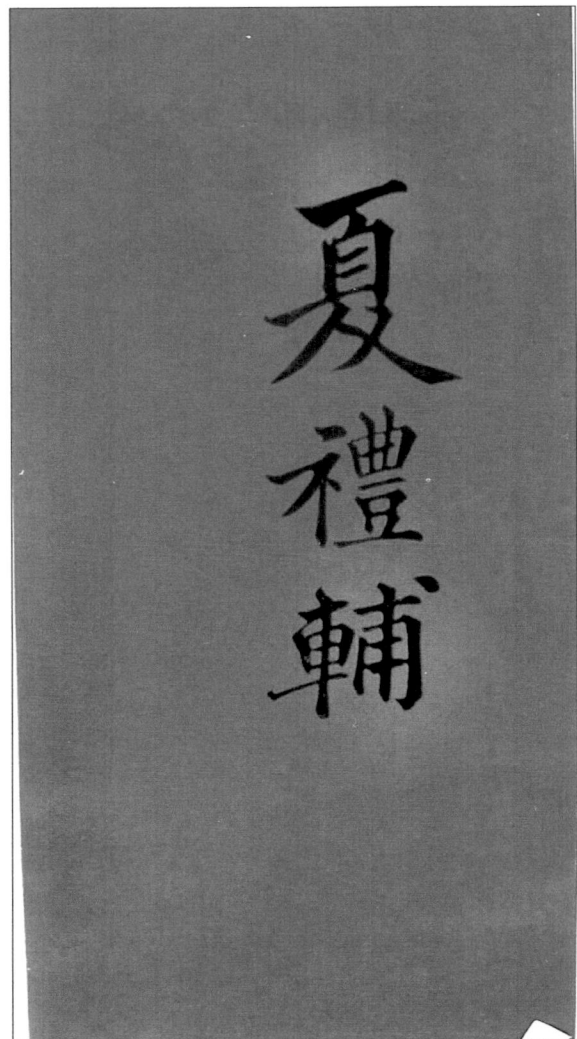

Abb. 22 Krebs' chinesische Visitenkarte.
Krebs' Visitenkarte beinhaltet die damaligen chinesischen Langzeichen. Kurzzeichen gab es zu dieser Zeit im chinesischen Schriftbild noch nicht. Auflösung der Zeichen dieser Visitenkarte (nach Dr. Werner Bartels = WB):
Xia Lifu (Krebs' voller chinesischer Name) – Langzeichen: 夏禮輔 Kurzzeichen: 夏礼辅
xià (Sommer; Krebs' chinesischer Familienname) – 夏 (keine Kurzform)
li (Ritual, Zeremonie / Höflichkeit, Anstand) – Langzeichen: 禮 Kurzzeichen: 礼 fu (helfen, unterstützen, fördern) – Langzeichen: 輔 Kurzzeichen: 辅

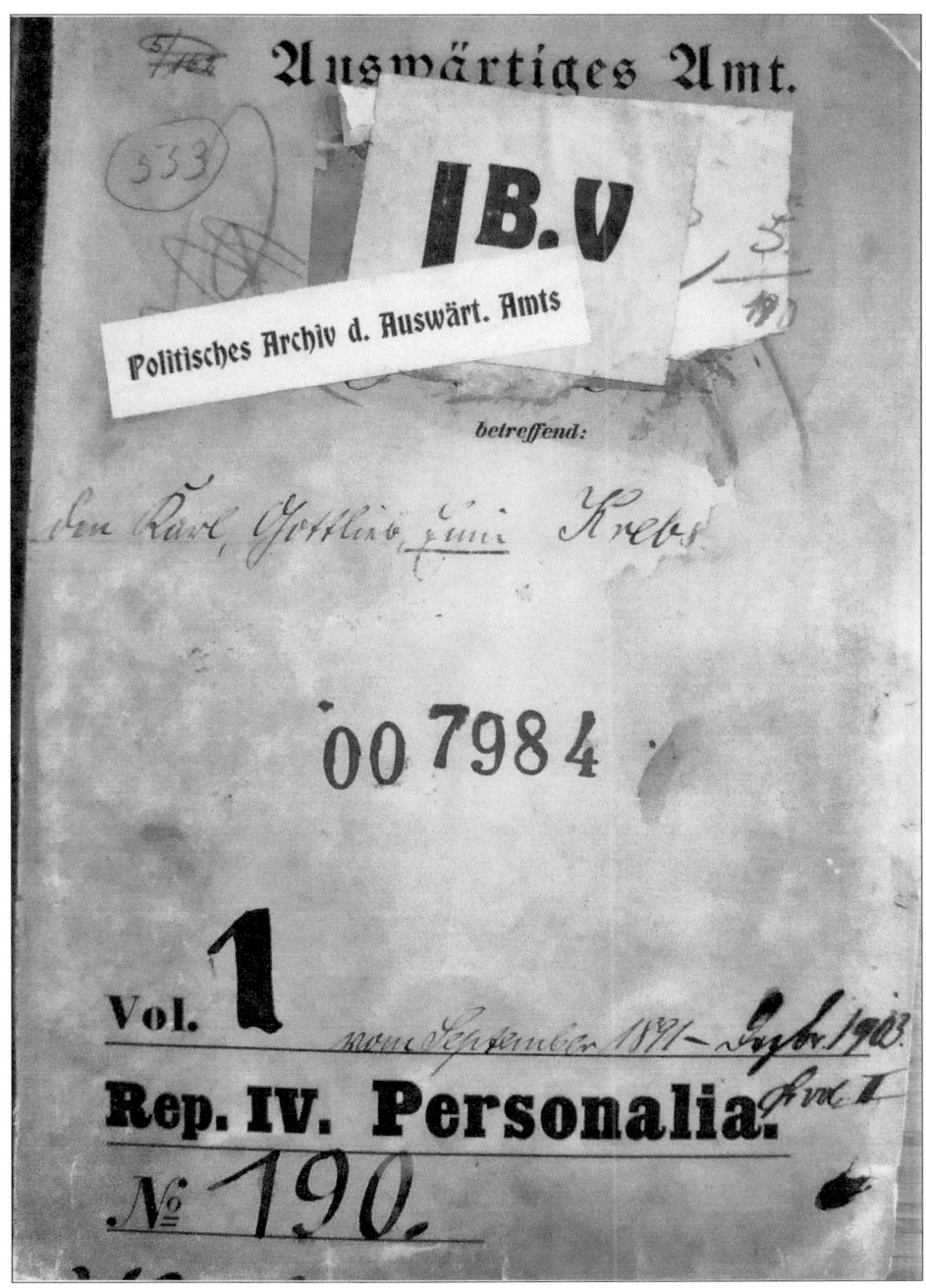

Abb. 23 Personalakte Emil Krebs, Auswärtiges Amt Berlin, Politisches Archiv (3 Ordner).

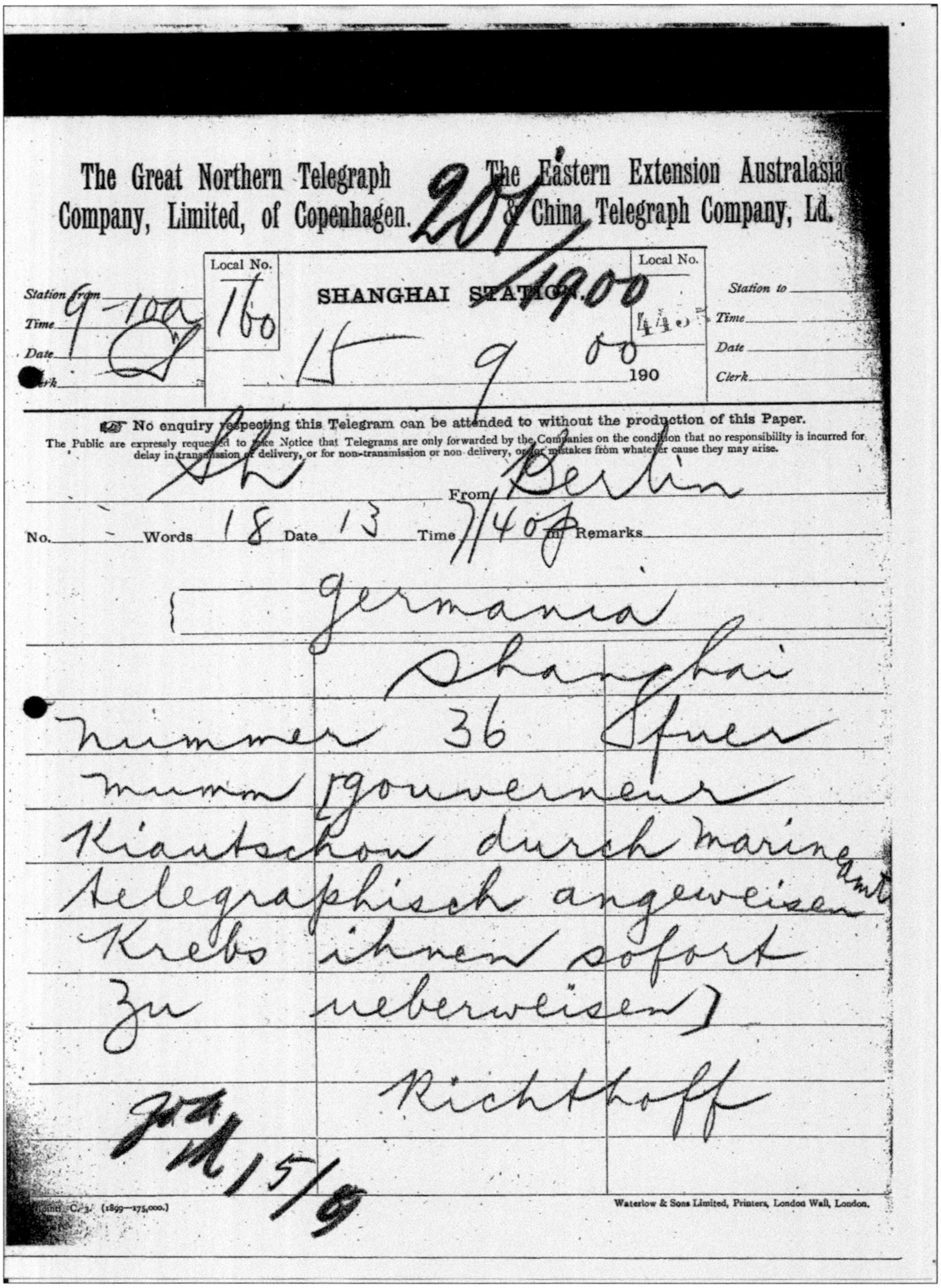
The Great Northern Telegraph Company, Limited, of Copenhagen.

201/1900

The Eastern Extension Australasia & China Telegraph Company, Ld.

Station from 9-10a
Time
Date
Clerk

Local No. 160

SHANGHAI STATION.

15 9 00 190

Local No. 440

Station to
Time
Date
Clerk

No enquiry respecting this Telegram can be attended to without the production of this Paper.

The Public are expressly requested to take Notice that Telegrams are only forwarded by the Companies on the condition that no responsibility is incurred for delay in transmission or delivery, or for non-transmission or non-delivery, or for mistakes from whatever cause they may arise.

From Berlin

No. – Words 18 Date 13 Time 7/40 p m Remarks

germania
Shanghai
nummer 36 Sfuer
numm gouverneur
Kiautschou durch marineamt
telegraphisch angewiesen
Krebs ihnen sofort
zu ueberweisen]
Richthoff

15/9

C. 3. (1899—175,000.)

Waterlow & Sons Limited, Printers, London Wall, London.

Abb. 24 Anweisung des Auswärtigen Amts an den Gouverneur in Tsingtau über Krebs' Rückführung zur dt. Kaiserlichen Gesandtschaft in Peking.

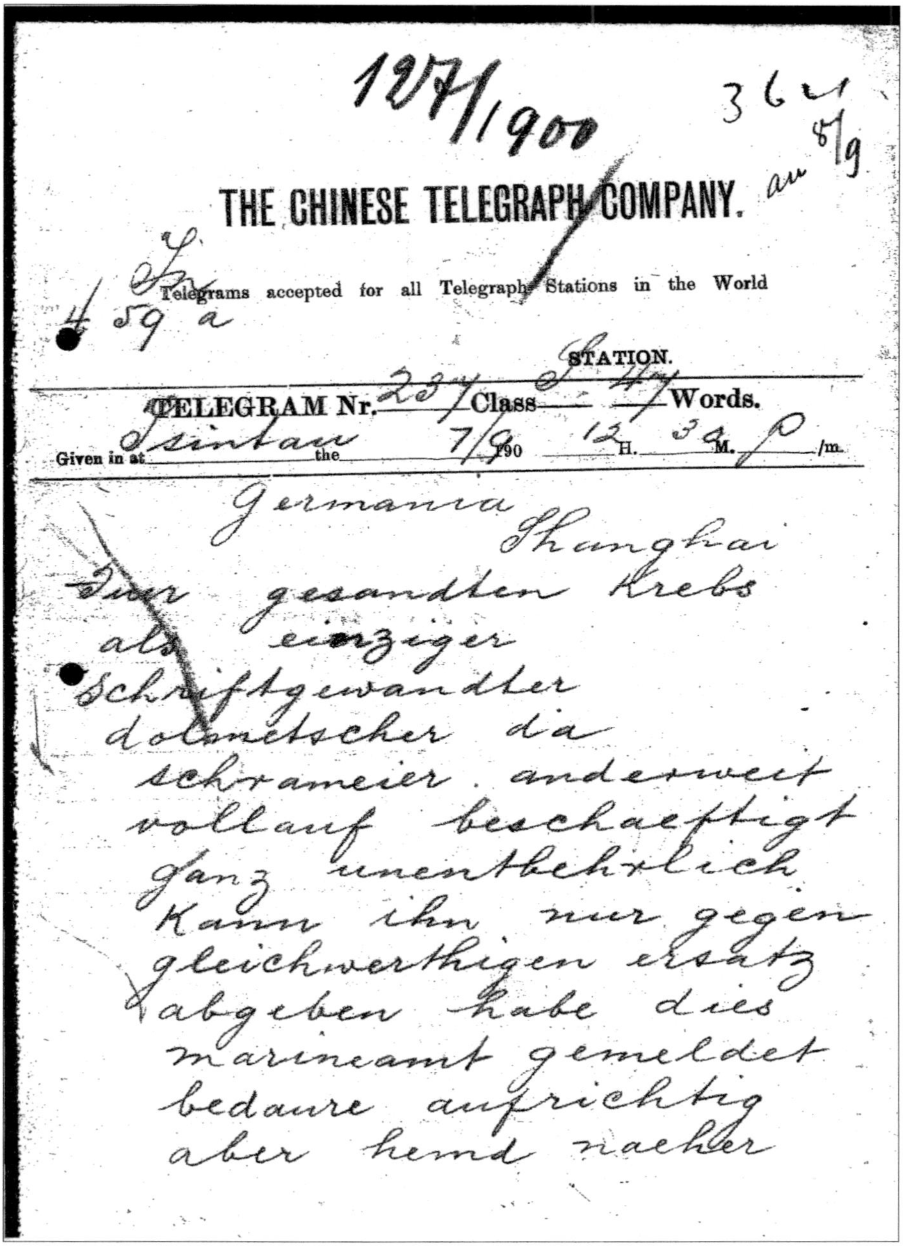

1271/1900 3641 an 8/9

THE CHINESE TELEGRAPH COMPANY.

459 a

Telegrams accepted for all Telegraph Stations in the World

STATION.

TELEGRAM Nr. 234 Class — 47 Words.

Given in at Tsintau the 7/9 190 12 H. 34 M. p /m.

Germania
Shanghai
Zur gesandten Krebs
als einziger
schriftgewandter
dolmetscher da
schrameier anderweit
vollauf beschaeftigt
ganz unentbehrlich
kann ihn nur gegen
gleichwerthigen ersatz
abgeben habe dies
marineamt gemeldet
bedaure aufrichtig
aber hemd naeher

Abb. 25 Antwort des Gouverneurs nach Berlin.

Abb. 26 Mitglieder der Deutschen Kaiserlichen Gesandtschaft in Peking
Gesandter Mumm von Schwarzenstein (Mitte), von der Goltz (links hinter ihm), Emil Krebs (zwischen beiden mit Zylinder), Gustav (Krupp) von Bohlen und Halbach (rechts oberhalb des Gesandten in Zivil)
(aus „Tagebuch in Bildern" von Alfons Mumm v. Schwarzenstein 1900-1902)

Abb. 27 Deutsche Gesandtschaft Peking mit Originalbeschriftung von Emil Krebs

Abb. 28 Emil Krebs in ungeliebter Galauniform

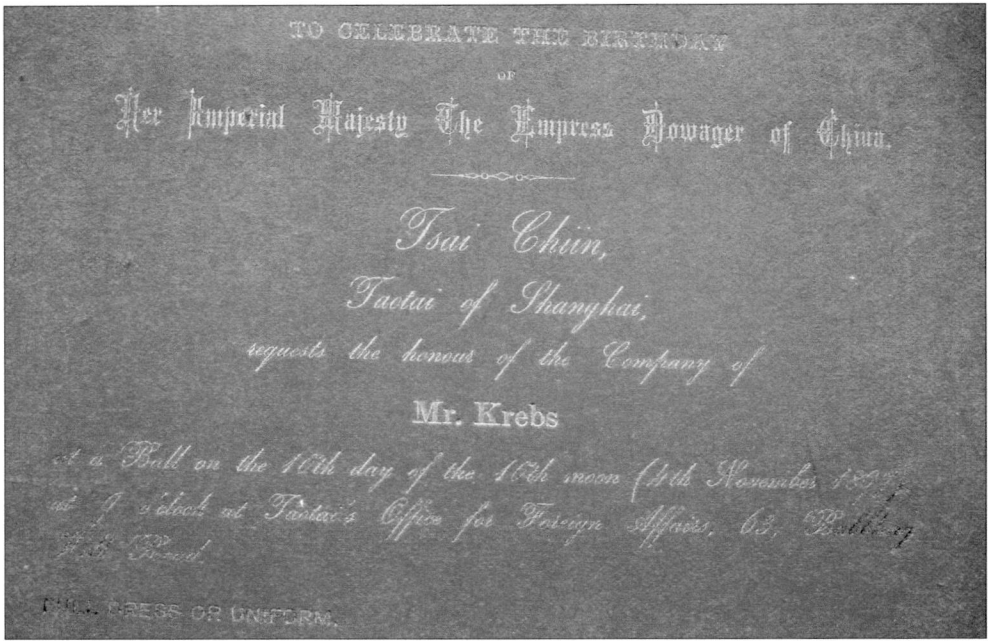

Abb. 29 Einladung an Emil Krebs zum 52. Geburtstag der Regentin Tsai Chün (Cixi *29.11.1835 †15.11.1908) am 5. November 1897. Kleidung: „Full Dress or Uniform". Am Todestag der Kaiserinwitwe wurde Emil Krebs 41 Jahre.

Abb. 30 Auf dem Weg zur Regentin in die „Verbotene Stadt"
(aus „Tagebuch in Bildern" von Alfons Mumm v. Schwarzenstein 1900-1902)

Abb. 31 Prinz Adalbert von Preußen im Mai/Juni 1904 zu Besuch in China

Abb. 32 Krebs' Arbeitszimmer in Peking um 1913

Abb. 33 Deutsche Gesandtschaft in Peking am Tag des Amtsantritts des chinesischen Präsidenten Yuan Shikai (10. Oktober 1913).
Untere Reihe von links nach rechts:
Legationsrat Emil Krebs, Legationsrat Freiherr Ago von Maltzan, Kaiserlicher Gesandter Freiherr von Seckendorff, Gouverneur des Kiautschougebietes Kapitän zur See (später Admiral) Meyer-Waldeck, Hauptmann Billmann, Legationssekretär Freiherr von Riedesel.
Mittlere Reihe von links nach rechts:
Hauptmann Perschmann, Konsul Dr. Wendschuh, Hauptmann Rabe von Pappenheim, Oberleutnant Schulze, Stabsarzt Dr. Schultze, Dolmetscher Wagner, Dolmetscheraspirant Dr. Traut, Gerichtsassessor Meyer
Obere Reihe von links nach rechts:
Dolmetscher Dr. Hauer, Sekretäre Bahr und Huber, Dolmetscheraspirant Dr. Hemeling, Geheimer Hofrat und Kanzleivorsteher Dobrikow, Schulbeirat Dr. Schmidt

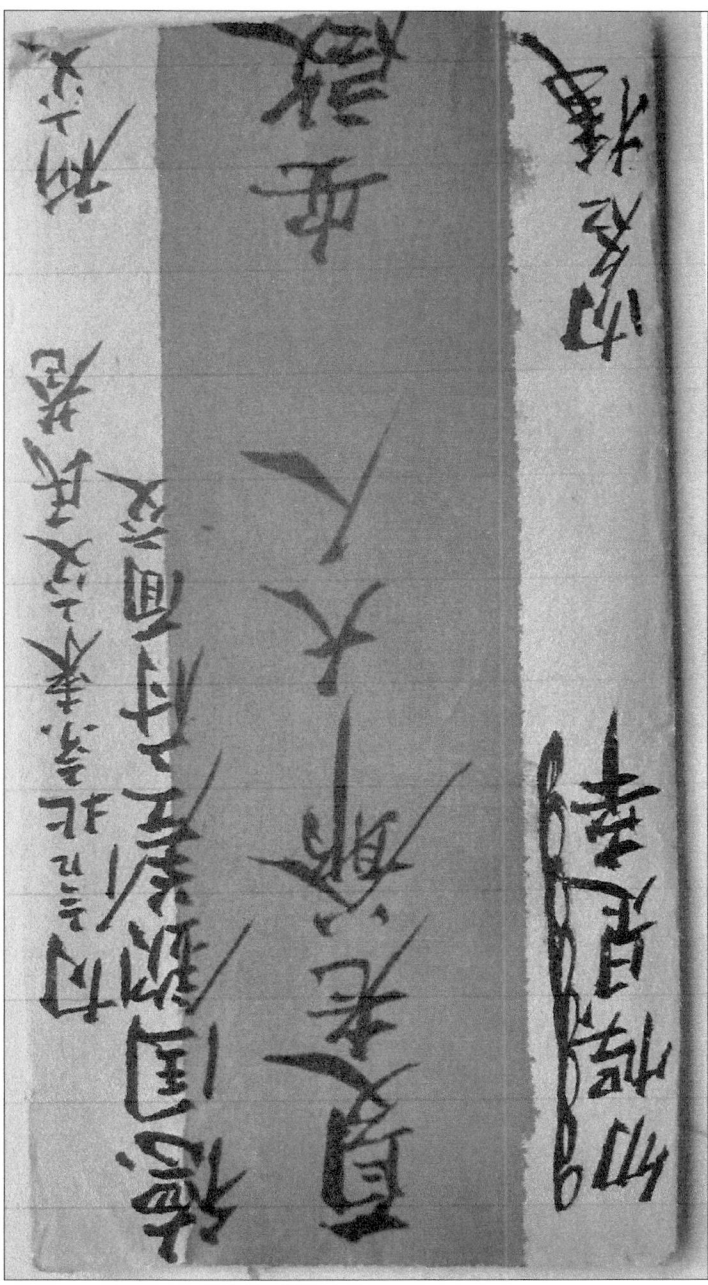

Abb. 34 Persönliche Einladung des 1. Präsidenten Yuan Shikai an Emil Krebs im Jahr 1913. (Übersetzung durch die chinesische Historikerin/ Übersetzerin Linyao Du aus Heidelberg.)
Teil des Umschlages (links): *„Ich habe diesen Brief ernsthaft per Hand geschrieben."*

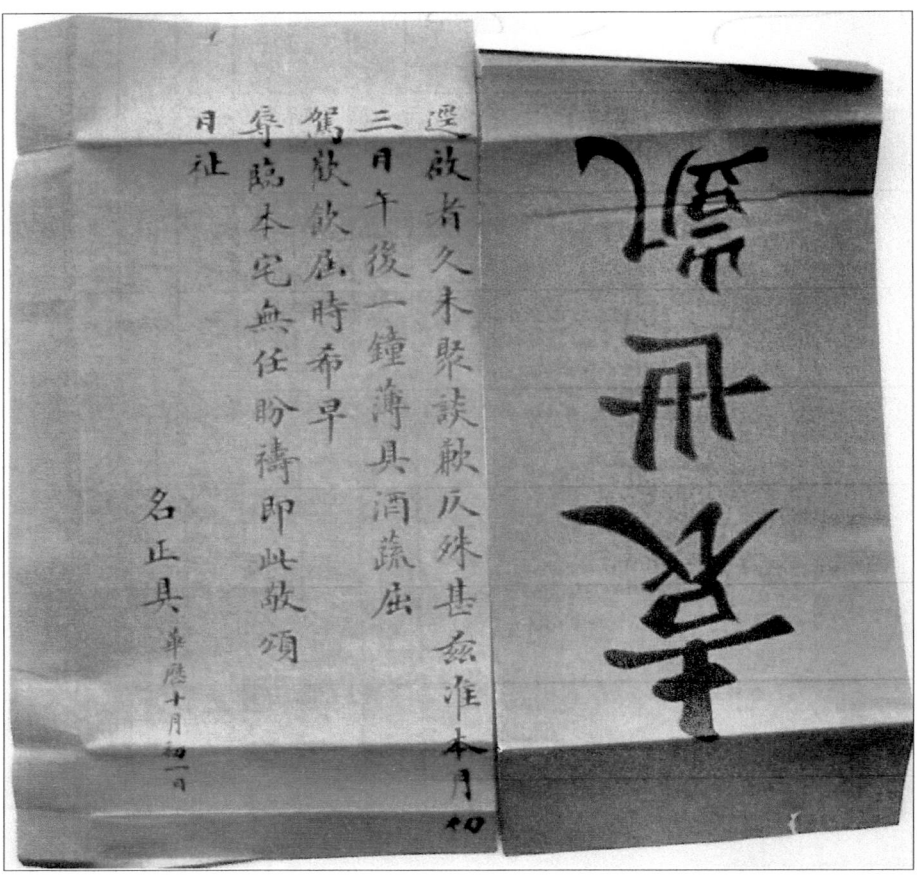

Abb. 35 fünf Spalten Fließtext (Mitte):
„Ich bin umgezogen (nach wo ich jetzt wohne) und wir haben uns lange nicht getroffen. (Da) wir früher oft zusammen waren, würde ich Sie gerne wieder sehen/mich wieder mit Ihnen austauschen. (Darum) lade ich Sie am dritten Tag dieses Monats um ein Uhr am Nachmittag zu mir (ein). Dafür lasse ich Schnaps und Speisen vorbereiten. Es wäre mir eine Ehre, wenn Sie zu mir zu Gast kommen. Ich freue mich auf die gemeinsame Zeit mit Ihnen. Diesmaliges Treffen ist unter Freunden. Darum (werden uns) keine dienstbedingten Aufgaben (erwarten)."
drei Zeichen (rechts): „Yuan Shikai"

Abb. 36 Ein Prinzendiner (Januar 1902)
Emil Krebs ganz rechts; 1. Reihe neben dem Gesandten mit Hut links Prinz Kung,
Prinz Tchun; rechts Prinz Su, Prinz Tao, Prinz Lan
(aus „Tagebuch in Bildern" von Alfons Mumm v. Schwarzenstein 1900-1902)

Abb. 37 Hsü-kun-kung. Eingang zu den Gemächern der Kaiserin
(aus „Tagebuch in Bildern" von Alfons Mumm v. Schwarzenstein 1900-1902)

Abb. 38 Kaiserstraße in Peking
(aus „Tagebuch in Bildern" von Alfons Mumm v. Schwarzenstein 1900-1902)

Abb. 39 Chinesische Landbevölkerung vor einem Stadttor der Pekinger Mauer
(aus „Tagebuch in Bildern" von Alfons Mumm v. Schwarzenstein 1900-1902)

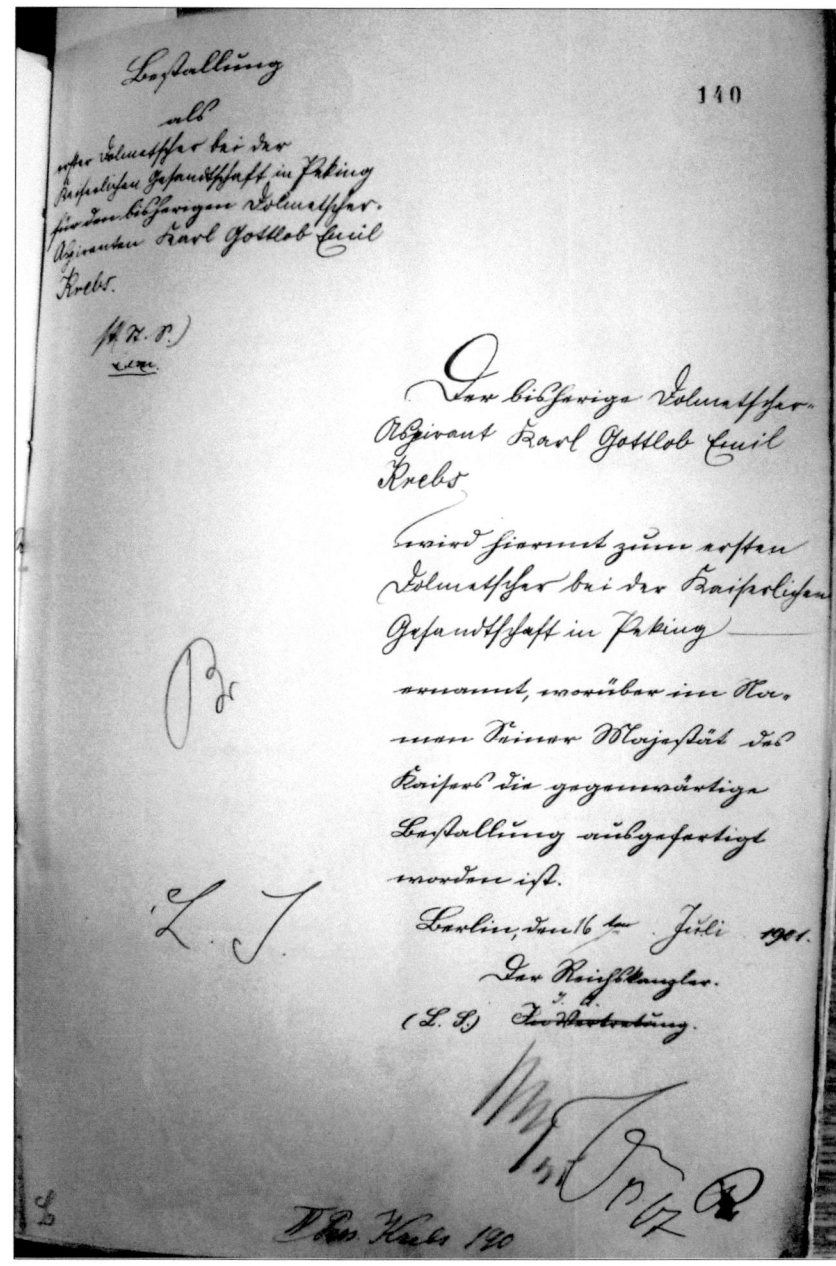

Abb. 40 *Bestallung als Erster Dolmetscher bei der deutschen Gesandtschaft in Peking für den bisherigen Dolmetscher Aspiranten Karl Gottlob Emil Krebs*
Der bisherige Dolmetscher-Aspirant Karl Gottlob Emil Krebs wird hiermit zum Ersten Dolmetscher bei der Kaiserlichen Gesandtschaft in Peking ernannt, worüber im Namen seiner Majestät des Kaisers die gegenwärtige Bestallung ausgehändigt worden ist.
Berlin, den 16. Juli 1901, der Reichskanzler (von Bülow)

3. Wieder in Deutschland

Ankunft in Berlin

Toni Deneke schildert die Ankunft der Familie Krebs in Berlin in der Niederschrift zum 80. Geburtstag ihrer Schwester Mande Krebs:

> Ende Mai 1917 fuhr Schwester Toni nach Berlin, um vier Krebse in Empfang zu nehmen, die mit den 29 Mitgliedern der Gesandtschaft nach Hause geschickt waren (…) Und auf der kurzen Strecke von Rotterdam bis Berlin waren zwei der wertvollsten Koffer gestohlen. – Dies der Empfang im verhungerten Vaterland. – Bei der ersten Tasse Kaffee im Hotel Russischer Hof am Bahnhof Friedrichstraße, grausamen Muckefuck mit Sacharin-Tabletten, verbot Frau Krebs temperamentvoll den Genuss: ‚Das ist Gift, was die Engländer heimlich verteilen.'[1]

Als pflichtbewusster Beamter meldete sich Krebs am 24. Mai 1917 sofort persönlich bei seinem Dienstherrn: „Ich melde mich hiermit zum Dienstantritt und stelle mich dem Auswärtigen Amt behufs Verwendung im inneren oder äußeren Dienst zur Verfügung." Als neue Anschrift nennt er Naumburg an der Saale, Reussenplatz 1 (richtig 11), bei Frau Justizrat Glasewald. Ihm wurde eröffnet, dass er demnächst in den einstweiligen Ruhestand versetzt werden würde. Bis zum Beginn der Zahlung seines Wartegeldes erhalte er sein volles standesgemäßes Diensteinkommen.[2]

Krebs war schockiert – diese Nachricht hatte ihn völlig unvorbereitet getroffen. Von Naumburg aus kontaktierte Krebs in regelmäßigen Abständen das Amt in Berlin. Mitte Juli 1917 meldete er sich von einem Urlaub in Esdorf/Schlesien zurück und fügt hinzu: „Eine Einberufung für den Dienst habe ich nicht vorgefunden, weshalb ich die Bitte wage, freundlichst meine Beschäftigung zu erwägen."[3] Welch eine Vergeudung seiner einmaligen sprachlichen Fähigkeiten und seines Erfahrungsschatzes aus einem fast 25-jährigen Aufenthalt in China, einem Land, das heute einen Spitzenplatz in der Völkergemeinschaft einnimmt.

Vom Amt gedrängt oder aber aus eigener Überzeugung verlegte Krebs im September 1917 seinen Wohnsitz wieder nach Berlin W 62, Bayreuther Str. 44, Pension Mehring. Hier war er dem Amt näher und konnte sich somit besser in Erinnerung bringen. Seine

---

1 Toni Deneke zum 80. Geburtstag ihrer Schwester Mande Krebs, 1957. Unveröffentlichtes Manuskript, S. 6.
2 PA AA, Personalakte Krebs, Bd. 2, S. 70.
3 PA AA, Personalakte Krebs, Bd. 2, S. 72.

Abb. 41 Emil Krebs um 1920

Familie blieb vorerst in Naumburg. Mitte September des gleichen Jahres erhielt Krebs den schriftlichen Erlass über seinen einstweiligen Ruhestand. Mit der Familie Schrameier in Berlin-Halensee unterhielt er eine rege Verbindung. Von Unstimmigkeiten aus der Zeit in Qingdao war längst keine Rede mehr.

Nachrichtenstelle für den Orient

Ende September 1917 erinnerte man sich im Amt seiner sprachlichen Fähigkeiten. In einer Anfrage an das Auswärtige Amt bekundete der damalige Leiter der Nachrichtenstelle für den Orient, Prof. Dr. Eugen Mittwoch[4], Interesse an dem Kaiserlichen Legationsrat mit dem Hinweis, er könnte sich

> „infolge seiner ausgedehnten Sprachkenntnisse […] bei der Verwertung der fremdsprachigen Presse, beim Zeitungsarchiv und bei den Redaktionsarbeiten am ‚Neuen Orient' sehr nützlich machen."

---

4 Prof. Dr. Eugen Mittwoch, geboren am 4. Dezember 1876 in Schrimm bei Posen, gestorben am 8. November 1942 London. Er war einer der Begründer der modernen Islamwissenschaft in Deutschland, ein bedeutender jüdischer Rechtsgelehrter und Theologe. Mittwoch leitete die Nachrichtenstelle für den Orient von Februar 1916 bis zu ihrer Auflösung im November 1918.

Man bot ihm 300 Mark. Krebs war zu dieser Arbeit jedoch nur ohne Minderung seiner Dienstbezüge bereit. Natürlich gab es hier wieder unterschiedliche Auffassungen mit umfangreichem Schriftwechsel. Ab November 1917 kam es schließlich zu diesem Dienstverhältnis und Krebs wurde offiziell vom Auswärtigen Amt der Nachrichtenstelle zur Verfügung gestellt. Damit war er nun auch wieder Mitarbeiter des Auswärtigen Amts.[5] Krebs fand in der Nähe der Nachrichtenstelle für den Orient (Tauentziener Straße) eine neue Wohnung. Seine Familie blieb jedoch weiterhin in Naumburg. Die Nachrichtenstelle war während des Ersten Weltkriegs durch Max von Oppenheim (1860-1946) gegründet worden. Vorwiegend diente sie der Propaganda, aber die dort vorhandenen orientalischen, europäischen und amerikanischen Presseerzeugnisse ermöglichten Übersichten zu internationalen Pressemeldungen. Diese Pressespiegel erleichterten die Arbeiten verschiedener Regierungsbereiche. Viele der dortigen Mitarbeiter hatten ebenso wie Krebs vorher das Seminar für Orientalische Sprachen besucht. Einer dieser Mitarbeiter war Prof. Dr. Helmuth von Glasenapp[6], der in seiner Autobiographie *Meine Lebensreise – Menschen Länder und Dinge, die ich sah* (Wiesbaden 1964) über Emil Krebs berichtet. Seine kurzen Ausführungen treffen wohl im Großen und Ganzen Krebs' Charakterzüge, auch wenn sie eher oberflächlich sind. Er sei ein merkwürdiger Mensch gewesen, der außer den in China für dienstliche Zecke benötigten Sprachen

> noch in einer Fülle von anderen Idiomen bewandert war. Sein Hobby war es, neue Sprachen zu erlernen und die früher erlernten immer wieder zu repetieren. Er pflegte dabei, eine Zigarre im Mund, mit dem betreffenden Buch in der Hand stundenlang um seinen Esstisch zu wandeln. Wenn im Auswärtigen Amt ein Schreiben in einer Sprache, die er noch nicht kannte, eintraf, erbot er sich, sie innerhalb von wenigen Wochen zu erlernen. (S. 73).

Am 4. September 1919 beantragte Krebs einen dreimonatigen Erholungsurlaub in Esdorf. Auch hier konnte er sich von seiner Arbeit nicht lösen, wie aus einem seinem Urlaubsgesuch beigefügten Hinweis erkennbar wird:

> Meine hiesige Tätigkeit wird, soweit es sich um die regelmäßigen für das Auswärtige Amt angefertigten Übersetzungen und Auszüge chinesischer Zeitungen handelt, durch meinen Urlaub keine Unterbrechung erfahren. Es wird Vorsorge getroffen, dass mir vom Orientinstitut die chinesischen Zeitungen nach Eingang zugeschickt werden.

Als Anschrift nennt er Esdorf bei Schweidnitz/Schlesien. Am 1. November trat er seinen Urlaub an, bat im Januar 1920 dann wegen rheumatischer Beschwerden um Verlängerung von einem Monat.[7]

Krebs war, obwohl im persönlichen und dienstlichen Umgang als schwierig beschrieben, ein Mensch, dem seine Familie starken Rückhalt gab. Allein in Berlin, vermisste er

---

5 PA AA, Personalakte Krebs, Bd. 2, S. 82-85.
6 Prof. Dr. Helmuth Glasenapp (1891-1963), Religionswissenschaftler und Indologe.
7 PA AA, Personalakte Krebs, Bd. 2, S. 125-131.

Abb. 42 Im Garten seines Bruders Alfred in Esdorf. Links sitzend Emil Krebs, in der Mitte stehend sein Bruder Alfred.

seine Familie sehr. Sein größter Wunsch war daher, in Berlin eine Wohnung zu erhalten, die groß genug war, um seine Familie von Naumburg nach Berlin umsiedeln zu können. Dies war in der damaligen Zeit wegen des bestehenden Wohnraumnotstandes sehr schwierig. Notizen in seiner Personalakte besagen, dass Monate, wenn nicht gar Jahre vergehen könnten, ehe die Zuweisung einer neuen Wohnung möglich sei.[8] Er bat daher das Amt, für ihn bei der zuständigen Wohnungsbehörde einzustehen. Dank entsprechender Bescheinigungen konnte die Familie Krebs Mitte des Jahres 1920 die Wohnung in Charlottenburg, Lindenallee 26 II beziehen. Die Größe der neuen Wohnung erlaubte später die Überstellung seiner umfangreichen Bibliothek von Naumburg nach Berlin. In Naumburg wurden die Bücher und Schriften in einem Tanzsaal aufbewahrt.

Eingabe an Außenminister Dr. Friedrich Rosen

Ab 1. März 1921 wurde Krebs dem Chiffrierbüro für japanische Angelegenheiten des Auswärtigen Amts in der Wilhelmstraße zugeteilt. Der Diplomat von Hentig behauptet als Zeitzeuge in seiner Autobiographie[9], er habe damals dem Auswärtigen Amt diesen Vorschlag unterbreitet. Krebs sprachliche Fähigkeiten könnten dem Büro von Nutzen sein. Krebs hat sich dort jedoch nicht wohl gefühlt, auch wegen der seiner Auffassung

---

8   PA AA, Personalakte Krebs, Bd. 2, S. 136f.
9   von Hentig, Werner Otto (1963): Mein Leben – eine Dienstreise. Göttingen, S. 32ff.

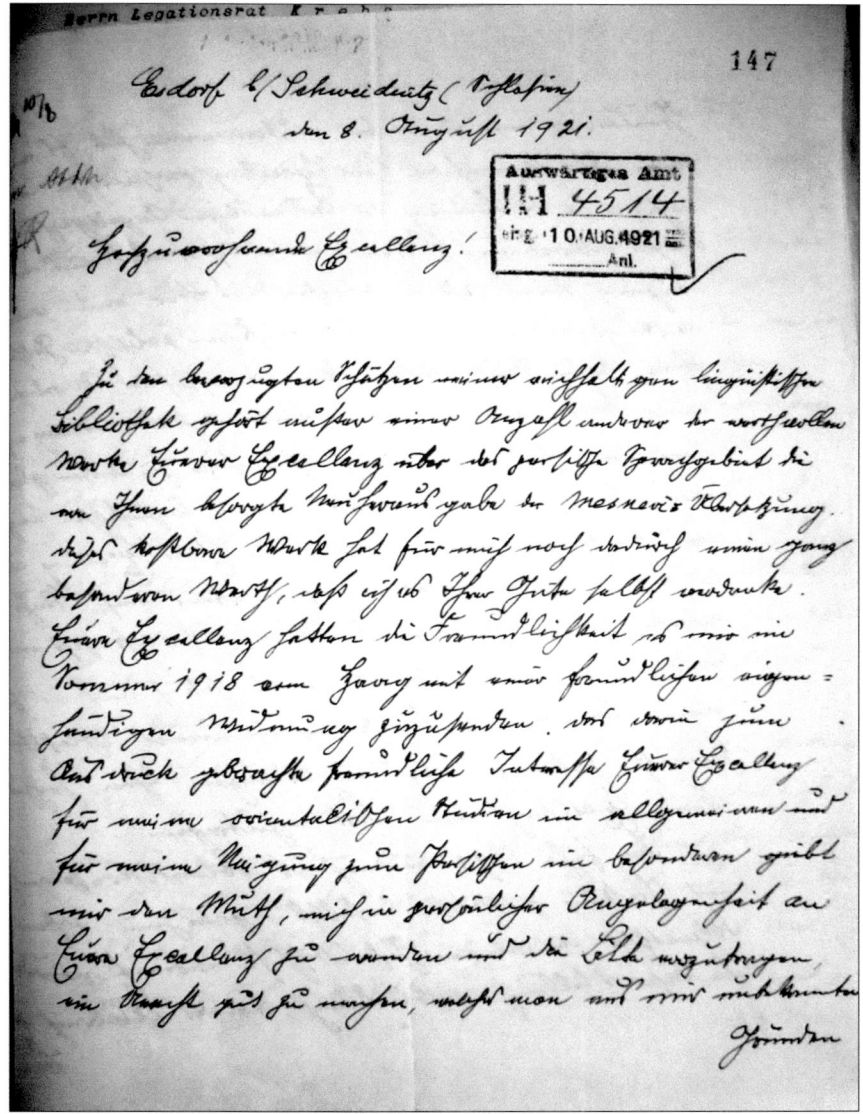

Abb. 43 Brief von Emil Krebs an den Außenminister Rosen.

nach zu geringen Bezahlung. Seine Eingaben in diese Richtung gingen ins Leere. Daher wandte er sich am 8. August 1921 während eines Urlaubes aus Esdorf schriftlich an den Außenminister Dr. Friedrich Rosen (1856-1935)[10] und bat um einen Besuchstermin. In diesem mehrseitigen Schreiben bringt Krebs seine Unzufriedenheit mit seiner dienst-

---

10 Ab 23. Mai bis Oktober 1921 Außenminister im ersten Kabinett Wirth. Er war Orientalist und spezialisiert auf Persisch und Hindustani.

lichen Situation zum Ausdruck und spricht sein vielfältiges Sprachkönnen und sein umfassendes Aufgabegebiet in China an. Im Folgenden wird das Schreiben, um einige Passagen gekürzt, zitiert:

> Hochzuverehrende Excellenz! Zu den bevorzugten Schätzen meiner reichhaltigen linguistischen Bibliothek gehört außer einer Anzahl anderer wertvoller Werke Euer Excellenz über das persische Sprachgebiet die von Ihnen besorgte Neuherausgabe der Mesnea's Übersetzung. Dieses kostbare Werk hat für mich noch dadurch einen ganz besonderen Wert, dass ich es Ihrer Güte selbst verdanke. Eure Excellenz hatte die Freundlichkeit, es mir im Sommer 1918 mit einer freundlichen eigenhändigen Widmung zuzusenden. Das darin zum Ausdruck gebrachte freundliche Interesse Euer Excellenz für meine orientalischen Studien im Allgemeinen und für meine Neigung zum Persischen im besonderen gibt mir den Mut, mich in persönlicher Angelegenheit an Eure Excellenz zu wenden und die Bitte vorzutragen.[11]

Die weiteren Zeilen widmet Krebs der Begegnung mit Sprachen in der Schweidnitzer Schule, dem Aufenthalt in China und seinen Verbindungen zu dortigen chinesischen Persönlichkeiten, der erzwungenen Rückkehr nach Deutschland sowie dem Wunsch der niederländischen Gesandtschaft, ihn dort zu halten. Er weist auf seine verdienstvolle Arbeit als Dolmetscher hin:

> Ich bin also 24 Jahre lang als Dolmetscher in Peking tätig gewesen und darf wohl, ohne der Unbescheidenheit bezichtigt zu werden, sagen, dass meine chinesischen Kenntnisse nicht nur bei den eigenen Landsleuten, sondern auch bei Ausländern und insbesondere auch bei den Chinesen selbst geschätzt wurden. Insbesondere zeigte es sich in dem zeitweise sehr regen Verkehr mit türkischen Untertanen. Ohne mich wäre diese Arbeit gar nicht möglich gewesen. Während des Krieges kamen noch wiederholt arabische Schriftstücke an die Gesandtschaft, die ich übersetzte. Selbst meine Kenntnisse des Urdu konnten mehrfach dienstlich Verwendung finden. Meine mandschurischen und mongolischen Kenntnisse waren eine angenehm nützliche Zugabe im gesellschaftlichen Verkehr mit Beamten dieser Abstammung. Meine italienischen Kenntnisse brachten es mit sich, dass ich im Jahr 1901 während der Beurlaubung des Dolmetschers der italienischen Gesandtschaft monatelang gleichzeitig die Dolmetschergeschäfte der italienischen Gesandtschaft wahrnahm. Meine russischen Kenntnisse konnten in den ersten Jahren wiederholt dienstlich verwertet werden. Dass ich die Sprachen Europas wenigstens soweit beherrsche, dass ich sie lesen kann, brauche ich nicht zu betonen. Seit einem Jahr führe ich eine Korrespondenz in finnischer Sprache mit einer jungen Firma, die ich in Berlin kennen lernte. Wenn unter den Sprachen des nahen Orients gerade das moderne Persisch zu meinen Lieblingen gehört, so liegt das wohl auch daran, dass sie lange Zeit eine herrschende Stellung eingenommen hat.

Der Hinweis auf die Vertretung des italienischen Dolmetschers im Jahr 1901 findet sich auch im Schriftwechsel zwischen Gustav Krupp von Bohlen und Halbach bzw. seinem Beauftragten Direktor Dr. Georg Baur und Emil Krebs wieder:

---

11 PA AA, Personalakte Krebs, Bd. 2, S. 147-151.

> Krebs ist ein geradezu phänomenales Sprachgenie. Herr Professor [Georg] v. Gabelentz (1840-1893) hat mir schon vor 30 Jahren gesagt, daß Krebs für Sprachen der feinste Kopf sei, der ihm je begegnet sei. Es gibt kaum eine Sprache, die er nicht kennt, und er ist – ich möchte sagen – imstande, in fast jeder lebenden Sprache zu sprechen und zu schreiben. Als ein Beispiel möchte ich nur erwähnen, daß er einmal längere Zeit den beurlaubten Dolmetscher der italienischen Gesandtschaft vertreten hat, und dieser mir nachher sagte, an Krebs' italienischen Arbeiten hätte auch ein Italiener nicht eine Silbe besser schreiben können. Er ist auch sonst ein ganz gescheiter Mensch, hat aber doch auch so seine Eigenheiten, wie sie eben manche Gelehrte haben. Wenn er gerade ein sprachlich anziehendes Buch vor sich hat, so interessiert ihn das unter Umständen viel mehr als eine trockene Übersetzung, die er von Amts wegen zu machen hat. [...] Was sprachliche Kenntnisse anbetrifft, so ist sicher in Deutschland kein Mensch von annähernd gleichen Kenntnissen.[12]

Nach diesem Einschub nun wieder zu Krebs' Ausführungen an Außenminister Dr. Rosen:

> Warum man trotz meiner, wie mir häufig versichert worden ist, ungewöhnlichen Sprachkenntnisse zu dem Entschluss gekommen ist, mich nicht länger in China zu verwenden, entschließt sich meiner Kenntnis. Einflussreiche Freunde haben sich wiederholt bemüht zu bewirken, dass man sich auf Grund meiner Kenntnisse und Erfahrungen auf dem bisherigen Gebiet meiner langjährigen Tätigkeit zu nutze mache, doch sind diese Bemühungen vergeblich gewesen. Doch geht man anscheinend noch weiter und will mich trotz meiner langjährigen treuen Dienste [...] überhaupt nicht mehr im Bereich des Auswärtigen Dienstes verwenden. Ich kann nicht umhin, mich ungerecht behandelt zu fühlen. Ich bin immer noch zur Disposition gestellt. Allerdings bin ich durch die Art meiner Beschäftigung seit meiner Rückkehr aus China vom Auswärtigen Amt selbst wohl einigermaßen entfremdet worden. Doch war dies nicht meine Schuld, lag auch nicht in meiner Absicht. Ich hatte nämlich von der damals angenommenen Arbeit bei der Nachrichtenstelle für den Orient (später Orientinstitut) gehört und man hatte mir versichert, dass ich dort nicht nur volle Befriedigung meiner linguistischen Neigungen finden würde, sondern auch für das Reich nützliche Arbeit leisten könne. Ich besprach die Angelegenheit mit dem inzwischen verstorbenen Chef der Personalabteilung Geheimrat Th. Matthieu, der freudig zustimmte und meine Zuweisung zur Beschäftigung an dem genannten Institut verfügte. Ich bearbeitete fleißig die türkische Presse und lieferte regelmäßig umfangreiche Übersetzungen und ausführliche Pressenachrichten aus der türkischen Tagespresse, die nach der Überzeugung von Professor Mittwoch im Auswärtigen Amt großen Anklang fanden. Des Weiteren fertigte ich zahlreiche Übersetzungen aus den eingehenden chinesischen Zeitungen an, die gleichfalls dem Auswärtigen Amt zugingen. Ende März dieses Jahres wurde das Institut aufgelöst. Über meine weitere Beschäftigung verlautet nichts. Ich wandte mich an Herrn Geheimrat Gneist mit dem Erfolge, dass ich seit Anfang April in der japanischen Abteilung des Chiffrierbüros beschäftigt bin. Auch dort leiste ich, wie ich ohne Bescheidenheit sagen kann, sehr fleißige und nützliche Arbeit, wobei mir meine guten japanischen Sprachkenntnisse zustatten-

---

12 Historisches Archiv Krupp, FAH 4 E847, Schreiben vom 20.10.1920, Direktor Dr. G. Baur an Direktor Hugenberg (Deutscher Überseedienst).

kommen. Seit meiner Beschäftigung dort fließen den leitenden Stellen zweifellos weit mehr wichtige Umschriften zu, als es früher möglich war, wie sich Eure Excellenz sicher unschwer werden überzeugen können. [...] Sollte es wirklich unmöglich sein, mir unter den gegenwärtigen Verhältnissen eine geeignete Stellung im Auswärtigen Amt zu beschaffen, in der meine Kenntnisse und Erfahrungen für das Reich nutzbringend verwendet werden könnte, dann bietet sich vielleicht die Möglichkeit, durch gütige Vermittlung Euer Excellenz für mich eine Lehrtätigkeit an einer deutschen wissenschaftlichen Anstalt zu finden, an der ich nutzbringend wirken kann. [...] Am 4. September geht mein Urlaub zu Ende. Euer Excellenz gütige Genehmigung voraussetzend, werde ich nach meiner Rückkehr nach Berlin mir erlauben, mich an Eure Excellenz mit der Bitte zu wenden, mir gegebenenfalls eine Audienz freundlichst genehmigen zu wollen.[13]

Das Amt vermerkte auf diesem Schreiben den handschriftlichen Hinweis: „Minister Rosen will das Weitere selbst veranlassen."

Minister Rosen antwortete am 15. August 1921, wobei seine Wertschätzung in der Anrede „Lieber Herr Kollege" auffällig erscheint, und bekundet, sich sehr zu freuen, Krebs direkt nach Rückkehr aus dem Urlaub zu sehen.[14] Krebs beendete seinen Urlaub Mitte September 1921 und erinnerte nun an die Unterredung mit Rosen. Die politischen Verhältnisse jedoch ließen ein Gespräch mit dem Minister noch während dessen Amtsphase offenbar nicht mehr zu. Am 26. Oktober 1921 trat das Kabinett Wirth zurück und damit auch Rosen. Sein Gespräch mit Krebs fand erst einige Tage später statt. Ergebnisse können aus diesem und einem späteren Gespräch aus der Personalakte nicht abgeleitet werden.

Zu Rosens Nachfolger im zweiten Kabinett Wirth wurde Ende Januar 1922 Walther Rathenau (1867-1922) bestellt. Toni Deneke berichtet:

> Bei einem Rundgang durch die Abteilungen des Amtes verweilte er drei Stunden im Zimmer von Krebs. Beim Hinausgehen hörte man ihn sagen: ‚hier bleiben Sie nicht mehr lange. Für eine solche Kapazität haben wir höhere Verwendung.'[15]

Wieder arbeitete das Schicksal gegen Krebs. Drei Tage nach dem Gespräch wurde Rathenau ermordet, am 24. Juni 1922. Auf eigene Initiative hin wurde Emil Krebs ab Mai 1922 als vereidigter Übersetzer für die finnische Sprache bei den Gerichten und Notaren im Kammergerichtsbezirk Berlin sowie bei den Standesämtern der Stadt Berlin und dem Regierungsbezirk Potsdam bestellt.[16]

---

13 PA AA, Personalakte Krebs, Bd. 2, S. 147-151.
14 PA AA, Personalakte Krebs, Bd. 2, S.152.
15 Deneke, Toni (1967): Das Sprachwunder. In memoriam Emil Krebs, 15.11.1867-31.3.1930. Unveröffentlichtes Manuskript, S. 5.
16 PA AA, Personalakte Krebs, Band 2, S.154.

Interesse des Sprachendienstes des Auswärtigen Amtes

Im August 1922 reagierten dann endlich die Entscheidungsträger des Auswärtigen Amts und nahmen eine Krebs' außergewöhnlichen Sprachkenntnissen entsprechende Eingliederung in Angriff. Waren es seine aus Sicht des Amtes sicherlich bereits penetranten Gehaltsanfragen oder aber Hinweise von Rosen oder Rathenau, die Bewegung in die Sache brachten? Oder war Krupp persönlich noch einmal beim Amt vorstellig geworden? Hatte Krebs einfach keine Fürsprecher, weil er sich abschottet hatte? War er während seiner langjährigen Tätigkeit in Peking dem einen oder anderen auf die Füße getreten oder bestand ein gewisser Neid auf seine sprachlichen Fähigkeiten? Man wird es nicht mehr erfahren. Fest steht wohl: Er war ein schwieriger Mensch, aber ein Mitarbeiter mit außergewöhnlichen Kenntnissen.

Am 23. August 1922 wurde die Abteilung Ostasien des Auswärtigen Amtes in Emil Krebs' Interesse, wohl aber auch in dem des Sprachendienstes tätig. Der Leiter der Abteilung IV b, Hubert Knipping[17], stellte folgende Anfrage an Ministerialdirektor Karl Gneist, den Leiter der Personalabteilung:

> Vertraulich! Um die Sprachkenntnisse des Legationsrates Krebs für die Zwecke des AA in noch weiterem Umfange nutzbar zu machen, wobei auch Herr Krebs hinsichtlich seiner Bezüge günstiger gestellt werden könnte, erlaubt sich Abt. IV b folgende Anregung zu unterbreiten: 1. Tätigkeit beim Sprachendienst, soweit er nicht von Regierungsrat Gautier wahrgenommen wird, besonders Kontrolle von Übersetzungen. 2. Weitere Ausbildung der Attachés, die sich besonderen Sprachstudien widmen. 3. Anstellung als außerplanmäßiger Dozent am Seminar für Orientalische Sprachen für Vorlesungen über den Fernen Osten.[13]

Der Leiter des Sprachendienstes des Auswärtigen Amtes, Paul Gautier, stimmte auf der Rückseite handschriftlich allen drei Punkten zu. Ein Auszug dieser handschriftlichen Stellungnahme:

> „Mit Herrn L.R. [Legationsrat] habe ich schon seit längerer Zeit persönlich Fühlung genommen und ihn für die Mitarbeit im Sprachendienste gewonnen, was seinen eigenen Wünschen sehr entsprach. Seitdem ist Herr L.R. Krebs die Hauptstütze für Übersetzungen aus den fremden, insbesondere den entlegeneren Sprachen. Infolgedessen habe ich immer schon im Interesse des Sprachendienstes den Wunsch gehabt, Herrn L.R. Krebs in ein noch näheres Verhältnis zum Sprachendienst zu bringen und dem Amte dadurch seine ganz phänomenalen sprachlichen und kulturellen Kenntnisse zunutze zu machen; nur die Annahme, L.R. Krebs sei im Chiffrierbüro vollständig in Anspruch genommen, hat mich von einer offiziellen Anregung in dieser Richtung abgehalten. Im Sprachendienst böten sich für Herrn L.R. Krebs mehrere wichtige Aufgaben, für welche er in hervorragendem Maße geeignet wäre. [...] 1. Die Überprüfung bzw. Vereinheitlichung der Übersetzungen aus den verschiedensten Fremdsprachen (außer Französisch) ins Deutsche. [...] 2. Die Mitverwaltung der im Raum 114 aufzustellenden Bibliothek von Nachschlagewerken

---

17 Hubert Knipping (1868-1955) war einige Jahre Gesandtschaftskollege von Emil Krebs gewesen.
18 PA AA, Personalakte Krebs, Band 2, S. 160.

> [...] für alle im Sprachendienst in Betracht kommenden Sprachen. [...] Was die besondere sprachliche Ausbildung der Anwärter anbelangt, halte ich Herrn L.R. Krebs für eine Kraft, wie sie selten anzutreffen sein dürfte, denn ich habe mich verschiedentlich in der Unterhaltung mit ihm davon überzeugen können, dass er die Sprachen nicht nur grammatisch, sondern auch gründlich wissenschaftlich und zwar im Zusammenhang mit der Kultur der betreffenden Länder studiert hat. [...] Die Verwendung von Herrn L.R. Krebs als Dozent im Orientalischen Seminar würde bedeuten, dass die Studienmöglichkeiten dieses Institutes durch eine einzige Kraft um ein Vielfaches gesteigert würde.[19]

Erstmals seit Krebs' Rückkehr aus China findet sich damit in der Personalakte ein Vermerk eines Fachmannes. Dieser Hinweis von Gautier wird später, als es darauf ankommt, unbeachtet bleiben, weil dann erneut Entscheidungsträger des Amtes agieren werden, die das Ausmaß von Krebs' Sprachkenntnissen nicht begriffen und ihre Bedeutung verkannten.

Der vorgenannten Stellungnahme vom 23. August 1922 ist eine von Krebs handschriftlich angefertigte Auflistung der von ihm zu diesem Zeitpunkt beherrschten Fremdsprachen beigefügt (siehe am Ende dieses Kapitels). Dieses Schriftstück ist Bestandteil der Personalakte. Die Aufstellung nennt 34 Sprachen, aus denen Emil Krebs sich in der Lage fühlte, für den Sprachendienst des Auswärtigen Amtes amtlich verwertbare Übersetzungen ins Deutsche anzufertigen. Unter Einbeziehung der darüber hinaus genannten fünf Sprachen ergibt sich eine Gesamtzahl von 39 Sprachen. Eine spätere Feststellung des Sprachendienstes nennt 45 Sprachen, die Emil Krebs zu übersetzen in der Lage gewesen sei. Festzuhalten bleibt, dass diese Aufzählung lediglich die für das Amt relevanten Sprachen enthält.

Bemühungen um Anstellung beim Seminar für Orientalische Sprachen

Mitte Oktober 1922 nahm das Auswärtige Amt (Bosenick) „persönlich und vertraulich" Kontakt mit dem zuständigen Preußischen Kultusministerium (Geheimer Regierungsrat Wende) auf, mit dem Ziel, dass man Krebs für das Seminar für Orientalische Sprachen vorsehen möchte.

> Wir möchten das außergewöhnlich große sprachliche Wissen und Können des Herrn Krebs irgendwie nutzbar machen, da Herr Krebs in absehbarer Zeit nicht wieder ins Ausland will. Es liegt natürlich nahe, Krebs für das Orientalische Seminar zu gewinnen. Vielleicht können wir uns, wenn Sie von den Anlagen Kenntnis genommen haben, einmal unterhalten, wie wir dieses Phänomen fruktifizieren können.[20]

Krebs wurde darüber informiert und wandte sich an den neuen Lehrstuhlinhaber für Sinologie an der Universität Berlin, Prof. Dr. Otto Franke (1863-1946), mit der Bitte um

---
19 PA AA, Personalakte Krebs, Bd. 2, S. 160.
20 PA AA, Personalakte Krebs, Bd. 2, S.161.

Verwendung als Dozent. Beide kannten sich aus der gemeinsamen Dolmetscherzeit in Peking (1894 bis 1896). Franke hatte den Dienst beim Auswärtigen Amt aufgegeben, eine wissenschaftliche Laufbahn eingeschlagen und Karriere gemacht. Er hatte von Hamburg nach Berlin gewechselt. Am 5. März 1923 antwortete Franke, er habe nicht die Macht, an dem neuen Ostasien-Institut Dozenten anzustellen oder zu entlassen. „Die planmäßigen Stellen sind sämtlich besetzt, und da das Personal vom SOS mitübernommen werden muß, sind vermutlich mehr Beamte da als Stellen." Krebs solle sich an das Kultusministerium wenden.[21]

Frankes ausweichende Antwort veranlasste Krebs, sich nun am 15. März 1923 selbst an den Ministerialdirektor Gneist zu wenden. Er erinnert dabei an ein Gespräch mit dem früheren Minister Rosen, der wohl nach seinem Rücktritt mit dem Kultusminister Dr. Becker über eine Weiterverwendung im Seminar für Orientalische Sprachen gesprochen hatte. Er informiert Ministerialdirektor Gneist darüber, dass er (Krebs) nicht nur anerkannt gute Kenntnisse im Chinesischen habe, sondern auch in anderen Sprachen des Fernen Ostens gut beschlagen sei. Japanisch dürfte dabei nicht ausschlaggebend sein, da das Seminar in Dr. Scharschmidt über einen tüchtigen Kenner dieser Sprache bereits verfüge. Auch Tibetisch käme wohl nicht in Betracht, nachdem er gehört habe, dass der frühere Missionar Franke hierfür vorgesehen sei, sicherlich käme aber wohl Mongolisch in Betracht, das er sehr gut könne und in dem er besser zu Hause sei als die offiziellen Dozenten an der hiesigen Universität. Siamesisch, das er gleichfalls gut könne, käme wohl nicht in Frage.

Auch Ago von Maltzan, seinen früheren Kollegen aus den letzten Jahren in Peking und zwischenzeitlich in der Hierarchie des Auswärtigen Amts aufgestiegen, bemühte Krebs am 2. April 1923, um die seiner Auffassung nach ungerechte Bezahlung und noch immer nicht genehmigte Festanstellung zu thematisieren. Hier führt er an, er habe Übersetzungen von Schriftstücken einiger bulgarischer Minister angefertigt, die bereits erstellte Übersetzung des deutsch-litauischen Grundvertragsentwurfs überprüft und dabei bedeutende Abweichungen festgestellt und berichtigt. Auch seien von ihm in letzter Zeit mongolische und georgische Zeitungen für Ministerialbeamte übersetzt worden.[22] Von Maltzan wandte sich mit Schreiben vom 12. April 1923 an das Kultusministerium (Dr. Wende) mit der Bitte, Krebs zu einer Unterredung zu empfangen und fügte hinzu:

> [...] haben wir ein besonderes Interesse daran, die außerordentlich großen Sprachkenntnisse des Legationsrats Krebs beim Orientalischen Seminar oder im Rahmen der Universität verwendet zu sehen. Im Auswärtigen Amt selbst können nach Lage der Verhältnisse diese Kenntnisse des Herrn Krebs nicht so fruchtbar gemacht werden, wie es mir notwendig erscheint.

Diese Auszüge aus verschiedenen Briefen verdeutlichen noch einmal Krebs' umfangreiches sprachliches Wissen. Dieses wurde offensichtlich zwar gern genutzt, aber ohne dass sich dieser Umstand für Krebs nutzbringend auswirkte.

---

21 PA AA, Personalakte Krebs, Bd. 2, S.167.
22 PA AA, Personalakte Krebs, Bd. 2, S.168.

Das Auswärtige Amt setzte sich nun vehement für Krebs' Weiterkommen bzw. dessen Anstellung beim Seminar für Orientalische Sprachen ein. Das Kultusministerium stand einer möglichen Beschäftigung Krebs' beim Seminar offen gegenüber. Krebs hatte nun auf einmal Fürsprecher, die seine sprachlichen Leistungen anerkannten und sie für andere Institute als sehr nützlich ansahen. Doch es sollte anders kommen. Das Kultusministerium (Dr. Wende) schrieb am 17. Mai 1923 an das Auswärtige Amt und berichtete, was der Professor für Sinologie an der Universität Berlin, Otto Franke, zu einer möglichen Beschäftigung Krebs' mitgeteilt hatte:

> Herr Professor Franke hat gern anerkannt, dass Herr Krebs nach seinen Fachkenntnissen wohl geeignet sei, auch im Rahmen der Universität oder des neuen Seminars für Orientalische Sprachen eine nützliche Tätigkeit zu entwickeln. Er hat aber sehr gewichtige Bedenken gegen die Person des Herrn Legationsrat Krebs, den er aus vieljähriger gemeinsamer Tätigkeit kennt und, wie es der ganzen sehr ruhigen und sachlichen Art von Franke entspricht, offenbar vorurteilslos und objektiv beurteilt. Wenn es richtig ist, dass Herr Krebs ein Mann ist, der sich im persönlichen Verkehr schwer einzuordnen vermag, so verstehe ich die Befürchtungen von Herrn Professor Franke vollkommen, dass die Zuziehung von Herrn Legationsrat Krebs in den eben von ihm neu geschaffenen, bereits befestigten Kreis der im sinologischen Seminar arbeitenden Gelehrten sehr leicht zu unerwünschten und der sachlichen Arbeit schädlichen Komplikationen führen wird.[23]

Es war dies eine Absage erster Klasse an Krebs. Prof. Franke vereitelte mit dieser persönlich negativen Beurteilung Krebs' *Wünsche einer Anstellung am SOS oder an der Universität Berlin*. Franke kannte Krebs lediglich aus einer kurzen gemeinsamen Zeit in China. Franke war zu dieser Zeit Erster Dolmetscher in Peking, Krebs Dolmetscher-Eleve und zudem ausschließlich in Kiautschou beschäftigt. Die Ministerialbürokratie des Auswärtigen Amtes versagte Krebs jegliche Unterstützung nach dieser Absage des Kultusministeriums und brachte keinerlei Gegenargumente vor.

Das Auswärtige Amt notiert zu diesem Vorgang:

> Die Angelegenheit des Legationsrat Krebs kann nur so weiter geführt werden, dass wir zunächst das Preußische Kultusministerium in der Angelegenheit der Organisation des Orientalischen Seminars unterstützen und als Gegengabe von Professor Becker einen Lehrauftrag oder etwas Ähnliches für Krebs verlangen. Bei der Stellungnahme des Professorenkollegiums gegen Krebs kann nach dieser Richtung hin zunächst weiter nichts geschehen.[24]

Aus der Personalakte ergeben sich keine weiteren Aktivitäten in dieser Angelegenheit mit Ausnahme von zwei Vermerken zur Wiedervorlage nach sechs bzw. vier Wochen im Juni und im August 1923, die ins Leere laufen. Krebs wurde anscheinend einfach aufgegeben.

Krebs wurde von dieser Absage überrascht und dadurch vollkommen aus der Fassung gebracht, wie aus dem Schriftbild eines Schreibens vom 7. Juni 1923 an den

---

23 P A AA, Personalakte Krebs, Bd. 2, S. 172f.
24 P A AA, Personalakte Krebs, Bd. 2, S.174.

Staatssekretär und seinen früheren Pekinger Kollegen Ago von Maltzan zu erkennen ist. Darin beschwert sich Krebs über die abfälligen Urteile der Dozenten an der Universität. Besonders empört ihn die fehlende Unterstützung seines früheren Kollegen Dr. Erich Hauer, mit dem er bis 1917 zehn Jahre in der Deutschen Kaiserlichen Gesandtschaft in Peking zusammengearbeitet hatte: Krebs als Erster Dolmetscher, Hauer als sein Vertreter. Werner Otto von Hentig schreibt über Hauer:

> Dr. Hauer war Spezialist für Mandschurisch, dessen Sprachschatz er in einem großen Lexikon, schließlich von den Japanern gedruckt, niedergelegt hat. Als er sich nach dem Krieg in Berlin für sein Fach habilitierte, gab es keinen Ordinarius, der ihn hätte prüfen können.[25]

Prof. Dr. Wilhelm Matzat kommt im *Mitteilungsblatt der Deutschen China-Gesellschaft* zu einer anderen Einschätzung:

> Es gab in Berlin jemand, der dies hätte tun können, nämlich Emil Krebs. Was dessen Mandschurisch-Kenntnisse betrifft, so gibt es bei den einzelnen Autoren verschiedene Anekdoten, ich bringe die Fassung bei Lessing (1930, S. 266): „Als mandschurische Prinzen bei einem Empfang sich untereinander der mandschurischen Sprache, die ausgestorben und sozusagen Geheimsprache am Hofe geworden war, bedienten, wer beschreibt ihr Erstaunen, wie Emil Krebs sich zwanglos mit eben dieser Sprache in ihr Gespräch mischte.[26]

Von Ago von Maltzan finden sich in der Personalakte weder eine Antwort noch Bemühungen, Krebs zu unterstützen. Zur Person des Staatssekretärs eine Anmerkung vom 30. Juni 1919 von Krupp-Direktor Georg Baur, der Ago von Maltzan aus gemeinsamer Zeit in China kannte: „Was Krebs über Herrn von Maltzahn sagt, stimmt ja mit dem überein was ich Ihnen selbst sagte. Maltzan ist kein Idealist. In dieser Beziehung muß man sich keinen Illusionen hingeben."[27]

Einsatz beim Sprachendienst des Auswärtigen Amtes

Nachdem die Pläne des Ministeriums fehlgeschlagen waren, meldete sich der Sprachendienst zu Wort und beantragte am 13. Juni 1923 Krebs' Einordnung in ihren Bereich. Der Leiter dieser Abteilung, Paul Gautier (1889-1965), sah sofort die Chance, einen herausragenden Mitarbeiter für sich zu gewinnen. In diesem Schreiben betont Gautier, dass alle Übersetzungen des Sprachendienstes grundsätzlich auf Richtigkeit zu überprüfen seien.

---

25 von Hentig, Werner Otto (1963): Mein Leben – eine Dienstreise. Göttingen, S. 32. Dr. jur. Erich Hauer (1878-1936) habilitierte sich 1923 an der Universität Berlin für das Fach Sinologie. 1930 erhielt er den Titel eines außerordentlichen Professors. Sein *Handwörterbuch der Mandschusprache* wurde 1952-1955 in drei Lieferungen beim Harrassowitz Verlag Wiesbaden aufgelegt.
26 Matzat, Wilhelm (2000): Emil Krebs (1867-1930), das ‚Sprachwunder', Dolmetscher in Peking und Tsingtau. In: Deutsche China-Gesellschaft, Mitteilungsblatt 43, Heft 1, S. 31-47.
27 Historisches Archiv Krupp, FAH 4 E847, Schreiben vom 30.06.1919, Georg Baur an Schrameier.

leider hierfür nicht immer genügend kompetente Mitarbeiter zur Verfügung stünden und damit Ergebnisse oft nicht fristgerecht geliefert werden könnten. Gautier fährt fort:

> Nun arbeitet im Auswärtigen Amt eine Kraft, die in der hervorragenden Weise dazu geeignet wäre, die Übersetzungen aus einer ganzen Reihe von Sprachen sachlich und sprachlich zu überprüfen. Diese Kraft ist Herr L.R. Krebs, der die phänomenale Fähigkeit besitzt, aus ca. 45 Sprachen in amtlich verwertbarer Form in das Deutsche übersetzen zu können und damit ein erstaunliches Maß von Kenntnissen über die kulturellen Verhältnisse der einzelnen Länder verbindet. Es wäre im Interesse einer Beschleunigung und intensiven sachlichen und sprachlichen Bearbeitung der Übersetzungstexte aus den fremden Sprachen von dem größten Werte, wenn Herr L.R Krebs neben seinem bisherigen Dienst im Chiffrierbüro den Sprachendienst unterstützen würde. Herr Legationsrat Krebs hat sich dazu in der Lage und bereit erklärt und würde im Rahmen dieser Überprüfungsarbeiten sowie im Übersetzungsarchiv, in der Bibliographie der sprachlichen und sachlichen Nachschlagewerke sowie in dem Ausbau der phraseologischen Zettellexika in den verschiedenen Sprachen ein seinen wissenschaftlich – sprachlichen und sachlichen Interessen entsprechendes Arbeitsfeld finden.[28]

Von Gautier stammt der spätere Ausspruch ‚Krebs ersetzt uns 30 Außenmitarbeiter!' Überzeugend war für die Verwaltung sicherlich die abschließende Bemerkung von Gautier: „Diese Unterstützung durch L.R. Krebs dürfte umso zweckmäßiger sein, als sich dadurch eine sehr beträchtliche Kostenersparnis ergeben würde." Dem begründeten Anliegen von Gautier wurde nun entsprochen und für Krebs galt: „Die finanzielle Regelung wird durch Bezahlung der Übersetzungen bis zu einer gewissen Höhe erfolgen." Diese nun doch sehr schnelle Sachentscheidung kam wohl beiden Partnern sehr gelegen. Krebs konnte seine Sprachenvielfalt nun in vollem Umfang einsetzen und erreichte damit die Gehaltserhöhung, um die er seit seiner Rückkehr nach Berlin gekämpft hatte. Ferner konnte er sich weiterhin intensiv seinen Sprachstudien widmen und weitere Sprachen studieren. Der Sprachendienst des Auswärtigen Amtes erhielt einen Übersetzer, dem Aufgaben übertragen werden konnten, die in der vergangenen Zeit, wie Gautier selbst schildert, in diesem Umfang kaum realisierbar waren. Außerdem konnte man dadurch sicher beträchtliche Kosten einsparen und im Haushalt nachweisen. Vielleicht wäre Krebs eine andere Karriere vergönnt gewesen, wenn er in Peking die ihm angebotene Konsulatsprüfung absolviert hätte. Fraglich wäre jedoch, ob er sich dann seinen Sprachstudien in diesem Umfang hätte widmen können. Sicherlich war ihm dies bei seiner damaligen Entscheidung bewusst gewesen.

1926 konnte das Auswärtige Amt die stetig wachsende Anzahl von Übersetzungen nicht mehr zügig erledigen und geriet dadurch immer wieder in Zeitnot. Man benötigte unbedingt zusätzliche Dolmetscher und Übersetzer. Dieses Fachpersonal versuchte man zunächst in den eigenen Reihen zu finden und bot daher eine sogenannte Sprachenzulage. Für jede zusätzliche Fremdsprache wurden 90 Mark ausgepreist. Natürlich musste man sich entsprechenden Prüfungen unterziehen. Nach

---

28 PA AA, Personalakte Krebs, Bd. 2, S. 179-181.

Überlieferungen aus der Verwandtschaft habe sich Krebs mit etwa 50 Sprachen gemeldet, schließlich sei wohl kein Limit gesetzt gewesen. Natürlich passte man das Angebot nun auf lediglich zwei zusätzliche Sprachen an. Krebs legte Prüfungen in Chinesisch und Japanisch ab und erhielt ab 1. September 1926 eine Sprachenzulage von 180 Mark.[29] Bereits während seiner Tätigkeit im Chiffrierbüro der japanischen Abteilung hatte er japanische Übersetzungen wegen der besonderen Dringlichkeit außerhalb seiner Arbeitszeit angefertigt. Dafür erhielt er eine gesonderte Entschädigung. Hier wurden also Sprachprüfungen für eine Sonderzulage verlangt, obwohl Krebs, wie der Leiter des damaligen Sprachendienstes verlauten ließ, ohnehin in ca. 45 Sprachen Übersetzungen für das Amt anfertigte. Offen bleibt die Frage, wer diese Sprachprüfungen abgenommen hat und wie sie abgelaufen sind.

Die Personalakte enthält ab 1927 keine weiteren Auskünfte über Krebs' Wirken im Amt. Es ist daher davon auszugehen, dass er sich zwischenzeitlich mit seinen Aufgaben im Sprachendienst arrangiert hatte. Seine Gehaltszulagen reichten ihm nun offensichtlich aus und vor allen Dingen konnte er sich privat weiteren Sprachstudien widmen.

Mande Krebs' Schwester Toni Deneke berichtet 1967 in einer persönlichen Niederschrift,

> dass sich zweimal die Pforte zu lohnenderer Tätigkeit geöffnet habe: Das Kaiser-Wilhelm-Institut, damals das Hirn Europas, wollte Krebs eine Professur erteilen. Er lehnte ab, leider. – Das zweite Mal war es Amanullah Chan, König von Afghanistan (1919-1928), der damals Europa unsicher machte, um für seine Reformen Ingenieure, Ärzte, Gelehrte zu werben. Aber als Professor in Kabul, als Abenteurer in dem halbwilden Lande, fühlte sich Krebs nicht mehr jung genug.

Die Ablehnung einer Professur wurde von seinem Bruder Alfred Krebs auf Anfrage der Schweidnitzer Gymnasialzeitung im Jahr 1931 bestätigt.

Verbindung zu Gustav Krupp von Bohlen und Halbach

Bisher wurde das Geschehen um Emil Krebs überwiegend aus der Personalakte des Auswärtigen Amts recherchiert, wie auch für das 2011 von Peter Hahn herausgegebene Buch *Emil Krebs – Kurier des Geistes*.[30] Zu diesem Zeitpunkt war die Datensammlung zu Emil Krebs im Historischen Archiv der Alfried Krupp von Bohlen und Halbach-Stiftung in Essen (FAH 4 E847) noch nicht bekannt. Sie beinhaltet zusätzliche Informationen, die in der Personalakte nicht zu finden sind. Gustav (Krupp) von Bohlen und Halbach war von 1900 bis 1903 als Gesandtschaftssekretär an der Deutschen Kaiserlichen Gesandtschaft in Peking tätig. Die damalige Zusammenarbeit mit Krebs führte zu einer über diese Zeit hinaus anhaltende Verbindung. Obwohl von Bohlen und

---

29 PA AA, Personalakte Krebs, Bd. 2, S. 185f.
30 Hahn, Peter (Hg.) (2011): Emil Krebs – Kurier des Geistes. Badenweiler.

Halbach durch die Ehe mit Bertha Krupp im gesellschaftlichen Leben aufstieg und damit auch eine große Verantwortung für die Weltfirma Krupp übernehmen musste, brach der Kontakt zu Emil Krebs nicht ab.

Die rund 200 Seiten umfassende Dokumentation beinhaltet einen Informationsaustausch des Essener Industriellen mit Emil Krebs von 1907 bis 1924 und bestätigt eine gegenseitige Wertschätzung. Bis 1917 sind dies überwiegend Grüße. Im März 1912 erhielt Krebs die tagebuchähnlichen Aufzeichnungen des Krupp-Direktors Georg Baur über dessen China-Aufenthalt als Beauftragter der Firma Krupp. Beide kannten sich aus gemeinsamer Zeit in China. Baur erwarb seine chinesischen Sprachkenntnisse ebenfalls am Seminar für Orientalische Sprachen. Am 8. Juni 1917 schrieb Krebs aus

Abb. 44 Gustav (Krupp) von Bohlen und Halbach (1902).

Naumburg seinem früheren Kollegen aus Pekinger Zeit, Gustav Krupp von Bohlen und Halbach, nach Essen: „Habe nach vierundzwanzigjähriger Tätigkeit in China Aufenthalt jetzt wieder in Deutschland nehmen müssen."[31] Dieser lud ihn daraufhin für Anfang Juli zum Frühstück in den Kaiserhof zu Berlin ein. Vielleicht hat man sich dort über alte Zeiten ausgetauscht, sicherlich auch über aktuelle Probleme. Krebs oder dessen Frau dürften über diese Begegnung auch Dr. Wilhelm Schrameier berichtet haben. Wir erinnern uns: Angeblich habe Krebs 1900 wegen Differenzen mit Schrameier Qingdao verlassen. Die nun folgenden Aktivitäten des Geheimen Admiralitätsrates Dr. Schrameier dürften jedoch auch die in Erwägung gezogene Vermutung stützen, Krebs als Bezirksamtmann und Richter könnten starke Bedenken zur chinesischen Rechtsprechung zu diesem Schritt bewogen haben.

Krupps Initiativen in Emil Krebs' Interesse

Die nun im Folgenden beschriebenen Aktivitäten in Essen (Krupp) und Berlin (Dr. Schrameier) wurden nicht mit dem Auswärtigen Amt abgestimmt. Am 1. August 1917 bittet Schrameier in einem persönlichen Brief Gustav Krupp von Bohlen und Halbach

---

31 Historisches Archiv Krupp, FAH 4 E847, 08.06.1917.

um Unterstützung, Krebs einem neuen Wirkungskreis zuzuführen. Die Antwort kam postwendend mit dem Hinweis, er habe sich selbst schon Gedanken gemacht, wie Krebs zu helfen sei. Krupp-Direktor Georg Baur wurde eingeschaltet, und es kam noch im August 1917 zu einem umfangreichen schriftlichen und auch persönlichen Meinungsaustausch (in Essen und Berlin) mit Schrameier. Leider wurde Krebs nicht einbezogen und lange Zeit nicht eingeweiht. Dies sollte dann zu Ergebnissen führen, die man heute bedauern muss.

Baur notiert in seinen Aufzeichnungen den Verlauf einer Besprechung mit Schrameier und das Ergebnis ihrer Abstimmung:

> Besprechung mit Herrn Geh. Admiralitätsrat Dr. W. Schrameier in Essen, am 18. August 1917. Ich (Direktor Georg Baur) setzte Herrn Schrameier eingehend die Gründe auseinander, welche einer Verwendung von Herrn Krebs hier im Betriebe der Gußstahlfabrik weder im Übersetzungs-Bureau, noch im Nachrichten-Bureau, noch bei der Bibliothek (regelmäßige Geschäftszeit, Unterstellung etc.) entgegenstehen. Herr Schrameier sah dies auch ein.
> Ich teilte Herrn Schrameier ferner mit, daß Herr von Bohlen auf dem Standpunkt stehe, daß Herr Krebs nach dem Friedensschluß zunächst wieder zu der Gesandtschaft nach Peking hinaussollte. Herr Schrameier machte dagegen die Einwendung, daß dann Krebs zu alt werde, um noch wissenschaftlich auf den Gebieten, auf denen er so hervorragend begabt und befähigt ist, besonderes zu leisten.
> Nach dem Frühstück auf dem Hügel (Essen) regte Herr Schrameier an, ob nicht die Sache von der ‚Kaiser-Wilhelm-Gesellschaft' in die Hand genommen werden könnte und Herrn Krebs eine besondere Aufgabe gestellt würde, die er in 3-5 Jahren zu erledigen hätte.
> Herr von Bohlen würde bereit sein, dies der ‚Kaiser-Wilhelm-Gesellschaft' vorzuschlagen mit dem Hinzufügen, daß er einen Teil der Kosten der Gesellschaft zur Verfügung stellen würde. Zunächst würde Herr Schrameier über diesen Gedanken mit Herrn Krebs sprechen, und dann würde Herr von Bohlen evtl. zusammen mit Herrn Schrameier die Angelegenheit Excellenz von Harnack[32] vortragen. [33]

Am 19. Oktober 1917 konsultierte Gustav Krupp von Bohlen und Halbach Prof. von Harnack im Hotel Kaiserhof in Berlin und teilte das Ergebnis Dr. Schrameier mit. Danach sei Excellenz von Harnack bereit, für die Kaiser- Wilhelm-Gesellschaft die Auftragserteilung zu übernehmen. Für richtiger halte er jedoch die Königliche Akademie der Wissenschaften, „die sich gewiss über die Anregung sehr freuen und derselben gerne Folge leisten würde. Als zuständiges Mitglied derselben bezeichnete er mir Herrn Dr. de Groot sowie Herrn Dr. Müller." Er, Schrameier, möge abklären, wie die Akademie der Wissenschaften sich der vorgeschlagenen Anregungen gegenüber verhalten würde, „und ob auch etwa Herr Dr. de Groot in der Lage sein würde, eine Aufgabe zu stellen und deren Erledigung im Auge zu behalten." Krupp selbst befand sich auf

---

32 Prof. Dr. Adolf von Harnack (1851-1930) war Mitbegründer und der erste Präsident der Kaiser-Wilhelm-Gesellschaft (heute Max-Planck-Gesellschaft) von 1911-1930.
33 Historisches Archiv Krupp, FAH 4 E847, 18.08.1917.

dem Weg nach Wien und konnte daher dieses Folgegespräch nicht selbst führen. Er bat jedoch um anschließende Information.[34]

Offenbar wurde nun der Kultusminister Friedrich Schmidt-Ott in die Überlegungen einbezogen, denn am 11. November 1917 bestätigte Schrameier dem Minister, dass er sich seinem Wunsche entsprechend mit der Königlichen Akademie der Wissenschaften in Verbindung gesetzt habe. Den Professoren de Groot[35] und Müller sei der Gedanke, „Krebs in Deutschland zu behalten und seine Fähigkeiten für den Dienst der Wissenschaft zu gewinnen, höchst sympathisch." Krebs möge jedoch „mehr produktiv, nicht nur rezeptiv" arbeiten. Schrameier fährt fort:

> Herrn Dr. Müller erschien es das Gegebene, daß Krebs sich habilitiert. Damit erhalte er die Gelegenheit, einem größeren Kreise seine praktischen Erfahrungen und Kenntnisse mitzuteilen; aber wenn dieser Gedanke sich nicht verwirklichen lassen sollte, so gäbe es manche wissenschaftlichen Aufgaben, deren Durchführung Herrn Krebs die Klinke zu umfassenderen Studien und Leistungen in die Hand drücken würde.

Prof. Müller, der Emil Krebs persönlich kenne und schätze sei der Auffassung, dass die Hebung der „zahllosen Schätze in der Bibliothek und im Museum [...] nur einer tieferen und gründlicheren Sprachkenntnis harrt."[36] Von Bohlen und Halbach erinnerte einige Tage später an die Bayerische Akademie der Wissenschaften, schließlich sei von dort die Veröffentlichung der *Chinesischen Schattenspiele* erfolgt.

Bis jetzt hatte man Krebs in die Überlegungen nicht einbezogen. Schrameier handelte über seinen Kopf hinweg. Sicherlich wollten alle Beteiligten Krebs helfen, aus der misslichen Lage beim Auswärtigen Amt herauszukommen. Schrameier versuchte mit seinen Bemühungen vorrangig, die Fähigkeiten seines Bekannten – vielleicht sogar Freundes – der Wissenschaft zu erhalten. Auch Gustav Krupp von Bohlen und Halbach bekümmerte dessen gegenwärtige Situation.

Am 15. Dezember 1917 meldete Schrameier dem Minister: „Für Herrn Krebs scheint sich jetzt eine Aufgabe gefunden zu haben, die ihm eine feste Beschäftigung gewährt und zugleich Zeit zu größeren wissenschaftlichen Arbeiten lässt." Krebs wurde nun erstmals oberflächlich über den Sachstand informiert. Er soll die aus der Boxerzeit in der Königlichen Bibliothek ungeordnet gelagerten mandschurischen Schriftstücke durchsehen und katalogisieren. Für Krebs und die Akademie jedoch viel wichtiger: „Seine Haupttätigkeit wird sich natürlich der allgemeinen Sprachforschung zuwenden müssen, für die er in seiner lebendigen und umfassenden Sprachkenntnis ein einzigartiges Rüstzeug mitbringt." Krebs war jedoch nach wie vor dem Auswärtigen Amt verpflichtet. Man empfahl ihm, dort zu kündigen. Finanzielle Anreize, die weit über seinen augenblicklichen Einkünften lagen (7-8.000 Mark) sollten ihm diesen Schritt er-

---

34 Historisches Archiv Krupp, FAH 4 E847, 19.10.1917.
35 Niederländischer Sinologe Prof. Dr. Jan Jakob Maria de Groot 1854-1921; ab 1911 ordentliches Mitglied der Akademie für Wissenschaften in Berlin.
36 Historisches Archiv Krupp, FAH 4 E847, 11.11.1917.

Abb. 45 Emil Krebs (links mittlere Reihe) als Dolmetscher für eine persische Gruppe in Krupps Gussstahlfabrik in Essen (16. April 1918)

leichtern. Diese Zahlungsverpflichtung sollte einige Jahre gelten und nach Möglichkeit vom Kultusministerium getragen werden. Schrameiers Brief endet: „Hoffentlich gelingt es Ihnen, hochverehrter Herr Minister, Herrn Krebs' Kräfte für die wissenschaftlichen Aufgaben unseres Vaterlandes zu sichern."[37]

Offenbar war das Ministerium für eine solche Verpflichtung nicht zu gewinnen, denn bereits wenige Tage später fand eine Besprechung zwischen Direktor Baur und Dr. Schrameier in Berlin statt. Hierbei ist zu unterstellen, dass vorher eine Unterredung in dieser Angelegenheit zwischen Krupp und dem Minister stattgefunden hatte. Dem Besprechungsprotokoll ist zu entnehmen, „daß Herr von Bohlen sich mit einer laufenden Ausgabe auf lange Jahre nicht belasten wolle, er sei aber bereit, für Herrn Krebs 100.000 Mark aufzuwenden." Es wurde auch über eine lebenslange Rente für Krebs nachgedacht. Als Arbeitseinteilung empfahl sich, „daß Krebs etwa vormittags das mandschurische Archiv bearbeite, und nachmittags sich mit dem Werk über die allgemeine Sprachforschung beschäftige."[38]

---

37 Historisches Archiv Krupp, FAH 4 E847, 15.12.1917.
38 Historisches Archiv Krupp, FAH 4 E847, 19.12.1917.

Kurz vor Weihnachten informierte Schrameier nun endlich Emil Krebs über die bisher gelaufenen Gespräche und erläuterte ihm die Aufgaben bei der Akademie der Wissenschaften. Er betonte jedoch auch, dass er sein Dienstverhältnis beim Auswärtigen Amt auflösen müsse. Es sei „Herrn von Bohlens inniger Wunsch, für die deutsche Wissenschaft die Kenntnisse und Arbeitskraft des Herrn Krebs nicht verloren gehen zu lassen." Herr von Bohlen habe die Absicht, „außer der freundschaftlichen Fürsorge für Herrn Krebs auch der Wissenschaft einen Dienst zu erweisen." Schrameier selbst ist bereit, Krebs in jeder Hinsicht behilflich zu sein, muss sich jedoch gedulden, weil Krebs sich alles genau überlegen wolle und vorher sich auch mit seiner Frau besprechen möchte.[39] Im Januar 1918 war er bereit, beim Auswärtigen Amt zu kündigen, und teilte dieses Herrn von Bohlen im März schriftlich mit.

Krupp antwortete Krebs postwendend:

> Wenn Ihnen für die Zukunft eine Sorge genommen ist und Ihnen dadurch auch heute schon die Gestaltung Ihrer ferneren Pläne leichter fällt, so ist ja damit schon ein großer Theil meiner Wünsche erfüllt, wäre es mir doch eine große Freude, Ihnen in – wie Sie wissen – aufrichtiger und freundschaftlicher Hochschätzung die wissenschaftliche Verwertung Ihrer mannigfaltigen Kenntnisse zu ermöglichen.[40]

Auch wird in dem Brief bestätigt, dass der Betrag über 100.000 Mark nebst Zinsen ab 1. Januar d. Js. in 5% Kriegsanleihe bei der Firma Krupp für Krebs zurückgestellt werde. Aber, und dies bestätigt die freundschaftliche Fürsorge besonders,

> Sie können dann späterhin, wenn Sie die hoffentlich nicht mehr ferne Friedenszeit übersehen können, in aller Ruhe Ihre Entscheidungen treffen; zu früherer Pensionierung, als irgend geboten, möchte ich niemals zureden.[41]

Die nächsten Monate zeichneten keine Veränderungen im Leben des Ehepaares Krebs. Krebs war sich offensichtlich nicht mehr sicher, welchen Weg er einschlagen sollte. Es ist nicht auszuschließen, dass der fürsorgliche Hinweis von Krupp im Zusammenhang mit einer frühen Pensionierung ihn nachdenklich gestimmt hatte. Vielleicht missfiel ihm aber auch die laufende Bevormundung durch Schrameier. Schließlich wurde er immer wieder vor vollendete Tatsachen gestellt. Schrameier meinte es sicherlich gut, hatte aber dabei die ihm bekannte Wesensart von Krebs außer Acht gelassen. Krebs verwarf nun die Idee einer Kündigung beim Amt. Schrameier entschuldigte sich deshalb sogar bei Krupp wegen der seiner Auffassung nach fehlenden Eigeninitiative von Krebs.

Das Verhältnis zwischen Schrameier und Krebs verschlechterte sich. Krebs vertraute Schrameier nicht mehr. Dieser erkannte das schnell und klagte, dass es ihm ganz unmöglich sei, Krebs „näher zu kommen und vernünftig mit ihm Rat zu pflegen." Krebs' Gesundheitszustand verschlechterte sich merklich. Seine psychische Verfassung war be-

---

39 Historisches Archiv Krupp, FAH 4 E847, 24.12.1917.
40 Historisches Archiv Krupp, FAH 4 E847, 22.03.1918.
41 Historisches Archiv Krupp, FAH 4 E847, 22.03.1918.

sorgniserregend. Direktor Georg Baur notierte am 26. Mai 1919: „Ich habe Herrn Krebs mit Frau am 22. Mai zusammen mit Cordes und Boss gesprochen. Ich war erschrocken über sein Aussehen, aber noch mehr über seine ganz intraktable Art."[42] Einen Monat später meldete Schrameier nach Essen, Krebs habe mit der „Herstellung einer chinesischen Enzyklopädie" begonnen.

> Das Ziel bleibt, daß Herr Krebs später eine Sprachkunde, d. h. ein Werk über die ‚Sprache an sich' verfaßt. Auch diesem Ziele wird er näherkommen, denn das ist das Gebiet, auf dem er einzig in der Welt dasteht.[43]

Ein vertrauliches Papier der Firma Krupp an den Geh. Admiralitätsrat Dr. Schrameier vom 1. August 1919 bestätigt,

> daß die Firma mir für Herrn Legationsrat Emil Krebs zur Herstellung einer wissenschaftlichen Arbeit über China nominell 100.000 (hunderttausend) Mark nebst Zinsen seit dem 1. Januar 1919 zur Verfügung gestellt hat. Kapital und Zinsen stehen ausschließlich Herrn Krebs zu, mir ist lediglich die Verwaltung übertragen.[44]

Unabhängig davon wurde der genannte Betrag von Krupp für Krebs angelegt. Mit der ersten Zinszahlung finanzierte Krebs die Veröffentlichung *Über das Chinesisch lernen*.[45]

Es war also abgemacht, dass Krebs für die Erstellung einer chinesischen Enzyklopädie und für ein Werk über ‚Sprache an sich' von dem bei Schrameier in Verwahrung befindlichen Kapital entlohnt werden sollte. Mit dieser neuen Aufgabe verband man den Wunsch, „daß die Zuwendung des Betrages noch einmal Früchte für unsere Wissenschaft tragen wird."[46]

Eine Anstellung bei der Akademie der Wissenschaften in Berlin war vom Tisch. Dies war Krebs' alleinige Entscheidung und bei heutiger objektiver Betrachtung schwer nachvollziehbar. Aus Krebs' Sicht jedoch war die Entscheidung verständlich: Die Kündigung beim Amt war eine Grundbedingung. Eine zum großen Teil verwaltungstechnische Beschäftigung, nämlich die Durchsicht der nicht geordneten mandschurischen Schriften und ihre Katalogisierung, war für ihn unannehmbar und entsprach nicht seinen Vorstellungen. Sein Ziel war noch immer die Rückkehr nach China und das Studium neuer Sprachen.

---

42 Historisches Archiv Krupp, FAH 4 E847, 26.05.1919.
43 Historisches Archiv Krupp, FAH 4 E847, 24.06.1919.
44 Historisches Archiv Krupp, FAH 4 E847, 01.08.1919.
45 Krebs, Emil: Über das Chinesisch lernen. China-Archiv, hg. vom Deutsch-Chinesischen Verband, 3. Jahrgang (1918), Heft 1 und 2. Sonderabdruck von H. S. Hermann, Berlin.
46 Historisches Archiv Krupp, FAH 4 E847, 01.08.1919.

Krebs' gesundheitliche Verfassung um 1919

Der folgende ungekürzte Brief vom 1. September 1919 von Krebs an Baur dokumentiert seine psychische Verfassung und eine gefühlte Nichtachtung seiner Person. Ihn überraschte Krupps Zuwendung und es ist erkennbar, dass er von Schrameier über die Absprachen nicht umfassend informiert und darin einbezogen worden war. Auch spiegelt sich hier seine Unzufriedenheit mit der Behandlung durch das Auswärtigen Amt. Hatte sich Krebs aufgegeben? Er verleiht seiner Hoffnungslosigkeit und Verzweiflung deutlich Ausdruck für den Fall, dass eine Rückkehr nach China nicht möglich wird:

> Lieber Herr Baur! Neulich teilte mir Dr. Schrameier mit, von der Aktiengesellschaft Krupp sei mir eine Zuwendung von 100.000 Mark gemacht; den Empfang habe ich auf seinen Wunsch bestätigt. Ich würde Ihnen ja doch für eine freundliche Erklärung dieser mich überraschenden Zuwendung dankbar sein. Die früheren Versprechungen von Herrn von Bohlen gingen doch für den Fall, dass ich nicht mehr nach Peking zurückginge, weil mir das aus gewissen Gründen nicht mehr zusagte. Diese Gründe sind nun weggefallen, und überhaupt sind solche Änderungen eingetreten, die mir ein Weiterleben in Deutschland unmöglich machen, sodass ich nur lebensfähig bleibe und wieder lebensfreudig werde, wenn ich in meine bisherige Stellung in Peking wieder zurückkomme. Geschieht das nicht, vielleicht, weil man einen jüngeren hinschicken will oder ich den maßgebenden Leuten im AA nicht nachlaufe, dann ist überhaupt mit mir Schluß. Da seit den seinerzeitigen Besprechungen mit Herrn von Bohlen sich die Umstände vollkommen gewandelt haben und die damaligen Voraussetzungen nicht mehr gelten, sind natürlich auch die daraus gezogenen Folgerungen hinfällig geworden, und die neuerliche Zuwendung ist ein völliges Novum, das ich mir nicht erklären kann. Ich wäre Ihnen daher für eine freundliche Aufklärung dankbar. Da ich meine Zukunft lediglich auf die Hoffnung baue, wieder nach Peking zurückzukehren, ohne diese Aussicht aber ich jede Zukunft verloren gebe, würde, wie Sie einsehen, die mir von Herrn von Bohlen zugewandte Summe eine Entschädigung für verlorene Zukunftshoffnungen nicht sein können. Da ich sie, wenn ich nach Peking zurückkehre, nicht brauche, wenn ich aber nicht zurückkomme, auf jede Zukunft überhaupt verzichte, so denke ich überhaupt keinen Gebrauch davon zu machen. Natürlich wollte ich das Herrn von Bohlen nicht schreiben, ohne vorher von Ihnen näheres gehört zu haben (und nur, wenn es Ihnen nicht zu viel Mühe macht, direkt, ohne Schrameier's Vermittlung).[47]

Krebs' Bemühungen, eine Klärung durch das Auswärtige Amt über deren Chinapläne herbeizuführen, scheiterten erneut. Man wollte sich dort nicht festlegen und vertröstete ihn daher. Krebs akzeptierte dies. Ein Schreiben an Baur vom 1. Oktober 1919 zeigt wieder einen ausgeglichenen, positiv denkenden Mann:

> Meine Zeit, von der ich viel für meine Privatliebrei übrighabe, habe ich fleißig ausgenutzt und in den Jahren, die ich seit dem Kriege in Berlin zubringen musste, habe ich meine Sprachkenntnisse ganz erheblich erweitert und vertieft. Das ist die ganze Zeit meine Freude gewesen. Hinderlich war mir nur zuweilen die Abwesenheit meiner vielen

---

47 Historisches Archiv Krupp, FAH 4 E847, 01.09.1919.

dort im Laufe der Jahre von mir gesammelten Notizen. Ich denke es mir herrlich, mit meinen inzwischen angesammelten Kenntnissen und dem Material, das ich in Peking liegen habe, unter günstigen Lebensumständen in Peking während meiner dienstfreien Zeit auf meinem Spezialgebiet ernstlich weiter zu arbeiten.[48]

Krupps Bemühungen beim Auswärtigen Amt

Die weiteren Aktivitäten setzte man nun ohne Beteiligung Schrameiers fort. Auch ist festzustellen, dass Gustav Krupp von Bohlen und Halbach nun öfter die Zügel in die Hand nahm. Dieser wandte sich in einem persönlichen Schreiben am 24. November 1919 an den Staatssekretär des Auswärtigen Amtes, Edgar von Haniel.[49] Darin bezieht er sich auf eine vorherige mündliche Unterhaltung und betont, dass die Stimmung in China zurzeit für Deutschland günstig sei. Man brauche daher einen Vertrauensmann vor Ort. Er empfiehlt Heinrich Cordes, den bisherigen Leiter der Deutsch-Asiatischen Bank in Peking und Krebs' persönlichen Freund. Für die endgültige Besetzung des Gesandtenpostens möge man jedoch eine jüngere Person in Aussicht nehmen.

Interessant sind die folgenden Aussagen von Krupp an den Staatssekretär:

> Eine weitere Frage wäre die, ob nicht doch jetzt schon mit Herrn Cordes zusammen der bisherige 1. Dolmetscher der Gesandtschaft, Herr Krebs nach China gesandt werden könnte. Auch dieser ist seit über 25 Jahren in China tätig gewesen und wohl der beste Kenner der chinesischen, wie aller orientalischer Länder, den es überhaupt auf der Welt gibt. Auf seine Kraft für die Zukunft in China zu verzichten, erscheint mir gänzlich unmöglich; denn er ist, zumal als Sprachkenner, überhaupt nicht zu ersetzen. Ich möchte daher bei dieser Angelegenheit Ihr Augenmerk hiermit nur auf ihn richten, auch, damit er bei späterer Besetzung der verschiedenen Stellen nicht in Vergessenheit gerät. Ob er schon jetzt Verwendung finden soll, wie oben angedeutet, ist dabei eine Frage zweiter Ordnung.[50]

Eine Antwort oder Reaktion auf dieses Schreiben ist weder im Historischen Archiv in Essen noch in Krebs' Personalakte zu finden. Dies gilt auch für den nachfolgenden Versuch, Emil Krebs eine Rückkehr nach China zu ermöglichen. Anfang 1920 versuchte Gustav Krupp von Bohlen und Halbach erneut, Emil Krebs beim Auswärtigen Amt für einen Posten in China ins Gespräch zu bringen. Das nachstehende Schreiben an Adolf Boyé[51] lässt deutlich erkennen, welche Einflussmöglichkeiten Krebs in China von diesem bedeutenden Essener Industriellen zugemessen wurden.

---

48 Historisches Archiv Krupp, FAH 4 E847, 01.10.1919.
49 Edgar von Haniel, richtig: Edgar Haniel von Haimhausen (1870-1935).
50 Historisches Archiv Krupp, FAH 4 E847, 24.11.1919.
51 Adolf Boyé war von 1921 bis 1928 deutscher Botschafter in Peking. Er hatte sich für eine fundierte Ausbildung der deutschen Gesandten in China in der chinesischen Sprache eingesetzt. Dies war bis zu diesem Zeitpunkt offenbar nicht gegeben. Krebs hätte sicherlich den geforderten Ansprüchen in vollem Umfang entsprochen.

> Sehr geehrter Herr Boyé,
>
> wie ich Ihnen neulich kurz mündlich sagte, wäre es meiner Ansicht nach kaum zu verantworten, Herrn Krebs nicht wieder nach Peking zu schicken. Auf der einen Seite hat er eine Menge Verbindungen mit Chinesen der verschiedensten Parteien und man sollte sich jetzt die Ausnützung aller dieser Beziehungen nicht entgehen lassen. Das wichtigste Moment ist aber, dass die chinesische Sprache gegenwärtig in vollem Fluss ist und dadurch ganz besondere Schwierigkeiten bietet. Krebs hat infolge seiner Vielsprachigkeit für diese Schwierigkeiten der modernen Sprache keinen irgendwie ebenbürtigen Ersatzmann, ein Moment, das von den Nicht-Sprachkundigen vielleicht nicht in vollem Umfange gewürdigt wird. Krebs ist der geborene Leiter der chinesischen Kanzlei; als solcher ist er nach dem Urteil maßgebender Persönlichkeiten unbezahlbar. Es ist keine Frage, dass es ihm auf Gebieten, die nicht direkt mit der Sprachforschung zu tun haben, an Initiative mangelt; man muss aber aus ihm herausholen, was in ihm steckt. Wenn er vielleicht in der einen oder anderen Aufgabe versagt hat, so liegt es daran, dass ihm eine Aufgabe gestellt wurde, für die er sich nicht eignete. Aber es bleibt tatsächlich für ihn in Peking ein so großer und wichtiger Wirkungskreis, dass man von seiner Entsendung nicht absehen dürfte.
>
> Verzeihen Sie, dass ich auf die Angelegenheit wieder zurückkomme, aber ich halte sie eben vom Gesichtspunkte unserer künftigen politischen wie wirtschaftlichen Beziehungen zu China für ganz besonders wichtig.
>
> Mit bestem Gruß verbleibe ich, wie stets,
>
> Ihr aufrichtig ergebener
>
> Krupp von Bohlen und Halbach.[52]

Auf diesen Brief gab es keine Reaktion. Fest steht, Krebs blieb in Berlin.

Noch einmal versuchte Baur, wohl auch im Auftrag von Bohlens, Krebs eine Tätigkeit zu vermitteln, und zwar beim Deutschen Überseedienst (DÜD), zu dem die Firma Krupp zu jener Zeit starke Verbindungen hatte.[53] Der Überseedienst – nun ohne finanzielle Unterstützung durch das Reich – diente vor allem den Außenwirtschaftsinteressen der Industrie, die er durch Berichterstattung und Auslandspropaganda in Wirtschaftsangelegenheiten beförderte. Der starke Mann dieses Unternehmens war Alfred Hugenberg[54], Aufsichtsratsvorsitzender des Krupp-Konzerns. Aber auch dieser Versuch schlug fehl. Krebs wollte oder konnte sich für eine Tätigkeit beim Deutschen Überseedienst nicht begeistern, obwohl das Entgelt für ihn durchaus ein Anreiz gewesen sein dürfte. Er war noch immer zu sehr seiner früheren Tätigkeit in China verbunden. Auch befürchtete er offenbar eine zu starke Einbindung

---

52 PA AA, Personalakte Krebs, Bd. 2, S. 134f.; Historisches Archiv Krupp, FAH 4 E847, 21.02.1920.
53 Historisches Archiv Krupp, FAH 4 E847, 20.11.1920.
54 Alfred Hugenberg (1865-1951), Wirtschaftsführer, Politiker, 1909-1918 Vorsitzender des Direktoriums der Friedrich Krupp AG in Essen. 1916-1920 Ankauf des Scherl-Verlags und der zweitgrößten deutschen Nachrichtenagentur, der Telegraphen-Union. Der sogenannte Hugenberg-Konzern wird ein Medienkonglomerat aus Verlag, Nachrichtendiensten, Werbeagenturen, Korrespondenzdiensten, Filmgesellschaften und zahlreichen Zeitungsbeteiligungen. Hugenberg übt damit, vor allem über seine Nachrichtendienste, einen beherrschenden Einfluß auf die rechtsgerichtete Presse aus.

in verwaltungstechnische Aufgaben. Seine privaten Vorlieben, nämlich die Sprachen, hätte er dann nicht mehr ausleben können.

Krupps Aktivitäten enden

Krebs beendete all die Bemühungen von Krupp von Bohlen und Halbach mit einem Brief vom 14. März 1921 an Direktor Georg Baur. Demnach habe er die Verhältnisse zum Auswärtigen Amt nun regeln können. Ihm sei versprochen worden, ihn dort weiter zu beschäftigen und dass man für ihn eine geeignete Tätigkeit finden werde. Er sei daher nicht wählerisch gewesen. Ihm sei vor allen Dingen wichtig, seine Pensionierung zu vermeiden. Seine neuen Aufgaben würden gute Sprachkenntnisse erfordern. [55]

Vielleicht hatte zu dieser Entscheidung der durchaus nachvollziehbare Hinweis von Baur aus dem Dezember 1920 beigetragen:

> Wenn Sie ferner im Auswärtigen Amt bei Ihrer evtl. Verwendung für die Presse-Abteilung gleich den Vorbehalt machten, daß die Tätigkeit Sie nicht von früh bis abends in Anspruch nehmen dürfe, sodaß Sie noch Zeit für Ihre Privatarbeiten haben müßten, so sind derartige Vorbehalte für denjenigen, der Sie engagieren will, wenig ermutigend. Sie sagen damit schon im voraus, daß Ihr Hauptinteresse Ihrer Privatbeschäftigung zuneigt; so etwas darf man wohl denken, aber nicht sagen. Die Arbeitszeiten sind im Allgemeinen so, daß sie für Privatarbeiten Ihnen wohl noch Zeit lassen würden.[56]

Bis 1924 fand nun überwiegend nur noch ein persönlicher Austausch zwischen Krupp und Krebs statt.

Die Dokumentation des Historischen Archivs der Alfried Krupp von Bohlen und Halbach-Stiftung Essen über Emil Krebs steht nur bedingt in einer Abhängigkeit zur Personalakte des Auswärtigen Amts. Den Verantwortlichen des Amtes waren die Aktivitäten und Zielsetzungen in Essen größtenteils nicht bekannt. Zumindest ergibt sich aus der Personalakte hierüber kein entsprechender Hinweis. Beide Dokumente bestätigen jedoch übereinstimmend, dass Emil Krebs alle Entscheidungen einer erhofften Rückkehr nach China untergeordnet hat. Außerdem ist gerade aus der Kruppschen Dokumentation klar erkennbar, dass er seiner herausragenden Berufung für Sprachen immer den Vorrang einräumte – auch dann, wenn dies zu seinem wirtschaftlichen Nachteil führte. Er ist sich in dieser Hinsicht, auch wenn wir es heute nicht immer verstehen können, immer treu geblieben.

Krebs' Absage an Krupp-Direktor Georg Baur findet seine Begründung in der weiteren Darstellung aus der Personalakte des Auswärtigen Amts in Berlin: Krebs wurde ab 1. März 1921 dem Chiffrierbüro der japanischen Abteilung des Auswärtigen Amts zugeteilt. Baur gegenüber hatte sich Krebs zwar sehr positiv über seine künftige Arbeit geäußert; aus den Unterlagen seiner Personalakte geht jedoch das Gegenteil hervor.

---

55 Historisches Archiv Krupp, FAH 4 E847, 14.03.1921.
56 Historisches Archiv Krupp, FAH 4 E847, 17.12.1920.

Krebs' Unzufriedenheit mit seiner Beschäftigung ist in mehreren Anfragen zu seiner Bezahlung und in der bereits an anderer Stelle zitierten Eingabe an Reichsaußenminister Dr. Rosen vom 8. August 1921 zum selben Thema dokumentiert.

In der Dokumentation zu Emil Krebs im Historischen Archiv der Alfried Krupp von Bohlen und Halbach-Stiftung finden wir keine weiteren Aktivitäten in seinem Interesse. Krebs hatte wohl erkannt, dass eine Unterstützung aus Essen nicht mehr zu erwarten war. Er hatte zu viele Angebote von Krupp ausgeschlagen.

Emil Krebs' Tod

Im Frühjahr 1930 vermeldet die Personalakte des Auswärtigen Amtes: „Emil Krebs stirbt am 31.3.1930." Hierzu berichtet Toni Deneke:

> Am 31. März 1930 stieg er die vier Treppen im Auswärtigen Amt (kein Fahrstuhl) allzu rasch hinauf. Kurz danach, bei einer Arbeit in türkischer Sprache, fiel er plötzlich um. Gehirnschlag. Er lebte nur noch wenige Minuten.[57]

Diese sicherlich sehr interessante Variante seines Todes ergibt sich aus den Unterlagen seiner Personalakte nicht. Auch die Schilderung von Christiane Radnai, der in Kanada lebenden Tochter von Lotteliese Stamm, geborener Heyne-Krebs, weist auf einen weniger spektakulären Sachverhalt zu Emil Krebs' Ableben hin.[58] Danach gelangte die Stieftochter am 31. März 1930 nur mit großen Schwierigkeiten in die Wohnung der Eltern in der Lindenallee 26. Ihr Stiefvater war zusammengebrochen und versperrte die Tür. Die Personalakte beinhaltet eine Rechnung über einen Krankentransport von der Wohnung zum St. Hildegard-Krankenhaus in Berlin und einen Nachweis über verordnete Arzneien. Folglich hat Emil Krebs zum Zeitpunkt des Auffindens durch seine Stieftochter noch gelebt und ist dann im Krankenhaus am gleichen Tag verstorben. Das Beerdigungsinstitut Westend, Hermann Stawenow, bahrte den Leichnam am 1. April für drei Stunden in der Ephipanienkirche in Berlin auf. Danach erfolgte die Überführung zum Südwestkirchhof in Stahnsdorf (damals Berliner Zentralfriedhof) per Auto. Der Tote wurde nicht mit dem üblichen Sammeltransport per Bahn ab Sammelstelle Halensee nach Stahnsdorf transportiert.[59] Toni Deneke berichtet:

> Am Nachmittag rief das Kaiser-Wilhelm-Institut für Hirnforschung, Berlin-Buch, an und erbat sich im Namen seines Leiters, Prof. Dr. Vogt, das Gehirn zu wissenschaftlicher Forschung. Es war eine schwere Entscheidung. Seine Frau traf sie, bejahend. Aber es war ihr nicht zuzumuten, bei der Prozedur zugegen zu sein. Die gesetzliche Bestimmung forderte aber die Anwesenheit eines nahen Verwandten. So fuhr ich und die

---

57 Deneke, Toni (1967): Das Sprachwunder. In memoriam Emil Krebs, 15.11.1867-31.3.1930. Unveröffentlichtes Manuskript, S. 5.
58 Christiane Radnais Schilderung zum Tod von Emil Krebs liegt dem Verfasser vor.
59 PA AA, Personalakte Krebs, Bd. 3, S. 122; 130; 199.

> Am 31. März Mittags setzte der Tod dem rastlos tätigen Geiste meines geliebten Mannes, des
>
> ## Legationsrates E. Krebs
>
> unerwartet ein Ziel.
>
> In tiefer Trauer
>
> Mande Krebs geb. Glasewald
> Lotteliese Heyne-Krebs
> Irmgard Jasper geb. Heyne-Krebs
> Paul Jasper, Oberleutnant zur See
>
> Charlottenburg 9
> Linden-Allee 26
>
> Beerdigung am Freitag, den 4. April 1930, 15:15 Uhr, auf dem Südwest-Friedhof in Stahnsdorf. Abfahrt 14:30 Uhr, Charlottenburg, Stadtbahn.

Abb. 46 Todesanzeige Emil Krebs

ältere Stieftochter Charlotte-Luise (Lotteliese) mit in die Stahnsdorfer Friedhofskapelle (Bestattungskirche). Zwar daneben zu stehen, das brachte ich nicht über mich. Ich blieb im Nebenraum, bei offener Tür, und hörte die Hammerschläge und die Geräusche des Sägens. Es war nicht leicht. Alles musste bei Kerzenschein in dem düsteren Grabgewölbe vor sich gehen. Auf dem Rückweg schwankte das Gehirn in einem Eccicator-Glas in der Hand des wissenschaftlichen Assistenten vor mir her. Später erhielt meine Schwester das Gutachten von Prof. Vogt. Das Gehirn, in 15.000 Scheiben zerlegt, hatte keinerlei Abnormitäten aufzuweisen, war ein besonders gut entwickeltes, sehr klar und wohlgeordnetes Gehirn, am ähnlichsten dem eines Mathematikers.[60]

Die Todesanzeige bestätigt die Bestattung am Freitag, den 4. April 1930 um 15.15 Uhr. Die Trauergäste fuhren damals ab Charlottenburg über Wannsee mit der Stadtbahn nach Stahnsdorf (vor der Wiedervereinigung Deutschlands DDR-Gebiet). Diese Bahnstrecke wurde zu DDR-Zeiten stillgelegt und der Bahnhof gesprengt. Vom Haupteingang bis zur Bestattungskirche sind es circa zehn Minuten Fußweg. Die damaligen Bestattungen waren einem festen Zeitplan unterworfen, wurden doch bis zu zehn Bestattungen täglich durchgeführt. Die von Toni Deneke in ihrer Schilderung angesprochene Räumlichkeit im Keller der Bestattungskirche fasste bis zu 200 Särge. Die Särge wurden für die Bestattungszeremonien per Aufzug vor den Altar gebracht.

---

60 Deneke, Toni (1967): Das Sprachwunder. In memoriam Emil Krebs, 15.11.1867-31.3.1930. Unveröffentlichtes Manuskript, S. 5.

Aus der Kruppschen Dokumentation geht hervor, dass Gustav Krupp von Bohlen und Halbach bei der Beerdigung durch Herrn von Bülow vertreten wurde. Leider ist nicht ersichtlich, welcher von Bülow gemeint ist.

Die Grabstätte befindet sich seit 2005 in der Patenschaft des Verfassers und seiner Frau. Vorher hatte der Förderverein des Südwestkirchhofs Stahnsdorf seit der Wende für die Erhaltung dieser Stätte gesorgt.

Abb. 47 Grabstelle Emil Krebs, Südwestkirchhof Stahnsdorf / bei Berlin

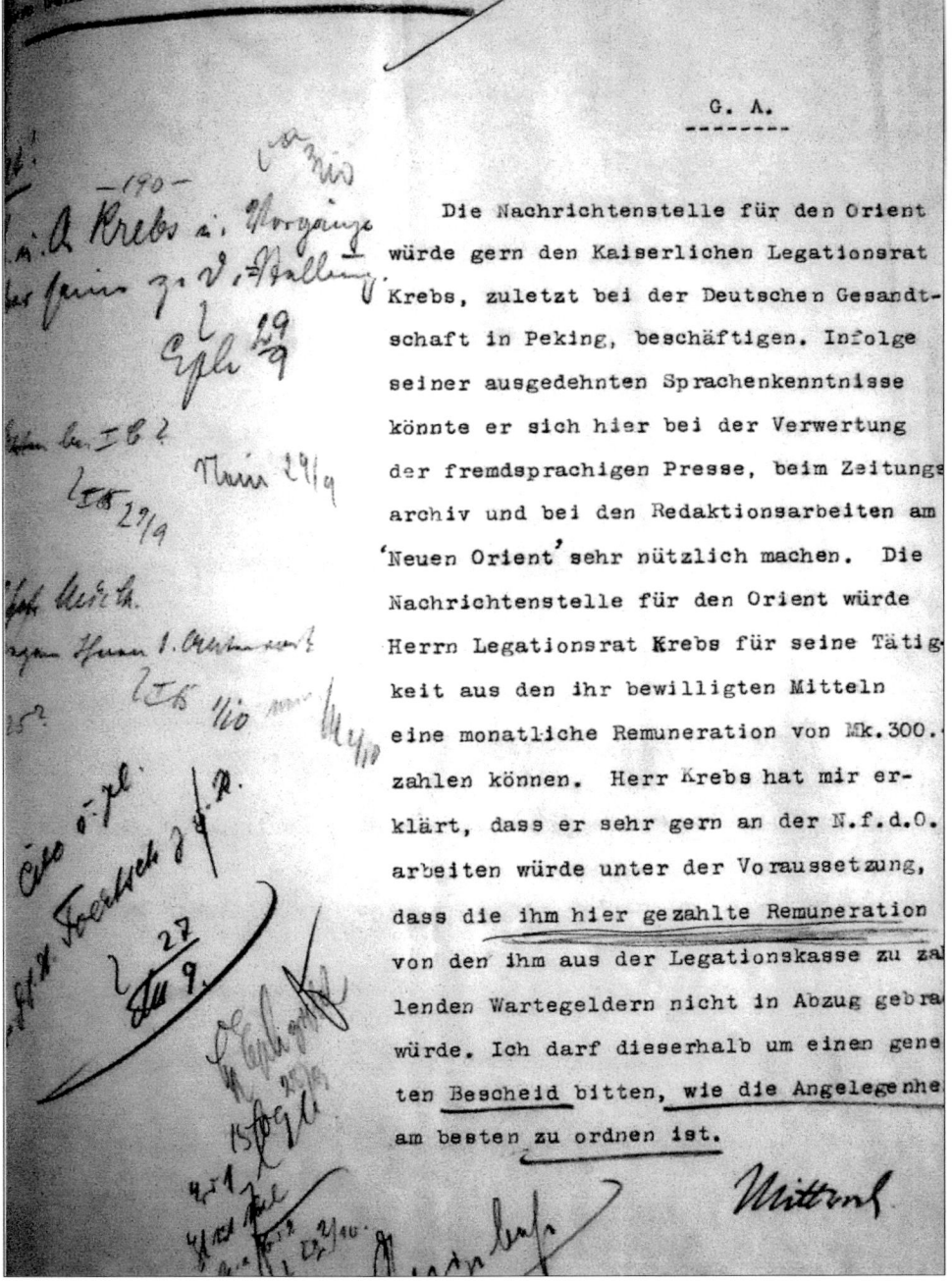

Abb. 48 Anfrage der Nachrichtenstelle für den Orient an das Auswärtige Amt Berlin. Eine Mitarbeit seitens Emil Krebs sei wünschenswert. Personalakte Emil Krebs, Politisches Archiv Ausw. Amt.

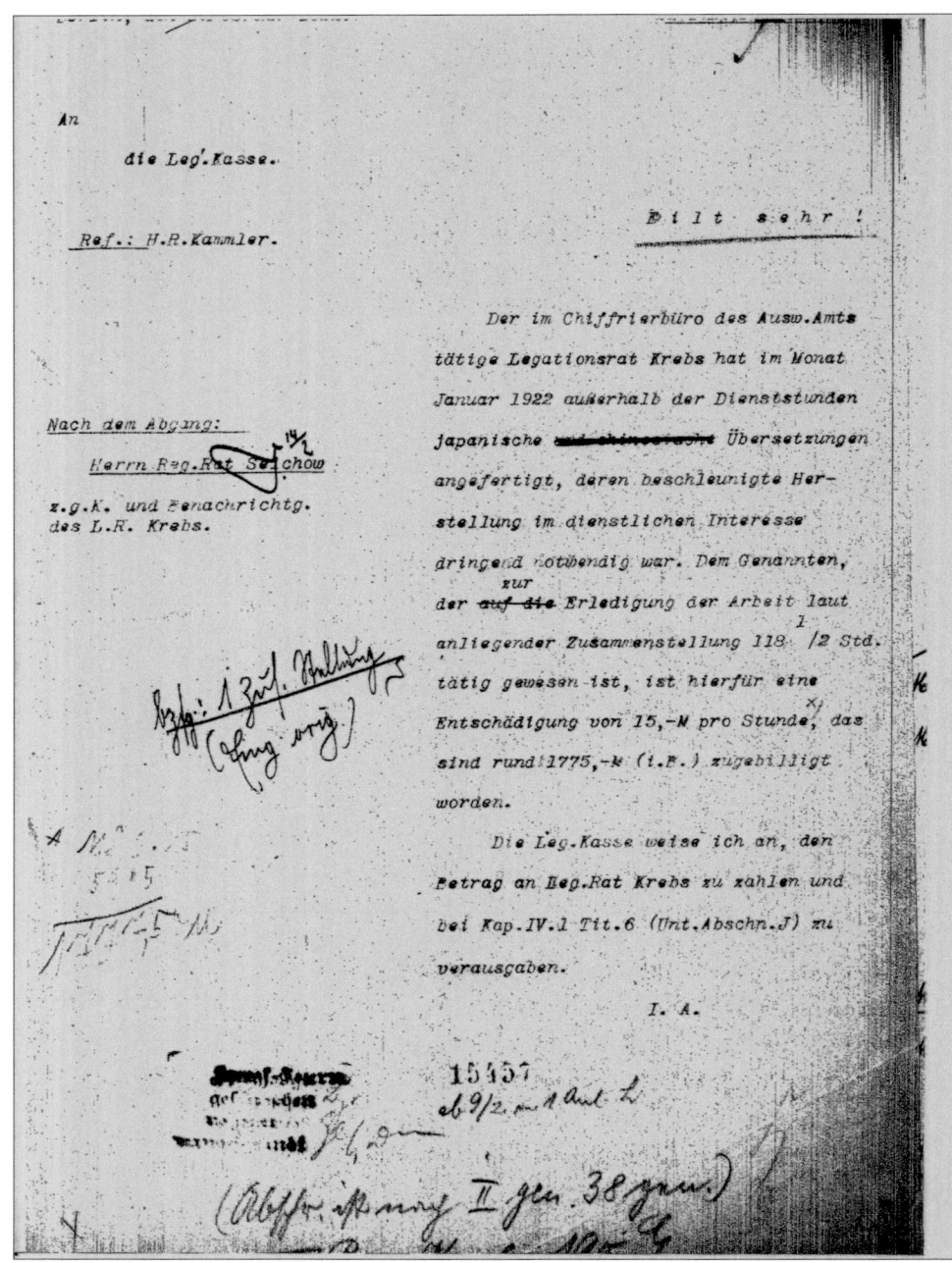

Abb. 49 Abrechnung für eine Übersetzung japanischer Schriftstücke durch Emil Krebs. Personalakte Emil Krebs, Politisches Archiv Ausw. Amt.

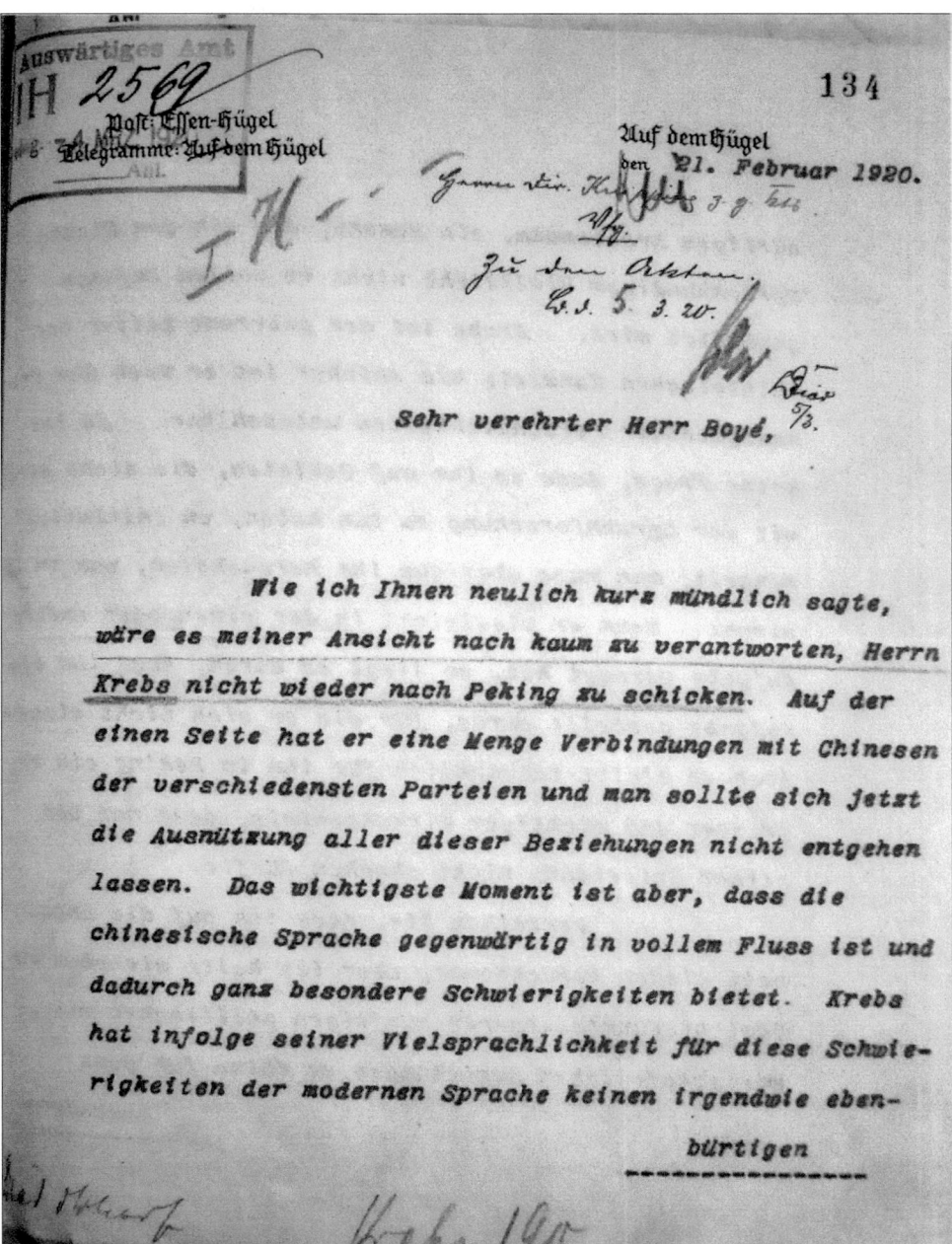

Abb. 50 Anfrage des Essener Industriellen Gustav Krupp von Bohlen und Halbach an das Auswärtige Amt in Berlin wegen eines Einsatzes von Emil Krebs in China (Seite 1). Personalakte Emil Krebs, Politisches Archiv Ausw. Amt

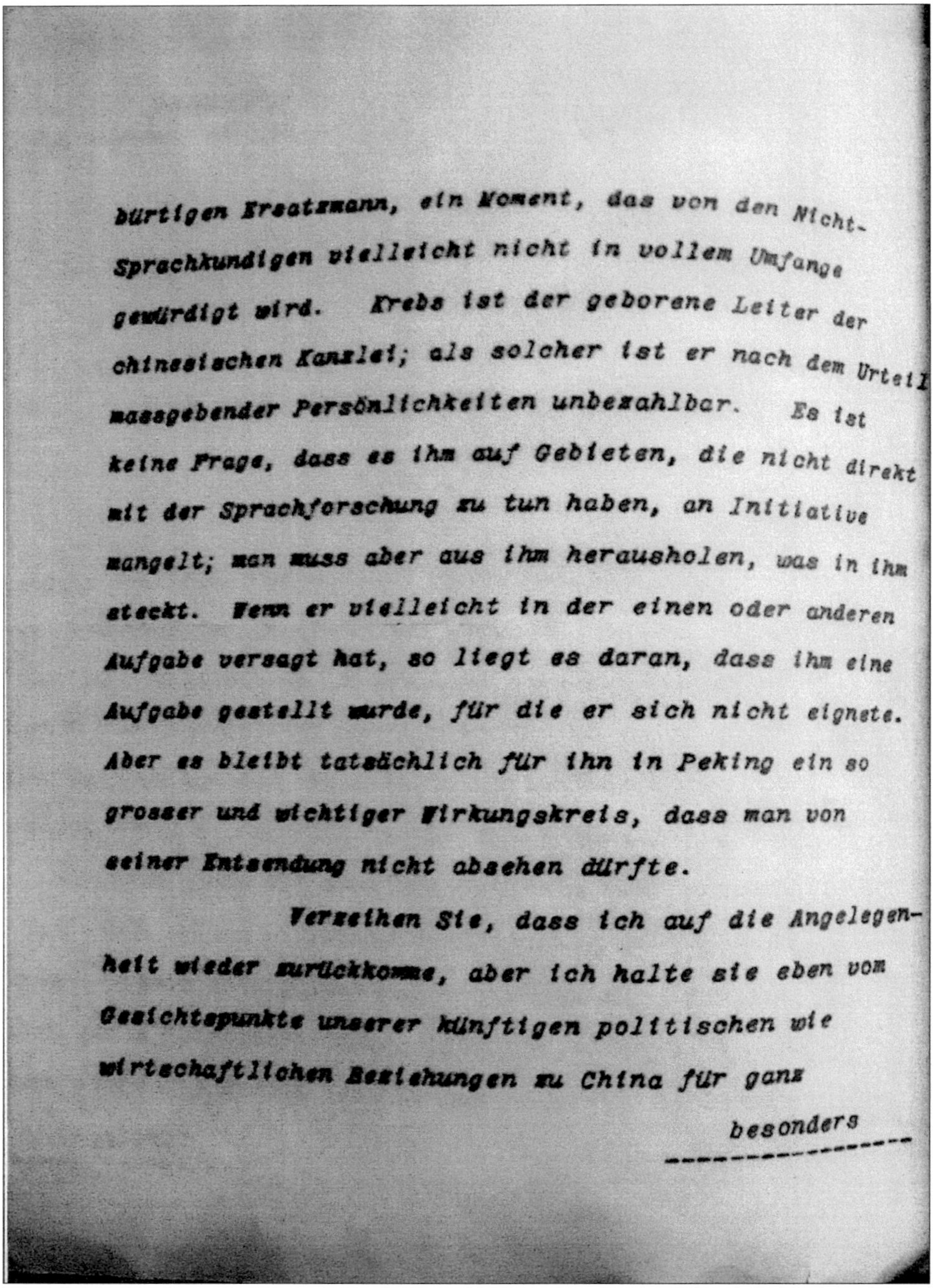

bürtigen Ersatzmann, ein Moment, das von den Nicht-
Sprachkundigen vielleicht nicht in vollem Umfange
gewürdigt wird.   Krebs ist der geborene Leiter der
chinesischen Kanzlei; als solcher ist er nach dem Urteil
massgebender Persönlichkeiten unbezahlbar.   Es ist
keine Frage, dass es ihm auf Gebieten, die nicht direkt
mit der Sprachforschung zu tun haben, an Initiative
mangelt; man muss aber aus ihm herausholen, was in ihm
steckt.   Wenn er vielleicht in der einen oder anderen
Aufgabe versagt hat, so liegt es daran, dass ihm eine
Aufgabe gestellt wurde, für die er sich nicht eignete.
Aber es bleibt tatsächlich für ihn in Peking ein so
grosser und wichtiger Wirkungskreis, dass man von
einer Entsendung nicht absehen dürfte.
            Verzeihen Sie, dass ich auf die Angelegen-
heit wieder zurückkomme, aber ich halte sie eben vom
Gesichtspunkte unserer künftigen politischen wie
wirtschaftlichen Beziehungen zu China für ganz
                                    besonders

Abb. 51 Anfrage des Essener Industriellen Gustav Krupp von Bohlen und Halbach an das Auswärtige Amt in Berlin wegen eines Einsatzes von Emil Krebs in China (Seite 2). Personalakte Emil Krebs, Politisches Archiv Ausw. Amt

Nachrufe

Der Tod von Emil Krebs löste in der Fachwelt großes Bedauern aus. Die inländische Presse (z. B. *Vossische Zeitung, Berliner Zeitung, Deutsche Allgemeine Zeitung, Berliner Illustrierte Zeitung, Tägliche Rundschau* und verschiedene schlesische Zeitungen) berichtete über das ‚Sprachwunder' und kritisierte nicht selten die Ministerialbürokratie. Aber auch ausländische Zeitungen und Zeitschriften meldeten Krebs' Tod, z. B. die Londoner *Times*, die *Gazette de Lausanne*, die *Ostasiatische Rundschau* oder *The Peking Leader*. Später meldete sich beim Auswärtigen Amt aus Hermannstadt in Rumänien ein Dr. med. Révész, ebenfalls ein Polyglotter. Er bat um Informationen über Emil Krebs, weil er über ihn schreiben wolle.[61]

Aus zwei Nachrufen der Berliner Presse wird nachfolgend zitiert. Die zum Teil umfangreichen Schilderungen vom Leben und Wirken des Verstorbenen wurden gekürzt. Heinrich Gutmann schrieb in der *Berliner Illustrierten Zeitung*:

> Bisher galt als das größte Sprachengenie aller Zeiten der Kardinal Guiseppe Mezzofanti (gest. 15. März 1849 zu Rom). Er soll 58 Sprachen verstanden haben. Ein Wunder, das man sich bis auf den heutigen Tag nicht erklären konnte. Mezzofanti ist aber jetzt durch ein anderes Sprachenphänomen weit übertroffen worden. Der kürzlich in Berlin verstorbene Legationsrat Emil Krebs hat nach beglaubigten Feststellungen über 100 Sprachen und Mundarten verstanden und 60 davon völlig beherrscht. […] 21 Jahre lebt Krebs im Lande der Mitte. Aus dem ‚Dragoman' wird inzwischen ein Legationsrat. Denn Krebs ist kein üblicher Dolmetscher. In zahllosen diplomatischen Verhandlungen ist er der eigentliche Wortführer. Seine ungewöhnliche Kenntnis chinesischen Rechtes, sein tiefes Verständnis für die asiatische Kultur, für die Sitten und Gepflogenheiten des 400-Millionen-Volkes machen ihn zur unentbehrlichen Stütze der Deutschen Gesandtschaft.[62] […] Bis tief in die Nacht hinein brannte tagtäglich ein einsames Licht in der Lindenallee, draußen an der westlichen Peripherie Berlins. „Der Einsiedler Krebs arbeitet", hieß es bei den Nachbarn.

Die *Vossische Zeitung* berichtete:

> Der Legationsrat im Auswärtigen Amt Emil Krebs in Berlin ist im Alter von 63 Jahren gestorben.
> Die Öffentlichkeit weiß nicht viel von diesem Sprachenphänomen. Der Legationsrat Krebs hat nämlich – und zwar nach amtlicher Auskunft – nicht weniger als 45 Sprachen absolut beherrscht. Mindestens 20 weitere Sprachen hat er nur ‚verstanden'. Aber Krebs war nicht nur ein gewöhnlicher Dolmetscher, er befasste sich auch wissenschaftlich mit den Sprachen, die er erlernte, und mit der Kultur der Völker, deren Mundarten er studiert hatte. Einmal wollte man in einem Ministerium etwas über persisches Eherecht wissen. Krebs war sofort bereit, eine große Abhandlung über die zahllosen komplizierten Gesetze, die es da gibt, abzufassen. Da für zahlreiche persische Ausdrücke keine wörtliche Übersetzung ins Deutsche möglich ist, so verfasste er gleich einen ausführlichen

---

61 PA AA, Personalakte Krebs, Bd. 2, S. 194-200.
62 Gutmann, Heinrich: *Ein Kopf und hundert Zungen*. Berliner Illustrierte Zeitung, Nr. 22 (31.5.1930). S. 979-981.

Kommentar, der dann der Staatsbibliothek einverleibt wurde. Bezeichnend für Krebs ist, daß er bei zu leichten Übersetzungen in regelrechte Wut geraten konnte. Traf aber z. B. ein Brief eines indischen Sektierers an den Reichspräsidenten ein, so rieb er sich freudig die Hände und meinte: ‚Das ist endlich wieder mal was Anständiges!' In der letzten Zeit zog sich dieser merkwürdige Mensch, der einmal geäußert haben soll, daß von der 25. Sprache an das Erlernen neuer Sprachen nicht mehr besonders schwierig sei, immer mehr in seine Studierstube draußen in Westend zurück. Er suchte nach neuen Kompliziertheiten.[63]

Untersuchung von Emil Krebs' Gehirn

Das unmittelbar vor der Bestattung noch in der Bestattungskirche des Südwestkirchhofs in Stahnsdorf bei Berlin entnommene Gehirn von Emil Krebs wurde durch den bekannten Hirnspezialisten und Neurologen Prof. Dr. Oskar Vogt untersucht. 2004 untersuchte die Hirnforscherin Prof. Dr. Katrin Amunts[64] Krebs' Gehirn erneut. Ihre Ergebnisse und ihre Ausführungen zur ersten Untersuchung durch Prof. Vogt werden im Folgenden – stark gekürzt – wiedergegeben.

> 1951 berichtet Vogt in einem Vortrag lediglich von einer Untersuchung des Gehirns eines Sprachgenies und macht auf die starke Verbreitung des Schläfenlappens aufmerksam. Das abgebildete Gehirn stammt von Krebs. Vogt bringt die Verbreitung mit der besonderen Sprachbegabung in Verbindung. Gleichzeitig kommt er zu dem Schluss, das die Vergrößerung gewisser Hirnteile auf Kosten der Größe anderer erfolgt und bemerkt: ‚Die Unterentwicklung der übrigen Großhirnrinde hatte bei dem Sprachtalent zu einer Unterleistung in seiner übrigen Lebensgestaltung geführt. Wir schließen aus solchen Befunden, dass eine merkliche Vergrößerung aller Hirngebiete nicht vorkommen kann. Dementsprechend gibt es kein Universalgenie.'

Hierzu meint Prof. Amunts:

> Diese Schlussfolgerung überrascht, wenn man die Biographie von Krebs und das […] Interview [mit Mande Krebs, nachfolgend] hinzuzieht. Zwar bildeten seine sprachlichen

---

63 H.G.-n, *Das Sprachwunder*, Erste Beilage zur Vossischen Zeitung, Nr. 158 (3.4.1930).
64 Geboren in Potsdam. Nach dem Studium der Humanmedizin und Biophysik in Moskau wissenschaftliche Mitarbeiterin am Forschungszentrum Dummersdorf. 1989 Promotion an der Lumumba Universität Moskau. 1992 Approbation als Ärztin. 1992 Wissenschaftliche Mitarbeiterin am C. & O. Vogt Institut für Hirnforschung der Heinrich-Heine-Universität Düsseldorf. 1999 eigene Arbeitsgruppe *Brain Mapping* am Institut für Medizin des Forschungszentrums Jülich. Ab 2004 Universitätsprofessorin an der Medizinischen Fakultät der Rheinisch-Westfälischen Hochschule Aachen und seit 2008 Direktorin am Institut für Neurowissenschaften und Medizin des Forschungszentrums Jülich. Ihr Spezialgebiet ist die Entwicklung eines dreidimensionalen Modells des menschlichen Gehirns auf der Grundlage von Mikrostruktur, molekularer Organisation und Hirnfunktion. Ihr besonderes Interesse gilt der Sprache. Hahn, Peter (Hg.) (2011): Emil Krebs, Kurier des Geistes, S. 250.

Fähigkeiten sicher das herausragende Merkmal, jedoch lassen sich die mehrfach genannten mathematischen Fähigkeiten, das Interesse nicht nur an der chinesischen Sprache, sondern auch am Land und seiner Geschichte und die vielfältigen beruflichen Tätigkeiten, die über die eines reinen Übersetzers hinausgingen, wohl kaum die Feststellung einer ‚Unterleistung in seiner übrigen Lebensgestaltung' in dieser pauschalen Form zu.

Prof. Amunts kommt 2004 zu folgendem Untersuchungsergebnis:

> Eigene Untersuchungen der Zytoarchitektonik (Architektur der Nervenzellen) des Krebs'schen Gehirns haben gezeigt, dass sich die Mikrostruktur zweier Areale der Broca'schen Region in der Tat statistisch nachweisbar von der einer Stichprobe von Kontrollgehirnen unterscheidet. Misst man die Verteilung der Zellkörper von der Oberfläche der Hirnrinde hin zur weißen Substanz als Merkmal der Zytoarchitektonik und vergleicht diese Verteilungen dann mit der in Kontrollhirnen von Personen ohne herausragende sprachliche Fähigkeiten, zeigt sich, dass sich die Zytoarchitektonik dreier der vier untersuchten Areale der Broca-Region (Areale 44 und 45 jeweils linke und rechte Hirnhälfte) von Krebs signifikant von der in Kontrollgehirnen unterscheidet. Diese Unterschiede beziehen sich auf die Anordnung der Nervenzellen, nicht jedoch auf die Zellpackungsdichte, die bei allen Gehirnen sehr ähnlich ist. Aufgrund der spezifischen zytoarchitektonischen Merkmale lassen sich die untersuchten Areale im Gehirn von Krebs eindeutig identifizieren (eine eher späte Genugtuung für Vogt, der sich vehement für mikroskopische Untersuchungen als funktionell relevantes Verfahren für die Beurteilung der Anatomie einsetzte).
>
> Darüber hinaus zeigt das Areal 44 der Broca-Region im Gehirn von Krebs beim Vergleich zwischen rechter und linker Seite eine größere Symmetrie des zytoarchitektonischen Aufbaus, also geringere Links-Rechts-Unterschiede, als jedes Kontrollgehirn, wo hingegen das Areal 45 der Broca-Region immer asymmetrischer ist. Berücksichtigt man, dass bei ca. 95 % der Bevölkerung die linke Hirnhälfte die sprachdominante Hemisphäre ist und die Ergebnisse von Amunts et al. (2004) zur veränderten (A-)Symmetrie im Krebs'schen Gehirn aus einem sprachrelevanten Hirnrindengebiet kommen, dann sind die Befunde dieser Untersuchung ein starker Hinweis darauf, dass die Broca-Region von Krebs in der Tat eine besondere strukturelle Organisation aufweist.
>
> Neue bildgebende Verfahren haben zudem gezeigt, dass phonologische Leistungen und Syntaxverarbeitung, aber auch Prosodie Funktionen sind, die in der Broca-Region und dem rechtshemisphärischen Homolog prozessiert werden. Das ist besonders interessant, da man durch die peniblen Recherchen von Vogt, Zwirner und Mitarbeitern sowie Zeitungsartikeln und anderen Publikationen weiß, dass Krebs sicher ein ganz außerordentliches Empfinden für Prosodie und Phonologie hatte; anders hätte er das Chinesische mit seiner differenzierten und reichen Sprachmelodie nicht so beeindruckend beherrschen können. Er konnte sich aber auch Grammatiken vieler Sprachen schnell und effektiv aneignen. Die vorgelegten Daten erscheinen daher plausibel und basieren auf objektivierbaren quantitativen Daten und statistischen validierten Vergleichen mit einer Kontrollstichprobe. Diese Untersuchung wurde nur möglich, weil vor mehr als 80 Jahren ein ganz besonderes Gehirn auf professionelle Art und Weise für wissenschaftliche Fragestellungen erhalten und aufbereitet wurde. Es ist auch nach heutigen Maßstäben alles andere als selbstverständlich, dass historische Schnitte, die mehr als 70 Jahre lang un-

gefärbt als Teil einer großen Hirnsammlung aufbewahrt wurden, ohne Schwierigkeiten gefärbt und mit modernen Methoden quantitativ ausgewertet werden können.[65]

Interview mit Frau Amande Krebs

Eine schriftlich festgehaltene Befragung von Krebs' Witwe im Jahr 1930 durch Dr. Zwirner (Hirnforschungszentrum in Berlin-Buch) enthält interessante Aussagen zur Person Emil Krebs.[66] Im Folgenden werden, um einige Passagen gekürzt, die Fragen und Antworten abgedruckt, die sich um Krebs' (sprachliche) Fähigkeiten, Lerngewohnheiten und um sein soziales Verhalten drehen.

Dr. Zwirner: Entspricht der Inhalt des Artikels „Ein Kopf und hundert Zungen" aus der Berliner Illustrierten Nr. 22 vom 31. Mai 1930 den Tatsachen?

M. Krebs: Ja.

Dr. Zwirner: Ist da nichts übertrieben?

M. Krebs: Nichts Wesentliches. Von Demotisch weiss ich nichts. Manches konnte mein Mann besser als anderes.

Dr. Zwirner: Wieviel Sprachen sprach Ihr Herr Gemahl?

M. Krebs: 68 Sprachen.

Dr. Zwirner: Wieviele Sprachen las er, ohne sie zu sprechen?

M. Krebs: Er hat sich mit über 100 Sprachen beschäftigt. Wenn er Sprachen lernte, wollte er sie lesen, schreiben und sprechen. Er repetierte sie, um sie gegenwärtig zu haben.

Dr. Zwirner: Hatte er ein gutes Gedächtnis?

M. Krebs: Ein außerordentlich gutes.

Dr. Zwirner: Für Geschehnisse?

M. Krebs: Ja. Mein Mann konnte ausschalten, was er nicht wissen und behalten wollte. Diszipliniertes Gehirn.

Dr. Zwirner: Wie war sein Gedächtnis – visuell, auditiv?

M. Krebs: Beides (aber liebte Musik, nicht „gräßliches Geräusch". Klavier durfte nicht gespielt werden.)

Dr. Zwirner: Sind Ihre Kinder sprachbegabt?

M. Krebs: Mein Mann hatte keine Kinder.

---

[65] Amunts, Katrin (2011): Das Gehirn eines Sprachgenies. In: Hahn, Peter (Hg.): Emil Krebs, Kurier des Geistes. Badenweiler, S. 180-203.

[66] Cécile und Oskar Vogt-Archiv des Cécile und Oskar Vogt-Instituts für Hirnforschung GmbH, Düsseldorf, Band KG, El 9. In den hier abgedruckten Passagen wurden die Satzzeichen stillschweigend ergänzt.

Dr. Zwirner:	Haben gn. Frau durch seine spezifische Methode irgendeine Fremdsprache leichter erlernt?
M. Krebs:	Nein. Ich versuchte Chinesisch zu lernen, gab es aber nach 2 Stunden wieder auf. Abstand zu groß.
Dr. Zwirner:	Zeigte er Interesse auch für anderes als Sprachen?
M. Krebs:	Ja.
Dr. Zwirner:	Für Mathematik?
M. Krebs:	Sehr begabt. War bereits in Prima von Unterricht dispensiert. Kaufte auch noch in neuerer Zeit Mathematikbücher.
Dr. Zwirner:	Für Geschichte?
M. Krebs:	Ja.
Dr. Zwirner:	Für Naturwissenschaften?
M. Krebs:	Ja.
Dr. Zwirner:	Für Philosophie?
M. Krebs:	Ja.
Dr. Zwirner:	Für Jura?
M. Krebs:	Ja. Examen gemacht, schon als Referendar am Kammergericht sehr geschätzt.
Dr. Zwirner:	Für Ethnologie und Ethnographie?
M. Krebs:	Ja.
Dr. Zwirner:	Für Literatur?
M. Krebs:	Ja.
Dr. Zwirner:	Für Sonstiges?
M. Krebs:	China ganz besonders. Keine Interessen für Technisches und Sport.
Dr. Zwirner:	Welche Bücher und Abhandlungen hat er geschrieben?
M. Krebs:	„Chinesische Schattenspiele" in gutes Chinesisch gebracht und übersetzt (von Grube angefangen). In Yentschoufu und München herausgekommen. „Über das Chinesischlernen." Chinaarchiv, Februar 1918. „Chinas innere und äußere Politik". Neuer Orient, März 1923. „Die politische Karrikatur in China" Friedrich Hirth-Festschrift der Ostasiatischen Zeitschrift. Kleinere Artikel und Übersetzungen, z. B. „Mugden" aus dem Italienischen ins Deutsche. Zum Schreiben hatte er wenig Zeit, weil er am Auswärtigen Amt sehr viel zu tun hatte und privatim immer Sprachen repetierte und neu lernte. Vielleicht interessierte es ihn auch nicht genug selbst zu schreiben.
Dr. Zwirner:	Las er viel?
M. Krebs:	Immer und alles.
Dr. Zwirner:	Romane, Gedichte, Reisen, Abenteuer, Sonstiges?
M. Krebs:	In fremden Sprachen zum Ausruhen und abends im Bett.
Dr. Zwirner:	Wer waren seine Lieblingsschriftsteller?

M. Krebs:	Ich weiß nur Wilhelm Busch.
Dr. Zwirner:	Wie lernte er Sprachen? Aus Grammatik, also methodisch?
M. Krebs:	Ja. Grammatik, Sprachführer, Fibeln der Schulkinder des Landes.
Dr. Zwirner:	Oder fing er gleich mit Lektüre, mit Lexikon an?
M. Krebs:	Wenn er nichts anderes hatte, dann aber ließ er sich die Grammatiken kommen und zur Übung Romane, Chrestomatien, schrieb Vokabeln auf, lief um den Tisch und lernte sie auswendig.
Dr. Zwirner:	Übte er eine erlernte oder halb erlernte Sprache mit Individuen, die die Sprache kannten?
M. Krebs:	Er war glücklich, wenn er diese zum Sprechen fand, aber erst nachdem er die Sprache erlernt hatte.
Dr. Zwirner:	Wie verhielt er sich zur Gesellschaft?
M. Krebs:	Lebhaft, wenn die Personen ihn interessierten.
Dr. Zwirner:	Zog er sich immer zurück?
M. Krebs:	Seit der Rückkehr aus China sehr. Früher zeitweilig.
Dr. Zwirner:	Wovon sprach er am liebsten?
M. Krebs:	Er sprach wenig am Tage, spätabends ging er manchmal aus sich heraus und fesselte dann den Betreffenden die halbe oder ganze Nacht durch bei Wein oder Bier. Seine Erlebnisse in China und mit den Chinesen, Politik, Kulturzusammenhänge, alles was man anregte, Sprachvergleichung.
Dr. Zwirner:	War er körperlich immer gesund oder litt er an einer chronischen Krankheit?
M. Krebs:	Körper und Gesundheit betrachtete er als Nebensache, schonte sich gar nicht, erkältete sich oft, und hustete dann heftig. Seit Jahren hatte er hohen Blutdruck. 1917 nach Deutschland zurückgekehrt, hatten wir nichts zu essen, vor allem kein Fleisch, sodass das Gewicht meines Mannes mit Kleidern auf 110 Pfund (55 kg) herunterging. Er hat seitdem die Magerheit behalten.
Dr. Zwirner:	Sonstige Bemerkungen?
M. Krebs:	Der Begriff: Sprachenbeherrschen ist natürlich verschieden aufzufassen. Viele Sprachen beherrschte mein Mann wie die Einwohner des Landes, z.B. italienisch, russisch, chinesisch, japanisch usw. Viele sprach er korrekt, langsamer. Mir wurde oft Erstaunen ausgedrückt, wie gut und fehlerlos, auch im Klang, mein Mann sprach. Viele Sprachen hat er natürlich nie sprechen hören.

Übersicht: Stationen in Emil Krebs' Leben

15.11.1867	geboren in Freiburg (Swiebodzice) Schlesien
1873-1880	Elementarschule Esdorf (Opoczka), Höhere Realschule Freiburg/Schlesien
1880-1887	Ev. Gymnasium Schweidnitz (Swidnica)
17.3.1887	Abitur (Krebs sind 12 Sprachen geläufig)
SS 1887	Universität Breslau (Wroclaw), Theologie u. Philosophie
WS 1887	Universität Berlin, Rechtswissenschaft, gleichzeitig Studium am neu gegründeten Seminar für Orientalische Sprachen, Belegung Chinesisch und Türkisch
24.7.1890	Dolmetscherprüfung Seminar für Orientalische Sprachen (SOS), Abschluss „gut"
12.6.1891	Erste juristische Staatsprüfung, Abschluss „gut"
1891-1893	Gerichtsreferendar in Gottesberg/Schlesien und Berlin
16.8.1891	Gesuch an das Auswärtige Amt Berlin mit der Bitte um Verwendung als Dolmetscher (Ziel China)
30.9.1893	Entsendung nach Peking als Dolmetscheraspirant
10.5.1896	Beförderung zum Zweiten Dolmetscher der deutschen Kaiserlichen Gesandtschaft in Peking
Nov. 1897 – Febr. 1898	dem Geschwader zur Besetzung von Kiautschou zugeordnet
6.3.1898	Schutzgebiet Kiautschou. Vorstand der chinesischen Kanzlei und Bezirksamtmann
1.8.1900	Rückkehr zur deutschen Gesandtschaft in Peking
16.7.1901	Erster Dolmetscher (‚Secrétaire interpréte')
5.2.1913	Hochzeit mit Amanda Heyne, geb. Glasewald, in Shanghai
März 1917	Abbruch der diplomatischen Beziehungen zwischen China und Deutschland
25.3.1917	Abreise nach Deutschland
1917	Dienstleistung bei der Nachrichtenstelle für den Orient
1918	Chiffrierbüro, japanische Abteilung
Ab 1923	Sprachendienst des Auswärtigen Amts
31.3.1930	Emil Krebs stirbt an einem Hirnschlag
4.4.1930	Beisetzung auf dem Südwestkirchhof in Stahnsdorf bei Berlin (vorher Entnahme des Gehirns durch Prof. Oskar Vogt, Berlin)

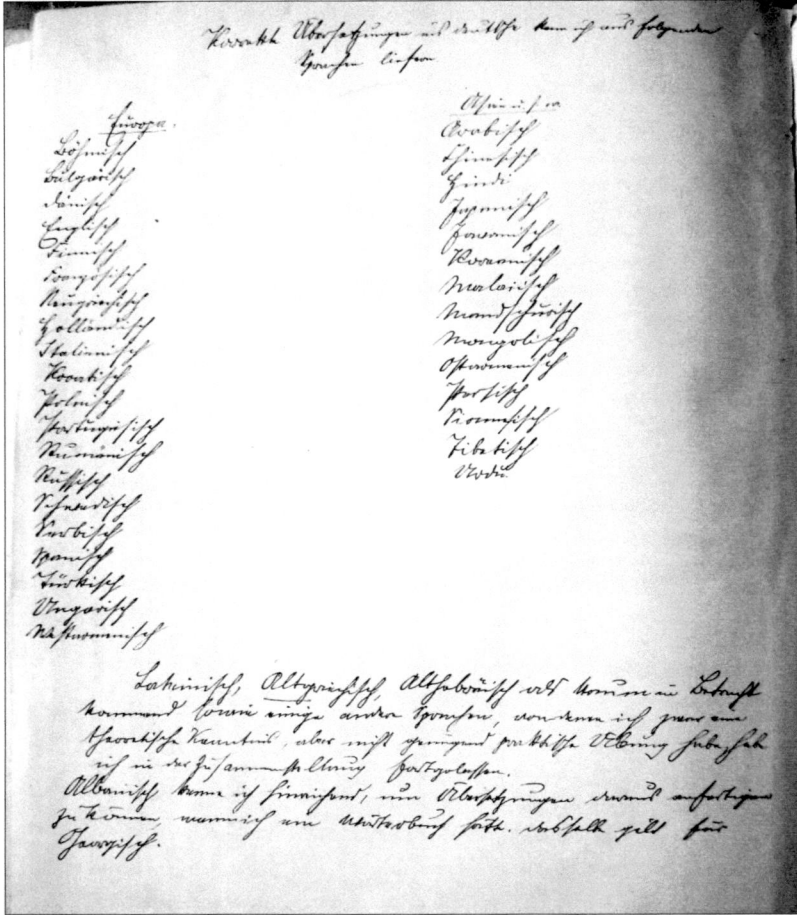

Abb. 52 Krebs' handschriftliche Sprachliste vom 23. August 1922 wird hier in transkribierter Form wiedergegeben.

„*Korrekte Übersetzungen ins Deutsche kann ich aus folgenden Sprachen liefern:*

Europa: Böhmisch, Bulgarisch, Dänisch, Englisch, Finnisch, Französisch Neugriechisch, Holländisch, Italienisch, Kroatisch, Polnisch, Portugiesisch, Rumänisch, Russisch, Schwedisch, Serbisch, Spanisch, Türkisch, Ungarisch, Westarmenisch.

Asien usw. Arabisch, Chinesisch, Hindi, Japanisch, Javanisch, Koreanisch, Malaiisch, Mandschurisch, Mongolisch, Ostarmenisch, Persisch, Siamesisch, Tibetisch, Urdu.

Lateinisch, Altgriechisch, Althebräisch als kaum in Betracht kommend, sowie einige andere Sprachen, von denen ich zwar eine theoretische Kenntnis, aber nicht genügend praktische Übung habe, habe ich in der Zusammenstellung fortgelassen. Albanisch kann ich hinreichend, um Übersetzungen daraus anfertigen zu können, wenn ich ein Wörterbuch hätte. Dasselbe gilt für Georgisch."

Auswärtiges Amt. Berlin, den 13.Juni 1923.
Sprachendienst
Spr. 5080

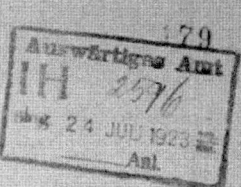

Es hat sich im Sprachendienste als absolut unerlässlich erwiesen, daß alle durch die zur Verfügung stehenden Übersetzer angefertigten Texte jeweils von einer mit der amtlichen Terminologie und möglichst - ev. durch Rücksprache mit den Referenten - mit der speziellen Materie vertrauten Kraft überprüft werden.

Für die Übersetzungen _in_ die fremden Sprachen - Französisch, Englisch, Italienisch, Spanisch - ist diesbezüglich bereits eine Regelung getroffen. Was die Übersetzungen _aus_ den fremden Sprachen anbelangt, hat dies bisher- in Anbetracht der Unmöglichkeit eine entsprechende Zahl von Überprüfern einzustellen - in der Weise geschehen müssen, daß die ausseramtlichen Kräfte für die einzelnen Sprachen in den Sprachendienst gebeten und mit dem Einschlägigen vertraut gemacht wurden. Dadurch entstanden häufig - auch infolge der ausserordentlichen Knappheit von Boten - die grössten Schwierigkeiten, Übersetzungen innerhalb der gestellten Frist in endgültiger Form zu liefern.

Nun arbeitet im Auswärtigen Amt eine Kraft, die in der hervorragendsten Weise dazu geeignet wäre, die Übersetzungen aus einer ganzen Reihe von Sprachen sachlich und sprachlich zu

das _Referat I.F._   _überprüfen._

Abb. 53 Der Sprachendienst des Auswärtigen Amts bittet um Einsatz des L.R. Emil Krebs im dortigen Dienst. (Seite 1). Personalakte Emil Krebs, Politisches Archiv Ausw. Amt.

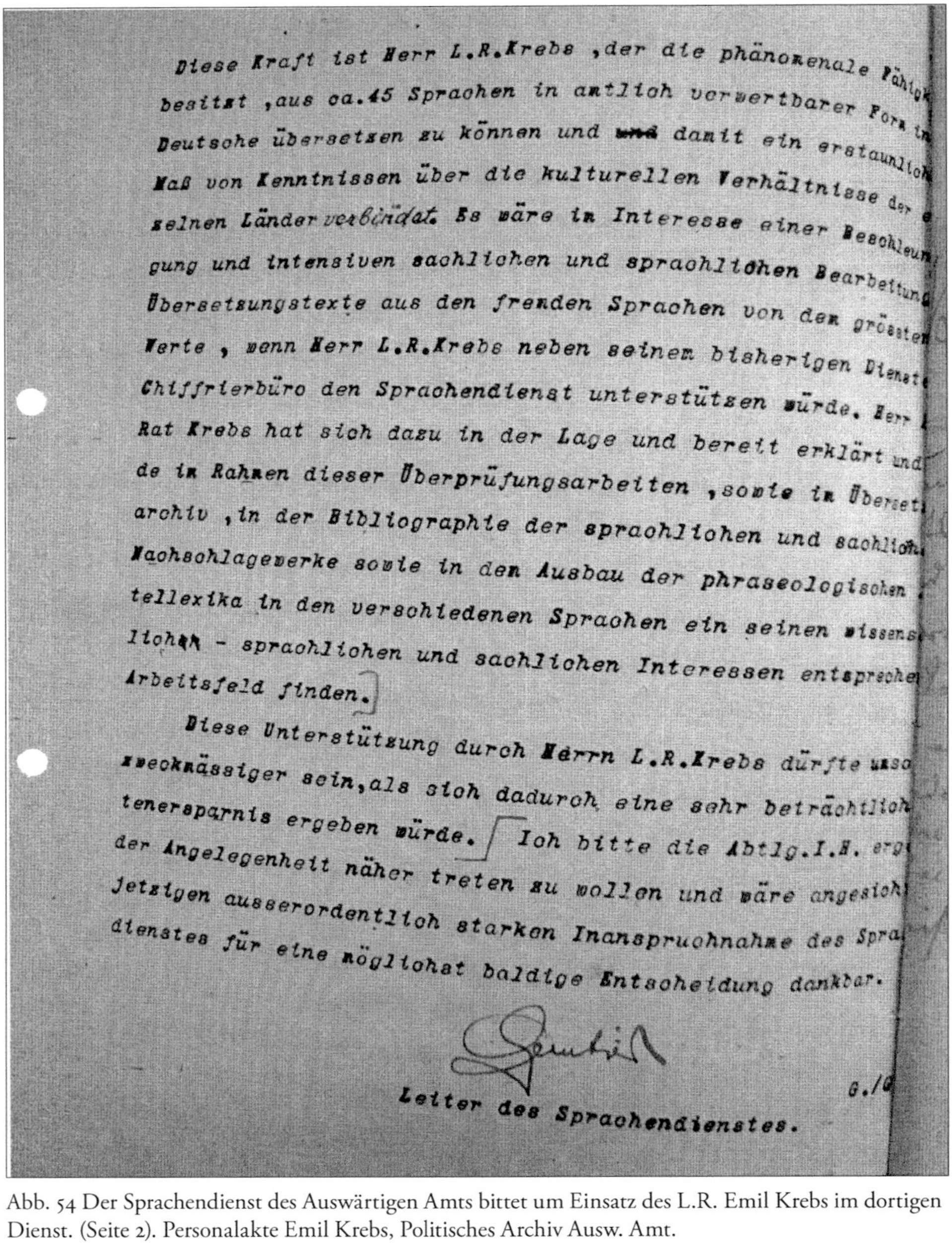

Diese Kraft ist Herr L.R.Krebs, der die phänomenale Fähigkeit besitzt, aus ca. 45 Sprachen in amtlich verwertbarer Form in Deutsche übersetzen zu können und ~~und~~ damit ein erstaunliches Maß von Kenntnissen über die kulturellen Verhältnisse der einzelnen Länder verbindet. Es wäre im Interesse einer Beschleunigung und intensiven sachlichen und sprachlichen Bearbeitung Übersetzungstexte aus den fremden Sprachen von den grössten Werte, wenn Herr L.R.Krebs neben seinem bisherigen Dienst im Chiffrierbüro den Sprachendienst unterstützen würde. Herr Rat Krebs hat sich dazu in der Lage und bereit erklärt und de im Rahmen dieser Überprüfungsarbeiten, sowie im Übersetzungsarchiv, in der Bibliographie der sprachlichen und sachlichen Nachschlagewerke sowie in den Ausbau der phraseologischen Fachlexika in den verschiedenen Sprachen ein seinen wissenschaftlichen – sprachlichen und sachlichen Interessen entsprechendes Arbeitsfeld finden.

Diese Unterstützung durch Herrn L.R.Krebs dürfte umso zweckmässiger sein, als sich dadurch eine sehr beträchtliche Kostenersparnis ergeben würde. Ich bitte die Abtlg.I.N. ergebenst der Angelegenheit näher treten zu wollen und wäre angesichts jetzigen ausserordentlich starken Inanspruchnahme des Sprachdienstes für eine möglichst baldige Entscheidung dankbar.

[Unterschrift]

Leiter des Sprachendienstes.

Abb. 54 Der Sprachendienst des Auswärtigen Amts bittet um Einsatz des L.R. Emil Krebs im dortigen Dienst. (Seite 2). Personalakte Emil Krebs, Politisches Archiv Ausw. Amt.

4. Emil Krebs' Sprachen und seine Privatbibliothek

Emil Krebs' Bibliothek

Emil Krebs besaß am Ende seines Lebens eine umfangreiche, einzigartige und kostbare Bibliothek; sie spiegelt Krebs' vielseitige Interessen.

Abb. 55 Emil Krebs' Bibliothek in Berlin (Teilansichten)

Toni Deneke berichtet:

> So habe ich meinen Schwager in Erinnerung: in seinem Zimmer in der Lindenallee (Berlin), Bücher, Bücher bis an die Decke. Das Universum, in Sprachen geballt, auf engem Raum. Da leuchteten die Reihen gelbseidener Bände auf, Geschenke der Kaiserin von China; dazwischen viele in blauer Seide. Seltsame Zeichen auf Pergamenten, auf

> Holz, auf Palmblättern. Als Möbel ein Stehpult, eine Trittleiter, kein Stuhl. Allzu ausgiebige Besucher wurden durch langes Stehen zum baldigen Rückzug gezwungen. Und dazwischen er, in dunkelrotem Kimono, ein Buch vor den Augen, unablässig wandelnd, unablässig murmelnd. Immer freundlich, wenn man ihn störte, aber zerstreut. ‚Mein Krebschen lernt gerade burjätisch.' Damit wehrte meine Schwester Eindringlinge ab. Er war ein ungeduldiger Mann.[1]

Seit Beginn seiner Schulzeit 1880 auf dem evangelischen Gymnasium in Schweidnitz (heute Świdnica) hatte er seine Schriftensammlung stetig erweitert. Stieß er auf eine ihm unbekannte Sprache, machte er sich umgehend daran, sie zu lernen und schaffte sich zu diesem Zweck entsprechende Bücher an. Werner Otto von Hentig beschreibt Krebs' ersten Kontakt mit der armenischen Sprache, woraufhin Krebs sofort mit dem Studium dieser Sprache begann (von Hentig, *Mein Leben – eine Dienstreise*, 1963; vgl. Kap. ‚Zeitzeugen'). Dieses Beispiel steht sicherlich exemplarisch für Krebs' Aktivitäten.

Auch während seiner späteren Tätigkeit bei der Nachrichtenstelle für den Orient oder danach im Sprachendienst des Auswärtigen Amts forderten immer wieder neue Sprachen sein sprachliches Genie. Helmuth von Glasenapp sei hier nochmals zitiert: „Wenn im Auswärtigen Amt ein Schreiben in einer Sprache, die er noch nicht kannte, eintraf, erbot er sich, sie innerhalb von wenigen Wochen zu erlernen." (Glasenapp, *Meine Lebensreise*, 1964, S. 73).

Zeitzeugen äußerten in Nachrufen und in eigenen Biographien ihre Verwunderung, aber auch ihr Bedauern darüber, dass Krebs keine sprachwissenschaftlichen Werke verfasst habe. Man war der Auffassung, dass er doch wegen seiner Sprachkenntnisse dies hätte tun müssen. Helmuth von Glasenapp, Mitarbeiter in leitender Funktion in der damals neu gebildeten Nachrichtenstelle für den Orient und Kollege von Emil Krebs, schreibt in seiner Autobiographie über Krebs, er sei ein sehr merkwürdiger Mensch gewesen, der sprachlich nur an Wörterbüchern und der jeweiligen Grammatik interessiert gewesen sei:

> Dieser moderne Mithridates oder Mezzofanti [gemeint ist Krebs] interessierte sich bei den Sprachen, die er nicht beruflich benötigte, lediglich für das Grammatische, aber nicht für die Literatur.

In diese Richtung gehen auch Bemerkungen des späteren Botschafters Werner Otto von Hentig, der als junger Attaché Krebs aus gemeinsamer Zeit in Peking kannte. Ganz offensichtlich kannte keiner der beiden die Bandbreite der nach Ländern bzw. Sprachen geordneten Schriften der Krebs'schen Bibliothek, die auf seine vielseitigen Interessen hinweist – sonst wären sie sicher zu einer anderen Wertung gekommen.

Die literarische Vielfalt der umfangreichen Krebs'schen Bibliothek, die seinen vielschichtigen Interessen über die Sprachen hinaus entspricht, lässt sich nur durch eine

---

[1] Deneke, Toni (1967): Das Sprachwunder. In memoriam Emil Krebs, 15.11.1867-31.3.1930. Unveröffentlichtes Manuskript, S. 8f.

genaue Analyse der hinterlassenen Inventaraufzeichnung ermessen und würdigen. Eine solche Analyse wurde vom Verfasser bisher in Ansätzen vorgenommen; eine umfassende (sprach-)wissenschaftliche Untersuchung der Inventaraufzeichnungen steht aber noch aus.[2]

Was passierte mit seiner Bibliothek?

Nach mündlichen Überlieferungen von Krebs' Enkelin Brigitte Mayr (geb. Jasper) wurden vor der Abreise aus Peking 1917 zur Sicherung der Bibliothek Kisten aus Wandverkleidungen der Krebs'schen Wohnung in Peking gezimmert und chinesischen Dienern dort zur Aufbewahrung übergeben. Die Rückführung nach Deutschland erfolgte dann im November 1920. Mit dem Dampfer *Nakai-Maru* wurden 56 Kolli mit ca. 65 Kubikmeter Rauminhalt vorab nach Naumburg, Reussenplatz 11 überstellt. Dort wurden diese Unterlagen vorübergehend in einem Tanzsaal eingemauert aufbewahrt. Dies war selbstverständlich kein idealer Aufbewahrungsort für solch kostbare, zum Teil in Seide gefasste Bücher und Schriften – darunter Palastausgaben, die Geschenke des chinesischen Kaiserhauses waren. Von dort gelangten später die Schriften nach Berlin in die Lindenallee 26, II. Etage.

Verkaufsangebot an Bibliotheken; Library of Congress, Washington D.C. (Nationalbibliothek der USA)

Nach Krebs' Tod nahmen seine Frau Mande und seine Schwägerin Toni Deneke eine Bestandsaufnahme aller Schriften seiner Bibliothek vor. Es ist zu vermuten, dass Krebs die Schriften und Bücher mit persönlichen Hinweisen versehen hatte, sonst wäre die Bestandsaufnahme in dieser Form wohl nicht möglich gewesen.

Diese Inventur hatte offenbar einen rein wirtschaftlichen Hintergrund. Amande Krebs konnte als Witwe die finanzielle Belastung einer solchen Bibliothek nicht tragen. Außerdem bestand bei einer unsachgemäßen Lagerung die Gefahr einer Schädigung oder sogar eines vollkommenen Verlustes der vielen, zum Teil sehr wertvollen Schriften. Aus diesem Grunde bot sie auf der Grundlage der erstellten Inventarübersicht die Gesamtbibliothek 1932 verschiedenen Bibliotheken zum Kauf an. Bedingung war jedoch eine Abnahme der geschlossenen Sammlung. Ein Einzelverkauf wurde ausgeschlossen. Leider sind deutsche Interessensbekundungen nicht bekannt. Wo befindet sich diese umfangreiche Bibliothek heute? Wurde sie gar aufgelöst?

Nach Überlieferungen aus der Familie interessierten sich besonders der Vatikan und die Library of Congress in Washington D.C. dafür. Eine offizielle Anfrage des Sprachendienstes des Auswärtigen Amtes über die deutsche Botschaft in Washington im Juli 2008 führte schnell und unbürokratisch zu einer Klärung. Laut der Antwort der

---

2 Der Verfasser ist gerne dazu bereit, seine Unterlagen zu diesem Zweck zur Verfügung zu stellen.

Library of Congress vom 31. August 2008 durch Judy S. Lu (Head of Collection Services, Asian Division) erfolgte die Überstellung der Bibliothek 1932. Später (ohne Zeitangabe) wurden die Schriften aufgeteilt den einzelnen Bereichen bzw. Ländern zugeordnet. 236 chinesische Titel mit 1620 Schriften (u. a. Novellen, Romane, Erzählungen, Lyrik, historische Schriften, Dokumente, aber auch Wörterbücher und Grammatiken) befinden sich im Bereich *Chinese Collection in the Library of Congress*, viele Bücher und Schriften davon als Rarität und besondere Kostbarkeit in einer separaten Sammlung im Jefferson-Building.[3]

Bedauerlicherweise ergibt sich also der Sachstand, dass diese einmalige Bücher- und Schriftensammlung des Polyglotten Emil Krebs in seiner Gesamtheit nicht mehr existiert und damit auch für Forschungszwecke nicht mehr nutzbar ist.

Inventarlisten

Bestandsnachweis bis 1897

Es existieren zwei Inventarlisten zur Krebs'schen Bibliothek. Die erste, von Emil Krebs persönlich handschriftlich erstellt, wurde bis 1897 geführt. Das Cécile und Oskar Vogt-Archiv (Düsseldorf) erhielt diese Liste 1930 von Mande Krebs.[4] Emil Krebs hat demnach seinen Bücherbestand in den ersten Jahren seines Pekingaufenthaltes in einer gesonderten Liste nach Themenkreisen geordnet festgehalten. Es handelt sich hierbei um fast 400 Bände, die er wie folgt gliederte:

A Chinesische Literatur (102 Titel)
B Lehrbücher für chinesische Sprache (24)
C Werke über Asien, Karten usw. (49)
D Erzählungen, Romane usw. (43)
E Werke über europäische Sprachen (26)
F Mandschurisch und Mongolisch (36)
G Sanskrit (3)
H Andere Orientalia (46)
I Wörterbücher (29)
K Juristisches (7)
L Geschichte (6)
M Poesie (7)
N Varia (9)

---

3   Informationen darüber in Hu, Shu Chao (1979): The development of the Chinese Collection in the Library of Congress. Boulder: Westview Press.
4   Diese handschriftliche Liste liegt dem Verfasser in Kopie vor.

Die handschriftlichen Aufzeichnungen lassen durch entsprechende Hinweise von Krebs erkennen, dass viele Schriften Geschenke von ihm bekannten Autoren, Gönnern oder Freunden waren. Immer wieder begegnen die Namen Ohlmer, Vitale, Cordes, Prof. Grube, Prof. Arndt, Prinz Pao und weitere chinesische Persönlichkeiten. Auch finden wir hier die persische Literatur von Außenminister Dr. Friedrich Rosen, die Krebs in seiner Eingabe vom August 1921 (vgl. Kap. ‚Emil Krebs in China') erwähnt hatte. Bücher, die er käuflich erworben hatte, werden mit Zeitpunkt und Preis aufgeführt. Vieles hatte er auch abonniert. Die Aufzeichnungen sind in Sütterlin geschrieben und in der von ihm entwickelten eigenen Kurzschrift. Hier handelt es sich unter Umständen aber auch um Dolmetscher-Aufzeichnungen, deren ‚Kurzschrift' auch heute personenbezogen gestaltet ist. Bei der Inventarisierung konnte diese Kurzschrift nicht mehr entschlüsselt werden; die Anmerkungen gingen offensichtlich verloren (übereinstimmende Aussagen der Enkelinnen Mayr und Radnai).

Überwiegend sind die Bücher und Schriften auf Chinesisch, Mandschurisch, Mongolisch und anderen orientalischen Sprachen; aber auch Englisch, Französisch und Deutsch finden sich hier. Mehrere von Krebs per Hand beschriftete Kärtchen lassen vermuten, dass er später seine Bücher und Schriften in einer Zettel-Kartei geführt hat.

Bei den Wörterbüchern und Grammatiken der Inventarliste bis 1897 werden folgende Sprachen genannt: Englisch, Französisch, Chinesisch, Griechisch, Russisch, Lettisch, Italienisch, Ungarisch, Polnisch, Arabisch, Hebräisch, Japanisch, Türkisch, Tibetisch, Persisch, Schwedisch, ‚Holländisch' [Niederländisch] und Rumänisch.

Überwiegend ist zu diesem Zeitpunkt noch Deutsch die Gegensprache. Abweichungen ergeben sich jedoch bereits jetzt durch die nachstehenden Sprachkombinationen:

Chinesisch – Französisch; Arabisch – Französisch; Chinesisch – Englisch; Japanisch – Englisch und Tibetisch – Englisch.

Außerhalb seiner Sprachinteressen erscheinen zwei Schriften aus seiner Jugendzeit: *XXI. Jahrbrief über das ev. Realgymnasium in Freiburg/Schlesien* mit dem Hinweis „zugesandt am 28.6.1895." Demnach hatte er zu dieser Schule oder Mitschülern noch eine Verbindung. Das andere Buch, *Album von Schweidnitz und Umgebung*, wurde ihm am 26.9.1894 wahrscheinlich vom Heege Verlag (*Tägliche Rundschau*) als Geschenk übermittelt. Auffällig ist bereits eine gewisse Anzahl religiöser Schriften.

Bestandsnachweis 1931/1932

Weitaus umfangreicher, detaillierter und damit informativer ist die von seiner Frau Mande und ihrer Schwester Toni Deneke ab 1931 erstellte Inventarliste von Emil Krebs' Privatbibliothek. Sie umfasst Wörterbücher, Grammatiken, Schulbücher, Fibeln, Chrestomathien, Sprachführer, Romane, Erzählungen, religiöse und wissenschaftliche Schriften, Übersetzungen, Fachbücher, Volkslieder, Gedichte, Zeitungen und Zeitschriften in insgesamt 111 Sprachen. Auf 236 DIN A4-Seiten werden in Schreibmaschinenschrift alle vorhandenen Schriften aufgelistet, geordnet nach Sprachen.

mit kurzen Angaben zu Inhalt, Autor, Auflagejahr, Bezugsquelle, Seitenzahl und zum Teil weiteren Zusatzangaben. Diese Zusammenstellung dokumentiert über 3.000 Inventarpositionen mit fast 5.700 Schriften und Büchern (einschließlich Zeitschriften).

Diese Inventarisierung war neben dem enormen Zeitaufwand sicherlich sehr schwierig, waren beide Damen doch all der vielen Sprachen nicht kundig. Schreibfehler sind daher unvermeidbar. Man kann davon ausgehen, dass Krebs Notizen zum Inhalt gemacht hatte, die für die Erstellerinnen sehr nützlich waren.

Alle Schriften (bis auf wenige Ausnahmen) stammen aus dem 19. und 20. Jahrhundert. Lediglich der asiatische Bereich ist auch mit Dokumenten aus früheren Zeiten vertreten, hier naturgemäß viele Handschriften und kostbare Prachtausgaben. Krebs hat seine Literatur aus Bibliotheken und Verlagen vieler Länder bezogen. Am häufigsten werden Wien, Pest, Paris, Peking, Shanghai, St. Petersburg, Berlin und Leipzig genannt. Immer wieder findet man auch den Hinweis auf die Sammlung Göschen, zu den Verlagen Langenscheidt, de Gruyter, Brockhaus und Hartleben und bei den Sprachen Chinesisch, Mongolisch, Mandschurisch zur Sammlung Möllendorff. Ein direkter Kontakt ergibt sich auch immer wieder zum Seminar für Orientalische Sprachen in Berlin. Die letzten Schriften stammen aus den Jahren 1929 und 1930.

Deutsche Verlage sind im Schriftgut umfangreich vertreten. A. Hartleben (Leipzig/Wien) führt mit 48 Sprachen die Liste deutscher Verlage an. Hierbei handelt es sich überwiegend um Schriften zur Grammatik, Wörterbücher und Selbstlernunterlagen. Die europäischen Sprachen befinden sich hier in der Minderheit. Die Auflagen sind auf eine Seitenzahl zwischen 180 bis 200 beschränkt.

Der Verlag Langenscheidt in Berlin brachte zur damaligen Zeit bereits Lehrbücher für 33 Sprachen mit umfangreichen Wörterbüchern, Grammatiken und Selbstlernunterlagen heraus. Krebs bezog viele seiner genutzten Selbstlernunterlagen von diesem bekannten Berliner Verlag. Besonders hervorzuheben sind die 13. Auflage des *Sachs-Villatte, Encyklopädisches Deutsch-Französisches Wörterbuch nebst Supplement, große Ausgabe* (1900 und 1903) auf 4.100 Seiten sowie *Muret-Sanders, Enzyklopädisches englisch-deutsches und deutsch-englisches Wörterbuch*, große Ausgabe (1897-1903). Die Unterrichtsbriefe von bzw. nach der Methode von Toussaint für verschiedene Sprachen ergeben je Sprache ca. 1000 Seiten. Die Schriften nennen die Auflagejahre 1882 bis 1929. Vom Verlag de Gruyter werden Schriften zu 22 Sprachen aufgelistet. Hier finden wir auch Chinesisch, Mongolisch, Mandschurisch und Tibetisch. Neben Grammatiken sind besonders geschichtliche Themen, Lesebücher und allgemeine Literatur der jeweiligen Länder vertreten. De Gruyter hat in den vergangenen Jahrzehnten mit anderen Verlagen fusioniert, sodass alte Verlage wie die G. J. Göschen'sche Verlagsbuchhandlung, Georg Reimer, Karl J. Trübner oder Veit & Comp. darin aufgegangen sind. Nach Auskunft von Brigitte Mayr bestand ein persönlicher Kontakt zwischen den Familien de Gruyter und Krebs. In Krebs' Bibliothek sind noch die Verlage Brockhaus (10 Sprachen) und Reuther & Reichardt (9 Sprachen) stark vertreten. Selbstverständlich hatte Krebs auch Literatur von zahlreichen ausländischen Verlagen bezogen.

Die Bücherei des verstorbenen Legationsrat

K r e b s

Berlin-Charlottenburg, Lindenallee 26 II

Alphabetisch nach Sprachen geordnet, diese in sich möglichst nach Inhalt (Wörterbücher, Grammatiken, Chrestomathien, Sprachführer, Literatur in der Sprache und Literatur über das Land).

2870 Nummern

in annähernd dreieinhalbtausend Bänden.

Irrtum vorbehalten.

I n h a l t s v e r z e i c h n i s :

Sprachwissenschaft
Aegyptisch
Aethiopisch
Afghanisch, siehe auch
              Puschtu
Albanisch
Annamitisch
Arabisch
   Neuarabisch,
   Arabisch-Aegyptisch
   Jüdisch-Arabisch
   Arabisch-Syrisch
   Maltesisch-Arabisch
Arawakisch
Armenisch, nämlich:
   Altarmenisch
   Ostarmenisch
   Westarmenisch
Asayrisch siehe Keilschrift-
Babylonisch   sprachen
Baskisch
Bengalisch
Birmanisch
Bulgarisch
   Altbulgarisch
Burjätisch

C h i n a :

I. in chinesischer Sprache
  A) Klassisch
  Wörter- u. Sprachbücher
  Klassische Werke
  Geographie
  Geschichte
  Staat
  Taoismus u. Buddhismus
  Kunst
  Schöne Literatur u. Romane
  B) Modernes China
  Politik

Fremdländer
Lehrbücher
Übersetzungen
Zeitschriften
II. Chinesisch-Mandschurisch
III. Chinesisch-Mongolisch-
    Mandschurisch
IV. Chinesisch-Mandschurisch-
    Mongolisch-Tibetisch
V. Chinesisch-Arabisch
   Chinesisch-Siamesisch-
    siehe Siamesisch
VI. China in europäischen Sprachen
  a) Sprachbücher
  b) Literatur über China und
    den chinesischen Kultur-
    kreis
Dänisch
   Dänisch-Norwegisch
Deutschland
  a) Sprache
  b) Jura
  c) Mathematik
  d) Geographie
  e) Naturwissenschaften
  f) Philosophie
  g) Aus "Natur u. Geisteswelt"
  h) Kunst, Literaturgeschichte
    Geschichte
  i) Volkswirtschaft. Politik,
    Friedensverträge, Kriegs-
    literatur, Marine
England
  a) Sprache
  b) Literatur
  c) Engl. Geschichte
Estnisch
Finnisch
Flämisch
Frankreich
  a) Sprache
  b) Literatur

Abb. 56 Bibliothek Krebs (Inventuraufzeichnung 1931/1932, Seite 1)

```
                              Seite II
        _____                        _____

Ful                                    Oshinedonga
Gaelisch, (Schottisch)                 Pali
Georgisch                              Panjabi (Gurmukhi-Schrift)
Goldisch                               Persisch
Griechisch                                Neupersisch
   Neugriechisch                       Phönikisch
Gujarati                               Polnisch
Haussa                                 Potugisisch
Herero                                 Puschtu (Afghanisch)
Hebräisch                              Rumänisch
   Neuhebräisch                        Russland
Hindustani, ( Urdu )                      a) Sprache
Hindi                                     b) Literatur
Holländisch                            Ruthenisch, (siehe Ukrainisch)
   Kapholländisch                      Samaritanisch
Irisch                                 Samoanisch
   Altirisch                           Sanskrit
Isländisch                             Schottisch, (siehe Gälisch)
Italien                                Schwedisch
   a) Sprache                          Serbisch
   b) Literatur                        Serbo-Kroatisch
Japan                                  Siamesisch
   a) Sprache                             Siamesisch-Chinesisch
   b) Literatur                        Singhalesisch
   c) Zeitschriften                    Slovakisch
Javanisch                              Slovenisch
Jiddisch                               Spanisch
Juven                                  Suaheli
Kaffernsprache                         Sumorisch,(siehe Keilschrift-
   Zulukaffernsprache                           sprachen)
Katalanisch                            Syrisch
Keilschriftsprachen                       Neusyrisch
   Sumerisch                           Tamil ( Tamulisch )
   Assyrisch                           Tatarisch
   Babylonisch                         Tocharisch
   Der alte Orient                     Tibetisch, (siehe auch Chine-
Koptisch                                  sisch-Tibetisch
Koreanisch                                a) Sprache
Lateinisch                                b) Urtexte
Lettisch                               Tschechisch
Litauisch                              Türkei
Malayisch                                 a) Sprache
Mandschurisch                             b) Literatur
   a) Sprache                             c) Geschichte
   b) Klassische Werke                    d) Übersetzungen
      ( siehe auch Chinesisch-            e) Zeitschriften
         Mandschurisch                 Uzbek- Türkisch
Marokkanisch                           Azerbaijan-Türkisch
Marschall-Insulaner-Sprache            Türkisch in armenischer Schrift
Mongolisch, (siehe auch Chine-         Uigurisch
   sisch-Mongolisch )                  Ukrainisch
   Kalmückisch                         Ungarisch
   Ordoss                              Vedisch
Nama                                   Wendisch
Norwegisch                             Wotjakisch
Otyherero                              Zigeunersprache
( ------------------- )
```

Abb. 57 Bibliothek Krebs (Inventuraufzeichnung 1931/1932, Seite 2)

Aus dem Inhaltsverzeichnis der Bestandsliste von 1931/32 zu Krebs' Bibliothek (vgl. Abb.) geht die Ordnungssystematik hervor. Die Bestandsliste beginnt bei Ägyptisch und endet mit ‚Zigeunersprache'. Durch Umfang und Inhalt der jeweiligen Schriften sind die für Krebs besonders interessanten Sprachen erkennbar. Vergleicht man etwa den geringen Umfang der zum Bengalischen aufgeführten Literatur mit den Schriften zum Baskischen, erkennt man sofort, dass jene Sprache für ihn wohl unbedeutend war. Die Informationen zu den vorhandenen Büchern und Schriften lassen erkennen, dass sich Krebs bis zu seinem Tode immer wieder mit seinen vielen ‚Hauptsprachen' beschäftigte und sein Wissen nicht nur sprachbezogen ergänzte.

Die folgenden Abschnitte referieren die Erkenntnisse, die sich aus der Analyse dieser Bestandsliste ergeben haben.

Sachgebiete, die Krebs allgemein sowie in Bezug auf andere Länder interessierten

In der Inventarliste 1931/1932 sind innerhalb der deutschsprachigen Schriften neben der Sprachwissenschaft die Fächer Jura, Mathematik, Geographie, Naturwissenschaften, Philosophie, Natur und Geisteswelt, Geschichte, Kunstgeschichte und Literatur, Volkswirtschaft, Politik, Friedensverträge, Kriegsliteratur und Marine als Schwerpunkte genannt. Sie gelten auch für die chinesischen Schriften und Schriften über China, zum Teil auch für das Englische, Französische, Italienische, Japanische, Mandschurische, Mongolische, Russische, Tibetische und Türkische.

Krebs hat wohl nicht in allen diesen Themen den damaligen wissenschaftlichen Kenntnisstand erreicht – mit Ausnahme der Sprachwissenschaft –, aber er wollte sich einen Überblick verschaffen.

Aktuelle Gesetzesbücher besorgte er bis 1925. Sechs Bände in französischer und ein Band in englischer Sprache behandeln Grundsätze zum internationalen Recht. Ansonsten werden Schriften zum europäischen Völkerrecht, aber auch viele deutsche Rechtsbücher aufgelistet.

Mathematik hat ihn weiterhin interessiert. Die letzten nachgewiesenen Lehrbücher stammen aus den Jahren 1924-1926, u. a. *Geburt der modernen Mathematik*, die *Analytische Geometrie* (1924) oder aber die *Infinitesimalrechnung* (1925) bzw. aus dem gleichen Jahr *Diophantische Gleichungen (Mentor-Repetitorien)*. Weitere Werke behandeln z. B. die analytische Geometrie, die Trigonometrie oder die Stereometrie.

In der Abteilung Naturwissenschaften finden sich u. a. Schriften zur Theoretischen Biologie, Synopsis der Pflanzenkunde, Anthropogenie, zu Galilei und dem Universum, zu Kopernikus und dem neuen Weltsystem und auch zu parapsychologischen Themen. Wir sprechen hier von Büchern aus der Zeit von 1878 bis 1925. Philosophie war neben der Theologie eines von Krebs' Studienfächern nach seinem Abitur. Dazu finden wir in seiner Sammlung Schriften wie *Abriss der Geschichte der Philosophie, Die konventionellen Lügen der Kulturmenschheit, Platon – Leben und Werke, Hegel, Sein Leben und sein Wirken*, Kants *Kritik der reinen Vernunft* und *Grundriss der Geschichte der Philosophie aus den verschiedenen Zeiten – Altertum bis Beginn des 19. Jahrhunderts*.

Auch zu den übrigen Wissensgebieten sind thematisch breitgefächerte Schriften vorhanden und für eine Einschätzung von Krebs' Allgemeinwissen und Interessenslagen aufschlussreich. Noch einige Beispiele aus den Bereichen Geisteswelt bzw. Kunstgeschichte und Literatur: *Naturwissenschaften und Mathematik im Altertum, Germanische Mythologie* und *Grundriss der Kunstgeschichte.* Zudem waren in Krebs' Sammlung Bücher über die deutsche, griechische, orientalische, römische und christliche Literaturgeschichte des Orients enthalten. Einige der vorgenannten Schriften sind in Englisch oder Französisch verfasst. Zahlreiche Schriften und Bücher zu geschichtlichen Themen in verschiedenen Sprachen werden in der Bestandsliste genannt.

Zahlreiche, nicht nur deutschsprachige Publikationen zur Sprachwissenschaft waren für Krebs unabdingbar. Die Auflagen der vielfältigen Werke stammen aus den Jahren 1886 bis 1928, besonders zwischen 1900 bis 1910, z. B. Finck, *Die Haupttypen des Sprachbaus;* von der Gabelentz, *Die Sprachwissenschaft, ihre Aufgaben, Methoden und bisherigen Ergebnisse*; Meringer, *Indogermanische Sprachwissenschaft*; Stolz, *Geschichte der lateinischen Sprache*); Whitney, *Vorlesungen über die Prinzipien der vergleichenden Sprachforschung*; Miklosich, *Etymologisches Wörterbuch der slavischen Sprachen*; Edkins, *Chinas's Place in Philology*; Zimmer, *Romanische Sprachwissenschaft in zwei Bänden*; Winkler, *Uralaltaische – Völker und Sprachen.* Auch Otto Kistners *Wörterbuch der kaufmännischen Korrespondenz in deutscher, französischer, englischer, italienischer und spanischer Sprache* sowie die Zeitschrift *Anthropos, Revue Internationale d' Ethnologie de Linguistique* sind vertreten. Sogar *Die Geschichte der Stenographie* von Mentz findet sich hier. Auch Schriften zur chinesischen Blindenschrift werden in der Inventarliste aufgeführt.

Die Rolle religiöser Inhalte in fremdsprachigen Schriften

Bei über der Hälfte der in Krebs' Bibliothek vorhandenen Sprachen, d. h. bei 61 Sprachen, fällt die hohe Anzahl religiöser Schriften in diesen Sprachen ins Auge. Fast immer ist das Neue Testament darunter. Auch von Hentig (1963) erwähnt in seiner Autobiographie, dass Emil Krebs zum Zwecke des Armenischlernens religiöse Schriften bestellt habe.[5] Offensichtlich hat Emil Krebs besonders mit der Hilfe des Neuen Testaments – dessen Text ihm als theologisch Gebildeten sehr gut bekannt war – die verschiedenen Sprachen nach dem Studium von Grammatiken und Wörterbüchern intensiv trainiert. Er selbst äußert sich entsprechend in einem Vortrag im Auftrag des Auswärtigen Amtes in der Außenhandelsstelle Berlin im September 1919 (vgl. Kap. ‚Eigene Veröffentlichungen', im Vortrag unter dem Abschnitt ‚Methoden zum Sprachstudium'):

> Was die Methode betrifft, wie man am besten fremde Sprachen lernt, […] empfiehlt sich als erste Leseübung das Neue Testament, von dem Übersetzungen in eine große Anzahl von Sprachen bereits vorliegen und das deshalb eine bequeme Einführung in die

---

5 von Hentig, Werner Otto (1963): Mein Leben – eine Dienstreise. Göttingen, S. 32.

Lektüre ist, weil wir seinen Inhalt bereits kennen. Ich habe es bei manchen orientalischen Sprachen mit Erfolg benutzt.

Die religiösen Schriften waren für Krebs also sprachvermittelnd sehr wichtig. Solche religiösen Schriften liegen z. B. vor für das Ägyptische, Albanische, Arabische, Armenische in allen Sprachformen, Baskische, Chinesische, Finnische, Georgische, Hebräische, Hindustani (Urdu), Japanische, Javanische, Koreanische, Malaiische, Mandschurische, Mongolische, Persische, Russische, Sanskrit, Siamesische, Suaheli, Syrische, Tibetische, Türkische und für weitere europäische Sprachen.

Das Neue Testament ist ebenfalls in einigen Sprachen vorhanden, die Krebs wohl nicht umfassend beherrschte, aber wahrscheinlich zumindest lesen konnte – darauf weisen die übrigen für diese Sprachen gelisteten Schriften hin. Diese Sprachen sind z. B. Bengalisch, Kalmückisch, Ordoss, Panjabi, Puschtu, Singhalesisch. Kalmückisch jedenfalls konnte Krebs so erstaunlich gut vorlesen, dass sich in China bei einer solchen Gelegenheit bewundernde Menschentrauben ansammelten, wie Mande Krebs im Bericht über ihre Hochzeitsreise schildert.[6]

Für das Englische, Dänische, Italienische, Lateinische, Polnische, Serbokroatische, Ukrainische und Ungarische sind allerdings keine religiösen Schriften verzeichnet. Hat er bei diesen Sprachen keine Hilfestellung benötigt?

Andererseits berichtet seine Frau, dass ihr Mann ab 1914 bis zu seiner Rückkehr nach Deutschland vor allem deshalb auf religiöse Schriften zurückgegriffen habe, weil anderes Material zu dieser Zeit nicht erreichbar war, und er daher auf diese Weise seine Sprachkenntnisse erweitert und repetiert habe.

Inhaltliche Bandbreite der chinesischen Schriften in Krebs' Bibliothek

Weil Emil Krebs sich sehr lange in China aufhielt, sind der Umfang der chinesischen Abteilung seiner Bibliothek groß und die Inhalte besonders vielfältig.

Dieses Schriftgut in chinesischer Sprache ist in die Bereiche ‚Klassisch' und ‚Modernes China' gegliedert. Schwerpunkt im klassischen Bereich sind Wörterbücher und Grammatiken, Geographie, Geschichte, Staat, Taoismus und Buddhismus, Kunst sowie Schöne Literatur und Romane. Auffallend bei den Wörterbüchern und Grammatiken sind vorhandene Lexika der Gras- und Siegelschrift. Unter ‚Geographie' befinden sich überwiegend Schriften zu Tibet, zur Mongolei sowie verschiedene andere Reiche und dem deutschen ‚Pachtgebiet' Kiautschou. Zur Geschichte Chinas fallen besonders die überwiegend als Palastausgaben in Prachtdruck vorhandenen Beschreibungen der verschiedenen Dynastien mit einem allgemeinen Geschichtsspiegel auf. Alte und Neue

---

6   Brief vom 20. Mai 1913, Mande Krebs an ihre Eltern über ihre Hochzeitsreise. Nachlass Krebs, im Besitz seiner Enkelin Brigitte Mayr, geb. Jasper, in Gaienhofen am Bodensee.

Maler Chinas, chinesische Zeichenvorlagen, Beschreibungen von Altertümern, kalligraphische Blätter usw. zeugen von Krebs' Interesse an chinesischer Kunst.

Schriften zum modernen China im Bereich ‚Politik, Verträge und Recht' entsprechen den Anforderungen seiner diplomatischen Tätigkeit. In dieser Kategorie ausgewiesene Lehrbücher zu den Themen Chemie, Botanik, Geographie, Physik, Zoologie, Psychologie, Hygiene, Geographie, Landwirtschaft, Arithmetik, des allgemeinen Handwerks und der Anatomie zeigen die vielschichtigen Interessen des Sprachgenies Krebs.

Bemerkenswert innerhalb der chinesischen Schriften sind ferner u. a. das Heilige Edikt in chinesischer Blindenschrift, chinesische Gespräche im Peking-Dialekt, chinesische Stenographie, chinesische Originalbriefe, das Neue Testament in nord-chinesischer Umgangssprache sowie in den Shanghai-Dialekt übersetzte Geschichten und Übersetzungen europäischer Schriftsteller (u. a. Charles Dickens).

Krebs' Bemühungen, stets aktuell informiert zu sein, ergibt sich aus den im Bestand der Bibliothek vorhandenen Zeitschriften, z. B. die *Hangzhou-Zeitung* (1900) – die erste chinesische Zeitung in der Umgangssprache –, aber auch eine Mongolisch-Chinesische Zeitung (1913-1916), eine Arabisch-Chinesische Zeitung (1916) sowie eine Tibetisch-Chinesische Zeitung (1913-1916).

Die chinesische Abteilung beinhaltet Schriftgut in Chinesisch, Englisch, Französisch, Russisch, Italienisch und Deutsch. Wörterbücher und Grammatiken liegen vor allen Dingen auf Englisch und Französisch vor, seltener auf Deutsch; Literatur dagegen nur in Chinesisch. Hinzu kommen für erweiterte Sprachstudien die folgenden Sprachenkombinationen:

Chinesisch – Mandschurisch mit Wörterbüchern dieser Sprachkombination aus den Jahren 1733 und 1751, mandschurisch-chinesische Wörterbücher mit mandschurischen Erklärungen (kalligraphisch und handschriftlich), das Tausend-Zeichen-Buch mit Kommentaren, Schriften zur Sprachlehre, buddhistische Schriften, das Heilige Edikt in einer Ausgabe von 1724 und weitere Schriften aus der Zeit um 1700. Viele dieser Schriften waren Geschenke des chinesischen Kaiserhauses (Palastausgaben auf blauer oder gelber Seide).[7]

Die Abteilungen ‚Chinesisch – Mongolisch – Mandschurisch'; ‚Chinesisch – Mandschurisch – Mongolisch – Tibetisch' sowie ‚Chinesisch – Arabisch' der Inventarliste beinhalten Lehrbücher mit der entsprechenden Sprachkombination. Hervorzuheben sind hier u. a. der *Spiegel der Mandschu-Sprache mit mongolischer und chinesischer Aussprache*, der *Drei-Zeichen-Klassiker auf Chinesisch, Mongolisch und Mandschurisch* oder *Arabische Wörter- und Gesprächssammlungen für Chinesen* (1328) in Steindruck sowie eine arabische Religionsschrift (chinesischer Holztafeldruck; Honan 1315).

---

7   Toni Deneke schrieb über die Erstellung der Inventarliste: „Schwester Toni half und tippte mühsam die unverständlichen Namen und Titel. Als sie zum hundertsten Male die Worte: ‚Han i ahara' und immer wieder ‚Han i ahara' getippt hatte, wollte sie doch mal wissen, was es hieß. Ganz einfach: Auf kaiserlichen Befehl! Es waren die in gelber Seide, der Farbe des chinesischen Hofes, gebundenen Bände, Geschenke der Kaiserin Tsusi." (Toni Deneke zum 80. Geburtstag ihrer Schwester Mande Krebs, 1957. Unveröffentlichtes Manuskript, Kap. VI.)

Die Lehrbücher und die Literatur in den angesprochenen Sprachkombinationen ermöglichten das vertiefte Lernen des Mandschurischen, Mongolischen und Tibetischen sowie des Arabischen im Vergleich mit dem Chinesischen. Krebs hatte also, nachdem er die genannten Sprachen bereits über das Deutsche, Englische, Französische oder das Russische gelernt hatte, diese nochmals in der Gegenüberstellung mit dem Chinesischen vertieft und die spezifischen Beziehungen zwischen den Sprachen herausgearbeitet. Auffällig ist, dass er überwiegend Schriften aus dem Bestand der Bibliothek von Prof. Möllendorff hinzugezogen hat. Offensichtlich hat er den Bestand nach dessen Tod übernommen.

Ähnliche, aber weniger umfangreiche Gliederungen mit entsprechenden Schriften beinhaltet die Krebssche Bibliothek auch zu den Ländern England, Frankreich, Italien, Japan, Persien, Russland, Tibet und zur Türkei.

Wie lernte Krebs eine neue Sprache?

Beispiel Baskisch

Anhand des Baskischen lässt sich beispielhaft aufzeigen, wie Emil Krebs methodisch vorging, wenn er eine neue Sprache lernte, und welche Literatur er dabei nutzte. Erst im Herbst 1924 hatte er mit diesem Sprachstudium begonnen. Er selbst sagte, dass er sich erst zu diesem Zeitpunkt ein entsprechendes Wörterbuch beschafft habe. Weitere Grammatiken und Wörterbücher in Spanisch folgten. Er vertiefte sein Wissen und besorgte sich Literatur aus unterschiedlichen Bereichen (Erzählungen, baskische Kalender, Gedichte, Schauspiele, Zeitschriften und insbesondere religiöse Schriften, wie z.B. das Neue Testament). Zusätzlich beschäftigte er sich mit den baskischen Dialekten Gipuzkoa, Bizkaya, Laburdi und Zubero. Dieses breitgefächerte Schriftgut findet man bei allen von ihm umfangreich studierten Sprachen. Aus den Auflagedaten der baskischen Zeitschrift *Argia* ist erkennen, dass er sich bis zu seinem Tode mit dieser Sprache befasst hat, obwohl sie für seine dienstlichen Belange, wie er selbst betonte, nicht verwertbar war.

Die Personalakte gibt Auskunft über die Vorgehensweise und den Zeitablauf des Studiums der baskischen Sprache. Die dort vorhandenen Schriftstücke belegen, dass er diese auch in seinen Augen sehr schwierige Sprache allein über Spanisch erlernte, obwohl das Spanisch nicht mit dem Baskischen verwandt ist. Ab 1925 bis zu seinem Tode hatte Krebs die Zeitung *Argia* bezogen. Der vorhandene Schriftwechsel bezeugt eine Lernphase für diese Sprache von ca. vier Monaten.[8]

Diese Schreiben wurden erstmals mit Schreibmaschine erstellt. Krebs hatte bis zu diesem Zeitpunkt alle Briefe handschriftlich verfasst. Offenbar bereitete es ihm, wie seine Frau in einem Interview nach seinem Tode berichtet, immer mehr Schwierigkeiten, seine rechte Hand zu kontrollieren. Ihn hinderte ein starkes Zittern der Schreibhand an der handschriftlichen Formulierung von Briefen.

---

8   PA AA, Personalakte Krebs, Bd. 2, S. 182-186.

Am 1. Februar 1925 schreibt Emil Krebs einen Brief auf Baskisch an die Redaktion der Zeitschrift *Argia* (hier sein deutscher Entwurf):

> […] glaube ich Sie in Kenntnis setzen zu müssen, dass auch ich mit Vergnügen und Freude jetzt mit dem Studium Ihrer schönen Sprache beschäftigt bin. Ohne befürchten zu müssen, eine Lüge zu sagen, kann ich sagen, dass ich außer allen Sprachen Europas auch die meisten Sprachen Asiens kenne. Um aber die Wahrheit zu sagen, hatte ich bis jetzt nur nicht die Möglichkeit, unter den Sprachen Europas die baskische zu erlernen. Indessen ist mir diese Lücke in meinen Kenntnissen längst bedauerlich gewesen, besonders, da ich weiß, dass das Baskische nicht leicht ist und dass alle darin übereinstimmen, dass sie ganz alt ist. Daher entschloss ich mich im vergangenen Herbst, eine baskische Grammatik und ein Wörterbuch zu kaufen und von nun an mich zu bemühen, Baskisch zu lernen. Außerdem bin ich seit dem 1. Januar dieses Jahres Abonnent der ‚Argia'. Mit Vergnügen lese ich sie und ziehe aus ihrer Lektüre großen Nutzen. (…) Da ich im Ministerium viel zu tun habe, brauche ich nicht erst zu sagen, dass ich nur in der Freizeit, das heißt an den Abenden, an das Studium des Baskischen herangehen kann. Unter diesen Umständen mache ich nur geringe Fortschritte.[9]

Zu seiner Überraschung konnte er in der nächsten Ausgabe der *Argia* (15. Februar 1925) nachfolgende Stellungnahme lesen (diese Information leitete er mit einer kurzen Begründung an einen Kollegen im Auswärtigen Amt weiter; hier wiederum die durch Krebs besorgte deutsche Übersetzung):

> Ein Deutscher auf Baskisch.
> In diesen Tagen haben wir eine andere Neuigkeit, die für unser reines und geliebtes Baskisch rühmlich ist. Anstelle der Geringschätzung und Verachtung, die wir in unserem Lande hier unter den Basken leider sehen, kommt aus dem Auslande eine erfreuliche Neuigkeit. Wir veröffentlichen unten einen von einem deutschen Gelehrten E. Krebs auf Baskisch an uns gerichteten Brief. Einige Söhne des Baskenlandes (viele, die sich selbst Freunde des Baskischen nennen) sagen, da es ziemlich schwierig sei, könnten sie es nicht lernen. Was werden sie sagen, nachdem sie diesen Brief des Herrn Krebs gesehen haben? Wir veröffentlichen ihn ganz so, wie wir ihn empfangen haben, ohne irgend etwas daran zu ändern; alle Basken mögen sich, nachdem sie diese lobenswerte Arbeit des begeisterten deutschen Freundes des Baskischen gesehen haben, ein Beispiel daran nehmen. Unseren Dank und unsere warmen Glückwünsche Herrn E. Krebs.[10]

Krebs hat sich bei seinen Sprachstudien nicht allein mit Wörterbüchern und der jeweiligen Grammatik auseinandergesetzt, sondern auch mit der jeweiligen Kultur. Ihm war bewusst, dass eine Sprache nur durch die Einbeziehung der Kultur des jeweiligen Landes umfassend zu lernen ist. Die Bestandsliste seiner Bibliothek belegt dieses Prinzip deutlich. Nur bei wenigen, Krebs nicht relevant erscheinenden Sprachen weicht er davon ab.

---

9 PA AA, Personalakte Krebs, Bd. 2, S. 182.
10 PA AA, Personalakte Krebs, Bd. 2, S. 183.

Schwierigkeiten mit der Pekinger Umgangssprache

Die zitierten Zeitzeugen und die bereits an anderer Stelle genannten Chinesisch-Prüfungen dürfen nicht darüber hinweg täuschen, dass auch Krebs zu Beginn seines Peking-Aufenthaltes durchaus Verständigungsschwierigkeiten mit der Pekinger Bevölkerung und besonders mit seinen Dienern hatte. Ihm war die Pekinger Umgangssprache nicht bekannt. Dies ergibt sich aus einem Brieffragment an einen leider unbekannten Empfänger. Obwohl im Bestand des Nachlasses von Otto Julius Bierbaum enthalten, ist anzunehmen, dass er an einen ehemaligen Dolmetscheraspiranten gerichtet war, der Emil Krebs zur weiteren Ausbildung in Peking zugedacht war.

Ihm empfiehlt er:

> Was Ihre chinesischen Studien betrifft, die Sie wohl fleißig betreiben, so rathe ich Ihnen, sich hauptsächlich an den Wade zu halten und die 40 Übungen immer und immer wieder sorgfältig durchzulesen. Es ist dies wichtiger wie alles andere, sprechen lernen Sie in Berlin doch nicht, das können Sie, wenn überhaupt, nur hier. Ich bin schon ganz daran verzweifelt. Wie oft kommt es vor, dass ich meinem Boy kein Wort verstehe, obwohl er doch ein Pekinese ist. Kümmern Sie sich um Depeschen, Briefe, (...) etc. jetzt gar nicht, sondern lernen Sie möglichst viel Redensarten aus dem Wade. Ich bereue sehr, dass ich es nicht getahn habe, ich würde jetzt nicht soviel Arbeit damit haben. Lesen Sie, wenn es möglich ist, den Wade mit dem Lehrer zusammen, um die Betonung zu finden.[11]

Inhalte fremdsprachlicher Schriften und Mittlersprachen

Zu der Frage, mit welchen Unterlagen und über welche Mittlersprachen Krebs Sprachen erlernt hat, werden im Weiteren einige Sprachen anhand der vorgefundenen Daten in der Bestandsliste seiner Bibliothek genauer betrachtet. Das Deutsche spielt als Gegensprache fast immer eine Rolle, jedoch nicht immer eine entscheidende.

Krebs zog sehr oft eine Drittsprache bzw. Mittlersprache hinzu, also eine von ihm bereits beherrschte Fremdsprache, oder arbeitete sogar ausschließlich damit. Dies ergibt sich aus vorhandenen Wörterbüchern, Grammatikunterlagen und besonders aus literarischen Schriften. Die dabei genutzten Mittlersprachen musste er somit umfassend beherrscht haben. Neben Deutsch nutzte Krebs vorwiegend Englisch, Französisch, Russisch, Chinesisch, Griechisch, Italienisch, Türkisch, Latein, Spanisch, Arabisch und Niederländisch zum Erlernen einer neuen Fremdsprache. Ausschließlich über das Englische studierte er Afghanisch (Puschtu), Birmanisch, Gujarati, Hindi, Irisch, Singhalesisch und Portugiesisch. Über Russisch erlernte er Burjätisch, Finnisch, Tatarisch und Ukrainisch. Das schwirige Baskisch erwarb er über das Spanische. Ansonsten war Deutsch immer im Lehrstoff enthalten. Sein Sprachstudium, vor allem

---

11 Stadtbibliothek München/Monacensia, Nachlass von Otto Julius Bierbaum (Signatur: Nachl. O. J Bierbaum), ZKA-Nummer 40658, PND-Nr. 116402741.

der Einstieg, wurde in vielen Fällen von Schulbüchern des jeweiligen Landes und von Selbstlernunterlagen begleitet.

Im Folgenden wird anhand der Inventarliste für einige ausgewählte Sprachen rekonstruiert, welche Literatur und welche Sprachen Emil Krebs für den jeweiligen Spracherwerb nutzte.

Ägyptisch studierte Krebs neben Deutsch über Englisch, Französisch und Italienisch. Die hinzugezogene Literatur neben Wörterbüchern waren u. a. eine hieroglyphische Grammatik; ein ägyptisch-semitisch-indoeuropäisches Wurzelwörterbuch; Altertumskunde auf dem Gebiet der Sprache und Schrift; die Ägyptologie (Entzifferungen und Forschungen auf dem Gebiet der ägyptischen Schrift, Sprache und Altertumskunde) usw.

Bulgarisch/Altbulgarisch erlernte Krebs ausschließlich über Deutsch. Neben entsprechenden Wörterbüchern und Grammatiken beinhaltet die Sammlung der Bibliothek Krebs u. a. Bücher und Schriften zur bulgarischen Schreibschrift; der Geschichte der alten Skythen, Thraker u. Makedonier; *Slavyanska Anthologia* mit bulgarischen Übersetzungen von serbischen, slowenischen, tschechischen, polnischen und russischen Dichtern; Romane und Erzählungen.

Japanisch studierte Emil Krebs neben Deutsch über das Englische, Französische und Chinesische. Als Literatur nennt die Inventarliste zahlreiche Wörterbücher und Grammatiken (Deutsch – Japanisch; Chinesisch – Japanisch; Chinesisch – Japanisch – Englisch; Japanisch – Französisch); ein japanisches biographisches Wörterbuch; Lehrbücher der japanischen Umgangssprache; Lehrbücher in japanischer Schrift; Anleitung zum Übersetzen aus dem Chinesischen ins Japanische; Literatur überwiegend von Kanda, Sanyutei Encho und Sasanemi (japanische Geschichten, Geographie Japans, Novellen und Romane, Märchen und historische Erzählungen); Zeitungen und Zeitschriften (1904-1922).

Persisch lernte Krebs überwiegend über das Englische, Französische, Russische und Lateinische. Neben auffallend vielen Wörterbüchern und Grammatiken in den genannten Mittlersprachen beinhaltet diese Sammlung u. a. Schriften der persischen Diplomatensprache in der ‚Schikästä-Schrift'; historische Schriften zum persischen Verhältnis gegenüber England, Indien und Russland; Tagebücher verschiedener Schahs über Europareisen; Erzählungen; Fabeln usw.

Russisch erwarb er vor allem über das Französische, Chinesische und Mongolische. Zahlreiche Wörterbücher und Grammatiken in diesen Sprachen, auch mit ‚accentuiertem' Text waren Pflichtlektüre. Er las gesammelte Werke russischer Schriftsteller, aber auch Heinrich Heine in russischer Übersetzung und sämtliche Werke von Tolstoi und Michailow. Auch Puschkin, Gogol, Gorki und Dostojewski waren vorhanden, außerdem Zeitungen und Zeitschriften (z.B. *Niwa*).

Zum Studium des Türkischen zog Krebs neben dem Deutschen das Französische, Arabische, Neugriechische und Persische hinzu. Als Lektüre werden beispielhaft genannt: Zahlreiche Wörterbücher und Grammatiken auf Türkisch in Verbindung mit diesen Sprachen; türkische Schönschreibhefte mit den einzelnen Formeln der Vokale,

Konsonanten, der Abhängigkeiten der Buchstaben usw. Die Geschichte des osmanischen Reiches ist ebenso vorhanden wie ein Gesamtwerk über politische und literarische Abhandlungen (6 Bände) sowie die Geschichte der Türkei (8 Bände); Literatur ist auch in Italienisch verzeichnet; Vergleichstabellen der mohammedanischen und christlichen Zeitrechnung; Entwicklung des osmanischen Verfassungsstaates und vieles andere.

Die Inventarliste zu dieser Sprache enthält schließlich zahlreiche Zeitungen und Zeitschriften; weitere Schriften verschiedenen Inhalts in den Sprachen Türkisch, Deutsch, Arabisch, Persisch, Urdu und Französisch und religiöse Schriften in den Sprachkombinationen Usbek – Türkisch und Azerbaijan – Türkisch.

Welche Sprachen hat Krebs auf welchem Niveau (für Übersetzungs- oder kommunikative Zwecke) beherrscht?

Identifizierung der von Krebs beherrschten Sprachen

Abschließend stellt sich die interessante Frage, welche Sprachen im Einzelnen Emil Krebs denn nun beherrscht hat. Mande Krebs sprach von 68 Sprachen, ohne diese allerdings zu spezifizieren.

Dieser erstmalig der Öffentlichkeit zur Kenntnis gebrachte Bestandsnachweis der Bibliothek Krebs, zwei handschriftliche Auflistungen seiner Sprachkenntnisse und die Befragung seiner Ehefrau Mande Krebs nach dem Tode ihres Mannes durch Dr. Zwirner lassen nun erkennen, mit welchen Sprachen er sich beschäftigt hatte, welche Literatur zum Lernen und Vervollständigen er bevorzugte, in welchem Umfang und wie tief er in eine Sprache einstieg und über welche Mittlersprachen er neue Sprachen erlernte. Ferner ist es möglich, in etwa festzulegen, wann Krebs wohl den Einstieg in eine neue Sprache anging.

Die Identifizierung der von Krebs beherrschten Sprachen ist anhand der Dokumente in Krebs' Personalakte des Auswärtigen Amts, Krebs' persönlicher Aufzeichnungen, der Überlieferung verschiedener Zeitzeugen und insbesondere der hier skizzierten Inventarlisten seiner umfangreichen Bibliothek heute durchaus möglich; eine Differenzierung nach aktiven und rezeptiven Sprachkenntnissen in einigen Sprachen dagegen nur bedingt. Außerdem kann differenziert werden, ob Krebs in einer Sprache das Sprachniveau für amtliche Übersetzungen oder lediglich für kommunikative Zwecke erreicht hatte.

Der Sprachendienst des damaligen Auswärtigen Amts bestätigte, wie bereits an anderer Stelle hervorgehoben, dass Krebs in ca. 45 Sprachen für das Amt zu übersetzen in der Lage war. Leider findet sich in den Unterlagen des Politischen Archivs des Auswärtigen Amts keine Auflistung dieser 45 Sprachen, jedoch kann auf die Liste von Krebs persönlich aus dem Jahr 1922 zurückgegriffen werden, die nachweislich dem damaligen Sprachendienst zur Verfügung stand und die auch als Nachweis für das Amt diente.

Danach war Emil Krebs befähigt, amtlich korrekte Übersetzungen ins Deutsche aus folgenden Sprachen anzufertigen:

Arabisch, Böhmisch (Tschechisch), Bulgarisch, Chinesisch, Dänisch, Englisch, Finnisch, Französisch, Hindi, Holländisch, Italienisch, Japanisch, Javanisch, Koreanisch, Kroatisch, Malaiisch, Mandschurisch, Mongolisch, Neugriechisch, Ostarmenisch, Persisch, Polnisch, Portugiesisch, Rumänisch, Russisch, Schwedisch, Siamesisch, Serbisch, Spanisch, Tibetisch, Türkisch, Ungarisch, Urdu, Westarmenisch.

Neben der Sprachliste von 1922 für den Sprachendienst des Auswärtigen Amts existiert noch eine zweite Niederschrift. Diese war nach Überlieferungen aus der Familie der damaligen Lehrerin seiner Töchter, Frau Berlin, zugedacht. Der Zeitpunkt der Erstellung konnte nicht ermittelt werden, dürfte jedoch vor 1917 zu datieren sein.[12]

Diese beiden Aufzeichnungen sind, die Sprachen betreffend, fast identisch. Nach der Liste von vor 1917 ist aber den Sprachen, die Krebs amtlich übersetzen konnte, Albanisch, Georgisch, Litauisch und Norwegisch hinzuzufügen. Außerdem erwähnt Krebs nur dort seine Übersetzungsfähigkeiten aus der Muttersprache in die Fremdsprache:

> Englisch, Französisch, Italienisch, Spanisch, Russisch, Ungarisch, Chinesisch beherrsche ich außerdem derartig, dass ich aus dem Deutschen in diese Sprachen korrekt Übersetzungen anzufertigen im Stande bin. Auch im Finnischen habe ich soviel Übung, dass ich mir zutrauen kann, aus dem Deutschen ins Finnische Übersetzungen anzufertigen, die den Sinn des Deutschen verständlich wiedergeben. (Die klassischen Sprachen Lateinisch, Griechisch sowie das Bibelhebräisch habe ich im Vorstehenden, als kaum in Frage kommend, unerwähnt gelassen.)

Bis zu seinem Tode hat Krebs weitere Sprachen hinzugelernt bzw. seine Sprachkenntnisse erweitert. Dem Schriftenumfang seiner Bibliothek nach zu urteilen könnten die folgenden Sprachen ebenfalls im Amt aktiv zum Einsatz gekommen sein: Ägyptisch, Baskisch, Birmanisch, Estnisch, Irisch, Isländisch, Lettisch und Neuarabisch. Rechnet man die von Krebs zusätzlich genannten, von ihm jedoch als nicht relevant bezeichneten Sprachen Lateinisch, Altgriechisch und Althebräisch hinzu, so ergeben sich insgesamt 49 Idiome, aus denen er korrekte Übersetzungen ins Deutsche anfertigen konnte.

Lediglich zu kommunikativen Zwecken, also ohne den hohen Anspruch amtlicher Übersetzungen erfüllen zu müssen, konnte er von seinem Bibliotheksbestand ausgehend folgende Sprachen einsetzen:

Äthiopisch, Afghanisch (Puschtu), Gälisch (Schottisch), Gujarati, Kalmückisch, Katalanisch, Koptisch, Sanskrit, Serbokroatisch, Slovakisch, Slovenisch, Suaheli, Syrisch, Tatarisch, Ukrainisch. Als Besonderheit sind die alten Keilschriftsprachen Assyrisch, Babylonisch und Sumerisch zu nennen. Die Keilschriftsprachen sind jedoch wohl nicht als kommunikativ eingesetzte Sprachen zu werten. Dies gilt wahrscheinlich auch für das Koptische.

---

12 Diese Aufstellung befindet sich nach Auskunft von Brigitte Mayr als Kopie auch im Bestand der Library of Congress, Washington D.C.

Die von Mande Krebs genannten 68 Sprachen lassen sich also aus den verschiedenen Aufzeichnungen und der Zusammenstellung von Krebs' Bibliothek ableiten. Die lediglich zur Kommunikation genutzten Sprachkenntnisse konnte Krebs jedoch offensichtlich nicht in jedem Fall sofort abrufen. So schildert seine Frau eine Begebenheit mit einem afghanischen Prinzen, wonach Krebs Schwierigkeiten mit dem Idiom Puschtu hatte, da ihm aber bekannt war, dass sein Gesprächspartner auch Syrisch sprach, wechselte er in diese Sprache.

Tabellarische Übersicht: Einzelsprachenbezogene Auswertung der Inventarliste

Die nachstehende Übersicht nennt alle in der Inventarliste der Bibliothek aufgeführten Sprachen. Hinzu kommen die verschiedenen Dialekte, die jedoch nicht gesondert herausgearbeitet wurden.

Die Angaben zum ‚Einstiegsjahr' wurden, sofern nicht aus anderen Unterlagen erkennbar, unter großem Vorbehalt bestimmt. Die Seitenzahl für Wörterbücher und Grammatiken ergibt sich aus der ‚Gesamtseitenzahl' abzüglich ‚Romane, Erzählungen, sonstige Schriften. Eine solche Differenzierung ist bei Chinesisch wegen zum Teil fehlender Angaben nicht möglich. Die Spalte ‚Anzahl Schriften' umfasst Schriften aller Art ohne Differenzierung. ‚Drittsprachen' versammelt die verschiedenen Sprachen zum jeweiligen Themenkreis (= Sprache/Land); Deutsch wird hier nicht genannt. Alle Angaben ergeben sich eindeutig aus der Inventarliste. Mit der Kennzeichnung (*) neben einer Sprache wird auf vorhandene christliche Schriften hingewiesen, hier insbesondere das Neue Testament.

Einzelsprachenbezogene Auswertung der Inventarliste der Bibliothek Emil Krebs (Eckhard Hoffmann)

Einst. jahr	Benennung der Sprache/ Land	älteste/neueste Grammatik	Seiten Romane, Erzählungen s. Schriften	Gesamt Seiten	Anzahl Schriften	Dritt-Sprachen
1913	Aegyptisch *)	1902 / 1928	1249	5099	22	Eng., Franz., Ital.
1907	Aethiopisch *)	1907	503	1367	5	
	Afghanisch (s. Puschtu)					
1914	Albanisch *)	1915 / 1924	2936	6518	40	Griech., Ital.
	Annamitisch			178	1	
1890	Arabisch *)	1810 / 1911	8314	17402	91	Franz., Engl., Türk., Urdu

Einst. jahr	Benennung der Sprache/ Land	älteste/neueste Grammatik	Seiten Romane, Erzählungen s. Schriften	Gesamt Seiten	Anzahl Schriften	Dritt-Sprachen
1891	Neuarabisch *)	1869 / 1911	437	2369	16	Syrisch, Ägy. Jüd., Maltes.
1929	Arawakisch	1928 / 1929		327	2	Holländisch
1911	Armenisch		2807	4225	16	Russ., Franz.
	Altarmenisch *)	1902	2530	6481	16	
	Ostarmenisch *)	1903	303	738	2	
	Westarmenisch *)	1913	279	279	1	
1924	Baskisch *)	1826 / 1925	6987	9067	51	Spanisch
	Bengalisch *)	1864	530	716	3	Englisch
1922	Birmanisch *)	1888 / 1919	1447	4085	12	Englisch
1910	Bulgarisch *)	1910 / 1917	1889	5648	19	
1910	Altbulgarisch	1909 / 1922		612	2	
	Burjätisch (nur Zeitungen)		530	530	53	Russisch
	Chinesisch (s. am Ende)*)					
1907	Dänisch	1898	3496	6678	18	Norwegisch
	Deutsch (s. am Ende) *)					
1885	Englisch	1889 / 1902	16361	23962	66	
1923	Estnisch *)	1910 / 1920	1509	6554	36	Finnisch
1912	Finnisch *)	1908	5689	10275	245	Russisch
	Flämisch			484	2	
1880	Französisch *)	1881	8025	18055	41	
	Altfranzösisch				1	
	Ful			112	1	
1923	Gälisch (Schottisch) *)	1908 / 1923	854	1786	10	Englisch
1911	Georgisch *)	1911 / 1922	1254	4431	112	Russ./Franz.
1915	Goldisch			149	1	
1880	Griechisch *)	1869 / 1901	5701	10578	38	
1880	Neugriechisch	1881 / 1915	1945	10921	34	
1923	Gujarati *)	1892	568	2450	7	Englisch

Tabellarische Übersicht: Einzelsprachenbezogene Auswertung der Inventarliste 131

Einst. jahr	Benennung der Sprache/ Land	älteste/neueste Grammatik	Seiten Romane, Erzählungen s. Schriften	Gesamt Seiten	Anzahl Schriften	Dritt-Sprachen
	Haussa			288	2	
	Herero			45	1	
1880	Hebräisch *)	1863 / 1916	4054	9398	29	Span. Aramä., Chaldäisch
1920	Neuhebräisch	1913	637	1305	10	
1908	Hindustani (Urdu) *)	1907 / 1909	2167	7435	42	Englisch
1913	Hindi *)	1916	921	921	3	Englisch
1905	Holländisch *)	1902 / 1906	897	5683	22	
	Kapholländisch			176	1	
1922	Irisch *)	1908 / 1922	2341	4717	34	Englisch
1922	Altirisch	1914		128	1	
1923	Isländisch *)	1905 / 1922	2398	4835	23	Engl., Dän.
1900	Italienisch	1887 / 1907	14112	20690	92	
1895	Japanisch *)	1877 / 1906	9708	15947	234	Engl., Franz., Chin., Holl.
1915	Jiddisch	1915	60	250	4	
	Juven	1896		147	1	
1911	Javanisch *)	1874 / 1927	4505	8247	33	Niederl.
	Kaffernsprache	1887		43	1	
	Zulukaffernsprache	1895		177	1	Englisch
1917	Katalanisch *)	1887	400	1487	5	Spanisch
1916	Keilschriftsprachen *)	1889 / 1914	1429	4410	29	
	Sumerisch					
	Assyrisch					
	Babylonisch					
	Der alte Orient *(keine Sprache)*		2382	2382	21	
1921	Koptisch	1850 / 1921	197	1678	7	
1902	Koreanisch *)	1881 / 1914	5996	10348	63	Engl., Franz., Chinesisch
1914	Kroatisch *)	1923 / 1925	450	1976	8	
1880	Lateinisch	1869 / 1925		12223	21	
1920	Lettisch *)	1866 / 1921	868	4232	31	Russisch
1912	Litauisch *)	1912 / 1928	4785	9266	54	Russ., Lett.

Einst. jahr	Benennung der Sprache/ Land	älteste/neueste Grammatik	Seiten Romane, Erzählungen s. Schriften	Gesamt Seiten	Anzahl Schriften	Dritt-Sprachen
1906	**Malayisch** *) **Niedermalayisch**	1901 / 1913	2971	4573	25	Engl., Holl., Arabisch
1896	**Mandschurisch** *)	1730 / 1909	17000	18575	210	Engl., Franz., Russ., Chin.
1907	**Marokkanisch**			206	1	
	Marschall-Insulaner Sprache			183	1	
1897	**Mongolisch** *) **Kalmückisch** **Ordoss**	1832 / 1925	2941	10885	60	Russ., Franz., Chin., Mandschu.
	Nama			60	3	
1907	**Norwegisch** *)		1066	1880	6	Dänisch
	Otyiherrero			60	1	
	Oshinedonga			70	1	
1923	**Pali**	1923 / 1926		774	6	
1914	**Panjabi** **(Gurmukhi-Schrift)** *)		1021	1021	3	
1906	**Persisch** *) **Neupersisch**	1889 / 1919	8317	17451	116	Engl., Franz., Russ., Latein
	Phönikisch	1896		541	2	
1900	**Polnisch**	1863 / 1926	5158	15405	49	
1913	**Portugiesisch** *)	1881 / 1914	1809	8206	17	Englisch
1901	**Puschtu** **(Afghanisch)** *)	1901	566	888	2	Englisch
1912	**Rumänisch** *)	1888 / 1919	1450	6660	21	Französisch
1886	**Russisch** *)	1875 / 1903	36756	49599	197	Franz., Chin., Mongolisch
	Samaritanisch			191	1	
1922	**Samoanisch**		122	571	5	

Tabellarische Übersicht: Einzelsprachenbezogene Auswertung der Inventarliste

Einst. jahr	Benennung der Sprache/ Land	älteste/neueste Grammatik	Seiten Romane, Erzählungen s. Schriften	Gesamt Seiten	Anzahl Schriften	Dritt-Sprachen
1910	Sanskrit *)	1877 / 1909	1325	10012	36	Arm., Griech., Lat., Litau., Sla., Goth., Pali, Singh., Siam, Burme, Tibet, Mong., Japan.
1909	Schwedisch *)	1881 / 1909	4393	7555	21	
1913	Serbisch *)	1913 / 1925	2615	5623	38	Latein
1928	Serbo-Kroatisch	1913 / 1926	212	4137	12	
1902	Siamesisch *)	1900 / 1910	1190	3823	26	Eng., Franz., Chinesisch
1903	Singhalesisch *)	1891	314	832	2	Englisch
1924	Slovakisch *)	1925	508	2166	5	
1921	Slovenisch *)		626	1189	4	
1892	Spanisch *)	1887 / 1926	8202	16229	86	Französisch
1900	Suaheli *)	1887 / 1900	1337	2919	12	Arabisch
1912	Syrisch *)	1855 / 1913	851	3619	11	Latein
1912	Neusyrisch *)		764	935	2	
	Tamil (Tamulisch)		60		2	Franz.
1919	Tatarisch	1877 / 1919	611	1720	18	Russ., Türk., Persisch
	Tocharisch			19	1	
1896	Tibetisch *)	1877 / 1907	8233	12790	85	Lat., Engl., Franz., Chin., Mong., Mand., Sanskrit
1907	Tschechisch (Böhmisch) *)	1881 / 1919	3676	11318	33	
1887	Türkisch *)	1854 / 1927	15291	33975	132	Franz., Arab., Pers., Ital., Neugriech.
1922	Uzbek – Türkisch *)		719	719	2	
1922	Azerbaijan – Türkisch *)		464	464	1	
	Uigurisch		21	21	1	

Einst. jahr	Benennung der Sprache/ Land	älteste/neueste Grammatik	Seiten Romane, Erzählungen s. Schriften	Gesamt Seiten	Anzahl Schriften	Dritt-Sprachen
1914	Ukrainisch	1913 / 1927	394	4744	20	Russisch
1913	Ungarisch	1856 / 1924	5936	13370	44	
	Vedisch			176	2	
	Wendisch	1874		80	1	
	Wotjakisch			390	1	
	Zigeunersprache	1884		122	1	
1888	Chinesisch		350000	438147	2320	Engl., Franz., Russ., Ital., Mandsch., Mong., Tibet., Arabisch
	Deutsch		71335	71335	253	
	Sprachwissenschaft			8675	37	

2.   B a s k i s c h.

224 17.
         José Elizondo: Idartzako Jauna. (Der Herr von Idartza.) Schauspiel
                        in einem Akt, Baskisch. San Sebastian 1907. J.Baroja
                        é Hijo. 28 S.

225 18. Elurmendi: Ipuiyak. (Erzählungen.) Baskisch. San Sebastian.
                    1922. Verlag der "Argia". 104 S.

226 19. Jauregi ta Etxenagusia'tar Luis:Ipuiak. (Erzählungen.) Baskisch
                                        San Sebastian 1924. Verlag der "Argia". 78 S.

227 20. Etxaniz'tar Nemesi: Afaldea. Ipui zafa. (Der Fels.Alte Erzäh-
                             lung.) Baskisch. San Sebastian 1923. Verlag der
                             "Argia". 30 S.
     228
         21. Eleizegi'tar Katarine!k idatziaxx Garbiñe.Schauspiel in 3 Akten
     229   baskisch. Tolosa 1917. E.Lopez. 74.Seiten.

         22. B.Garitaonandiatar : Aitona ta Billoba. (Grossvater und Enkel,)
                                 Schauspiel in 2 Akten. San Sebastian 1921. Drucke-
     230   rei des Heiligen Eneko. 40 S.

         23.   "   : Iziartxo. (Ein baskisches Schauspiel in
                              zwei Aufzügen.) San Sebastian 1918. Verlag der
     231   "Argia". 66 S.

         24. Agustin P.Iturriaga: Jolasak. (Baskische Gespräche in den 4
                                 Dialekten : Guipuzkoa, Bizkaya, Laburdi und Zubero).
     232   San Sebastian 1914. Martin, Mena é Cia. VIII-216 S.

         25. Sagartzazutar Kauldi: (Satarka). Txinpartak.(Funken). Baskische
                                   Gedichte. San Sebastian 1922. Loyola-Druckerei.
     233   124 S.

         26. Pierre Shande, S.J.: Yolanda. Novelle in baskischer Sprache.
     234   San Sebastian 1921. 76 S. Argia-Verlag.

         27. Zabala - Arana: Eliztia Gipuzkeraz. I Malla. (Grammatik, Dia-
                             lekt von Guipuzkoa). I. Stufe. San Sebastian 1924.
     235   Verlag der "Argia". 80 S.

         28. Bizenta A.Mogel: Ipui onak. (Gute Erzählungen. Baskisch)
     236   San Sebastian 1912. Martin, Mena y Ca.XXVIII-128 S.

         29.   Ipuin labufak umetxoentzat. (Kurze Erzählungen für
                            Kinder.) Bilbao 1922. Editorial Vasca. 50 S.
     237
         30.   Argia'ren Egutegia 1925. Laugafen urtea.(Argia -
                            Kalender f. 1925.)Vierter Jahrgang. Baskischer Kalen-
                            der. San Sebastian 1925. Verlag der Argia. 128 S.

         31. 238   ebenso . Argia - Kalender f. 1926.

         32. 239   ebenso.   "   "   " 1927.

         33. 240   ebenso   "   "   " 1928.

         34. 241 Zeruko Argia. ("Das Licht des Himmels"). Baskische religiö-
                              se Zeitschrift.
                              Jahrgang 1919, Nr. 11;
                                  "   1920, " 15,18,21;
                                  "   1922, " 46;
                                  "   1923, " 54,60;
                                  "   1924, " 71;
                                  "   1925, " 74,77. Jede Nr. etwa 16 S.
                              Irun.

Abb. 58 Baskisch (Literaturnachweis der Bibliothek, Seite 2).

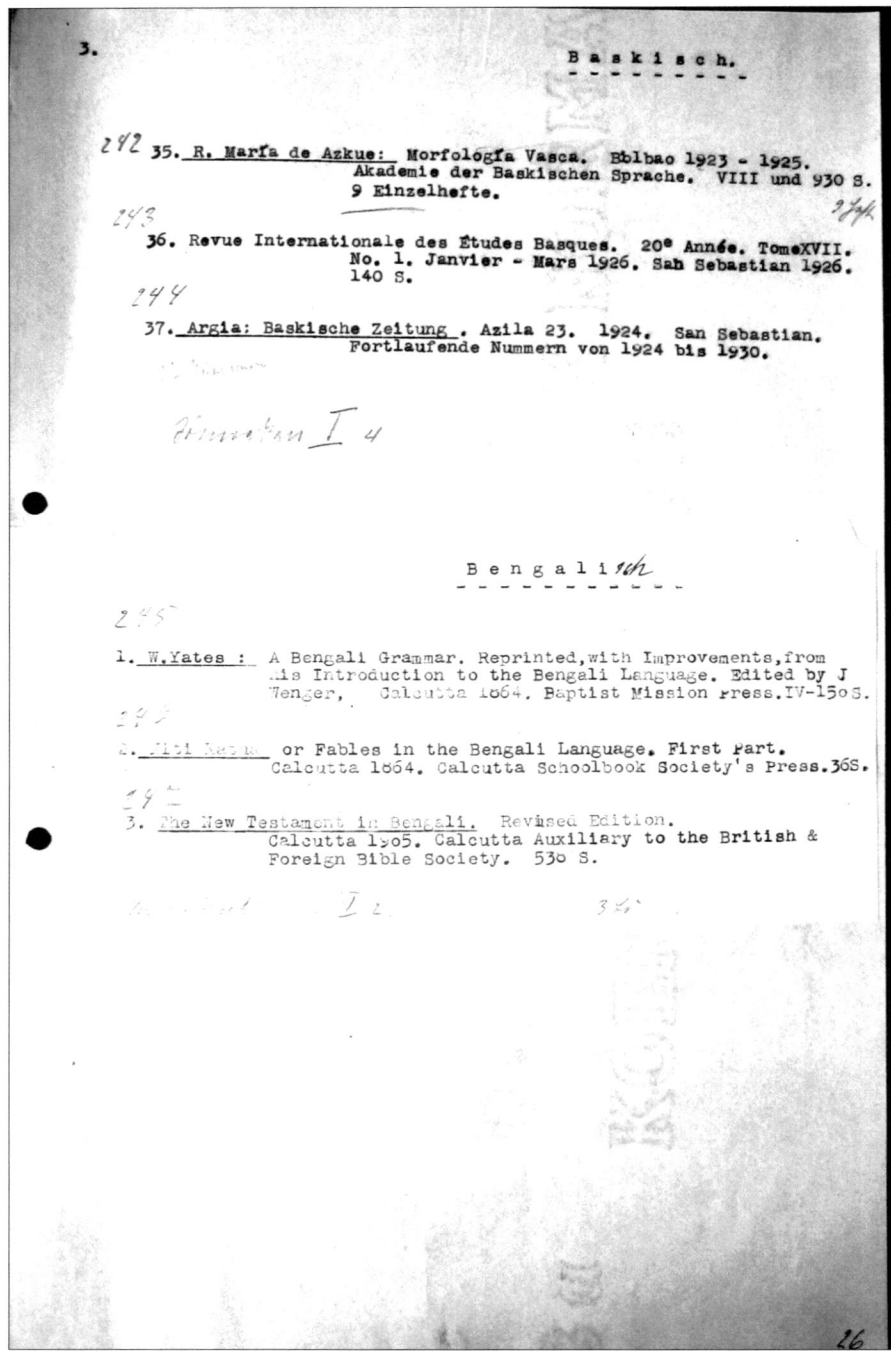

Abb. 59 Baskisch (Literaturnachweis der Bibliothek, Seite 3).

Tabellarische Übersicht: Einzelsprachenbezogene Auswertung der Inventarliste 137

Chinesisch , Mongolisch , Mandschurisch.
----

598 Mongol un üsük un churi aksan bicik. Mong.chin. mand.Wörter=
buch .Dritter Tao. Ein Tao mit vier Bänden. Oho bis so.
Band 6 -9 -

Mongol un üsük un churi aksan bicik. Mong ,chin ,mand.Wörter=
buch , alphabetisch geordnet . Unvollständig .Band 10 bis 13
in einem Tao.

599 Han hacin i gisun i debtelin. Mandsch.mong.chin. Vocabular.
Geschrieben .Zwei Hefte.

Han i araha manju monggul gisun i buleku bithe. Spiegel der mandsch.
mongolischen Sprache. . Mandsch.mong. Wörterbuch mit mand.
mong. Erklärungen. Vier Tao mit 21 Bänden. 8º.
(Möllendorf Nro 34) Peking 1708.

Yü chih Manchou Meng- Kü han -tzu san -ho ch'ieh -yin ching -
wen chien. Spiegel der Mandschusprache ,mit mong.u. chin
Aussprache und Übersetzung. Band 12 ,14 ,16 , bis 23.
(Rest fehlt)
(Möllendorf Nr. 43.)

Man -ming ho-pi san -tzu -ching chu chieh. Der Drei-Zeichen-
Klassiker . Auf chin.mong.mand. mit Kommentar . Ein Tao
in vier Bänden. 8º. (Möllendorf Nr.80.) Peking 1832
Liulichang wuyüntang. Doppelt vorhanden.

San ho ming hsien chi . Weise Lehre; auf chin.mand.mong.
Ein Tao in zwei Bänden. Peking 1897. Lungfuscu Hukuosku.

Meng wen chih yao. Meng wen hsi -i -. Mand.mong. chin. Voca=
bular, von Saischonge. Ein Tao mit vier Bänden. 8º.
(MöllendorfNr.3) Peking 1843. Doppelt vorhanden.

615 -Doppelt. Mongol üsük i bügüde churi y aksan bicik . Alphabetish
angeordnetes Mongolisch-chinesisch-mandschurisches Wörter =
buch. Zwei Tao zu je 6 Bänden 8º. (Ohne Ort u. Datum.)
San ho pien len. Handbuch für mand.mong.chin. Zei Tao mit
je sechs Bänden. 8º. Peking 1780 . Neudruck .
Vergleiche auch China u. Mandschurei.

Chinesisch -, Mandschurisch ,Mongolisch , Tibetisch.
----

602 Yü chih sih ti Ching-wen chien. -Han i Araha duin hacin i
hergen kamciha manju gisun i buleku bithe. - Haghan u biciksen
dürben ,zucilun üsük jer habsuruksan manju ügen ü toli bicik.
-- Rgyalpos mdm adpsi sak - sbyar gyi manzui skad ysal -bai melig
melong. Auf kaiserlichen Befehl angefertigter mandschurischer
Wörterspiegel in vier Schriften. Systematisches Wörterbuch.
Sechs Tao zu je sechs Bänden. (Möllendorf 44.)

608 Yü chih sih -tî Ching-wen chien. Mand.tib.mong.chin.Wörterbuch
Sechs Tao mit 48 Bänden. (Möllendorf.) 44.

609 Yü-chih Man-Meng -Pan -Hsi -Fan ho-pi ta tsang chüan -chou.
Tib.Chin.Mandsch. Beschwörungsformeln des Tenjur . Aus dem
Kaiserpalast in Peking. Zweiter Tao .Heft I bis 4 + 8.
610 Zwei verschiedene Ausgaben; Heft 5,6,8 . Kien-lung Aus=
gabe.

(Tang gut nomun de akô ,likan nomun i varni be dahame ubali-))
yanbufy dosimbuha. Tibetische Dzrani , nebst chinesischer
(u. mandschurischer Transkription. nicht herausgefunden.

Abb. 60 Sprachkombinationen der 4 Hauptsprachen des damaligen China. Krebs hat hierüber seine Sprachen vertieft.

OSTASIATISCHE RUNDSCHAU

DIE ZEITSCHRIFT FÜR DEN FERNEN OSTEN

11. JAHRGANG ★ NUMMER 8
HAMBURG, 16. April 1930

AUS DEM INHALT

Politik
Wirtschaft
Kultur
Kunst
Umschau
Chronik
Länderberichte
Warenmärkte
Wertpapiere
Bibliographie
Übersee-Deutschtum
Fremde Presse
Ostasienverbände
Wirtschaftszahlen

Zur Lage in China
von *.*

Baisse in Tokio: Die Schließung der Effektenbörse am 11. April
von Rtr.

Wanderungen in Formosa
von A. v. Graefe

Indochinas Währungsreform
von P. Schulz-Wilmersdorf

Mong Yü Loh geht eine Liebesheirat ein
aus dem Chinesischen von Franz Kuhn

Emil Krebs †
von F. Lessing

Herausgeber: M. Linde — Verband für den Fernen Osten E. V. in Berlin
F. W. Mohr — Ostasiatischer Verein Hamburg-Bremen E. V. in Hamburg
R. Wilhelm † — China-Institut Frankfurt am Main

VERLAG: WIRTSCHAFTSDIENST, G. M. B. H., HAMBURG

Abb. 61 Ostasiatische Rundschau 1930, Nachruf von Ferdinand Lessing

5. Zeitzeugen und Veröffentlichungen von Emil Krebs

Zeitzeugen

Prof. Ferdinand Lessing

Am 16. April 1930 wurde in der *Ostasiatischen Rundschau* ein ausführlicher Nachruf von Prof. Ferdinand Lessing[1] (1882-1961) auf Emil Krebs veröffentlicht.[2] Lessing war in den 1930er und 40er Jahren Direktor des SOS und Dozent für chinesische Sprache und Lamaismus. Sein Nachruf wird ungekürzt zitiert, weil er Krebs persönlich kannte und als Sprachwissenschaftler Krebs' Sprachvermögen beurteilen und würdigen konnte.

> Emil Krebs †
>
> Am 31. März ist in Berlin Legationsrat Emil Krebs plötzlich im 63. Lebensjahr verschieden. Aus dem preußischen Justizdienst hervorgegangen, trat er im Jahr 1893 in den Dienst des Auswärtigen Amtes ein, wurde als Dolmetscheraspirant der Gesandtschaft in Peking zugeteilt und im Jahre 1901 zum Ersten Dolmetscher der Gesandtschaft ernannt. Im Jahre 1912 erhielt er den Titel Legationsrat und war nach Abbruch der Beziehungen zu China im Auswärtigen Amt in Berlin tätig. Auf allen Posten hat er, vor allem durch seine ganz außergewöhnlichen Sprachkenntnisse, Hervorragendes geleistet. Unter reger Anteilnahme – vom Auswärtigen Amt waren zugegen Ministerialdirektor Trautmann, Personaliendirektor Schneider, Ministerialdirigent Frhr. v. Schoen, Vortr. Legationsrat Michelsen, Konsul Dr. Lautenschlager, ferner der ehemalige Staatssekretär Dr. Zimmermann und der Gesandte z.D. Eckardt, die Professoren Lessing und Schüler (Prof. Wilhelm Schüler 1869-1935) vom Orientalischen Seminar in Berlin – wurde der Verstorbene am 3. April in Berlin-Stahnsdorf beigesetzt.
>
> Als vor etwas mehr als 40 Jahren das Seminar für Orientalische Sprachen gegründet wurde, meldete sich als eines der ersten Mitglieder ein junger Student aus Schlesien, Emil Krebs mit Namen. Auf die Frage, für welche Sprache, antwortete er kurzweg: für alle. Nachsichtig den Kopf schüttelnd bedeutete man ihm, dass das nicht möglich sei, dass er sich für eine entscheiden müsse. „Dann für die schwerste." So studierte er Chinesisch, am Seminar und an der Universität; aber er war ein Pferd, das nicht doppeltes, ein zehn- und zwanzigfaches Futter brauchte. Während sonst der Sprachfex der Schrecken seiner Lehrer ist, weil seines Lehrers wurde. Was man auch immer für ungünstige Erfahrungen mit den „Mezzofantis" gemacht haben mochte, die alle Sprachen, aber keine gründlich lernen, das strafte diese wunderbare Begabung Lügen. Ein fast unfehlbares Gedächtnis

---

1 Ferdinand Diedrich Lessing war ein deutscher und später US-amerikanischer Sinologe, Mongolist und Kenner des Lamaismus. Er lehrte in Berlin, emigrierte 1938 aus Deutschland und lehrte anschließend in Berkeley. Im Jahr 1946 nahm er die amerikanische Staatsbürgerschaft an.
2 Lessing, Ferdinand: Emil Krebs †. In: Ostasiatische Rundschau 11, Nr. 8 (1930), S. 266f.

für Abstraktes und Konkretes, für Klänge, Schriftzeichen und Wortbilder, eine stets geistesgegenwärtige Kombinationsgabe, ein scharfes Ohr, ein überaus feines geistig-seelisches Tastvermögen, sicheres Stilgefühl, lebhafte Sprachphantasie und scharfer Verstand, geschichtlicher Takt und eine eiserne Arbeitskraft, dazu eine ungeheure äußere und innere Selbstzucht, die seinem Körper gegenüber allerdings bis zur Tyrannei ging, seinem Geiste wiederum alles unnötig Belastende fernhielt, das alles prägte eine Persönlichkeit von unerhörter Eigenart und Einmaligkeit. So konnte er nicht nur seinen Vorsatz, alle am Seminar für Orientalische Sprachen vertretenen Sprachen zu lernen, wahrmachen: im Laufe der nicht ganz 63 Jahre, die ihm Atropos zubilligte, hat er mehr Sprachen eingehender betrieben, als er Jahre zählte, also mehr als das italienische Sprachwunder Mezzofanti (1774 bis 1849); nimmt man die, die ihn vorübergehend angezogen haben, hinzu, so mag ihre Zahl das Hundert übersteigen.

Drei Erdteile, Europa, Asien und Afrika redeten so zu ihm in ihren eigenen Zungen, und in unserem Erdteil wurde er ihrer aller mächtig, selbst so entlegener und schwieriger Sprachen wie Baskisch und Georgisch, die er in kürzester Zeit erlernte, und zwar alle als Sprachgelehrter und Praktiker zugleich, indem er ihren lautlichen, grammatischen und stilistischen Gesetzen dieselbe Liebe zuwandte wie ihrem Wortschatz nebst seiner lautlichen und geschichtlichen Entwicklung und ihrer Idiomatik. So lernte er nicht nur Russisch, sondern Altslawisch und die modernen slawischen Sprachen, nicht nur die chinesische Umgangssprache, sondern die Schriftsprache dazu in ihren verschiedenen Entwicklungsstadien und die sämtlichen Verwandten dieser Sprachen, soweit sie ihm durch Veröffentlichungen zugänglich waren. Was selbst in gut begabten Köpfen zu einem Chaos sich verwirrt, die Kenntnis nahe verwandter Sprachen und Dialekte, das blieb in seinem wohldisziplinierten Geist scharf gesondert.

In China verlebte er 24 Jahre seines Lebens als weiter gemeiniglich in einem Dutzend Töpfen zugleich kocht, ohne einen einzigen gar zu bekommen, fiel er überall gleich als der beste Kopf auf, der mühelos in kürzester Zeit nicht nur das Prüfungsziel erreichte und überholte, sondern auch z.B. in der chinesischen Klasse schnell der Mitarbeiter berühmter Sprachkenner im Dienste des Auswärtigen Amtes, allen ein leuchtendes Vorbild, allerdings in solche Höhen entrückt, dass von vornherein bei keinem der Ehrgeiz aufkommen konnte, es ihm gleichzutun.

Lassen uns die Fremdsprachen meist nur bis in ihren Vorhof kommen, so würdigten sie ihn weitgehender Gastfreundschaft. Einmal erkundigte sich ein solcher Feinschmecker in Stilfragen wie Li Hung-dschang, welcher Chinese die besonders klaren, gut geschriebenen Akten, die von der deutschen Gesandtschaft an die chinesische Behörde kämen, verfasse. Es stellte sich zu seinem Erstaunen heraus, dass das ein Deutscher, nämlich Krebs, tue.

Die berühmte alte Kaiserinwitwe, eine Frau mit einer besonders gepflegten Sprache, unterhielt sich mit besonderer Vorliebe gerade mit ihm, als dem sorgfältigsten und besten Sprecher des Chinesischen unter den Ausländern. Und als mandschurische Prinzen bei einem Empfang sich untereinander der mandschurischen Sprache, die ausgestorben und sozusagen Geheimsprache am Hofe geworden war, bedienten, wer beschreibt ihr Erstaunen, wie Emil Krebs sich zwanglos mit eben dieser Sprache in ihr Gespräch mischte!

Die Dinge klingen märchenhaft, doch habe ich mich von ihrer Wirklichkeit überzeugen müssen, trotz anfänglicher Zweifel, die ja bei der Wiedergabe solcher Dinge durch nicht Urteilsfähige nicht unberechtigt waren.

Es liegt auf der Hand, dass ein Mann mit solchem Wissen und solchen Fähigkeiten, trotzdem er sie in stolzer Bescheidenheit mehr verbarg als zeigte, für unser Ansehen in China sehr viel bedeutete und dass die Chinesen, deren Sprache er bis zu einem solchen Maße meisterte, dass er jedem Gespräch, selbst dem mit beziehungsreichen Anspielungen gespickten, zu folgen vermochte, Vertrauen zu ihm fassten, trotzdem er verbindende Geselligkeit mehr mied als suchte und trotzdem auch Chinesen gegenüber gerade diesbezüglich seine Eigenschaften manchmal durchbrachen, die sie an uns so wenig schätzten: pi-tji, Ungeduld, Heftigkeit.

Still im Hintergrund hat er an mancher für uns wichtigen Entscheidung bestimmend mitgewirkt und so mehr für uns getan, als mancher, der sich dessen laut gerühmt hat. Freilich, am wohlsten war ihm in der ruhigen Studierstube, wo er, stehend – ich glaube, er pflegte nur beim Essen zu sitzen – bald dieser, bald jener Sprache ihr Geheimnis abzulauschen suchte. „Mit jeder Sprache gewinnt man eine neue Seele", hat Karl V. gesagt. Aber man muß natürlich schon eine, und zwar eine möglichst reiche, mitbringen. Diese seine eigene Seele erschloß sich bei E. Krebs nicht leicht dem anderen. Krebs fühlt nicht das Bedürfnis, sich größeren Kreisen in Wort und Schrift mitzuteilen. Nicht, dass er ein geiziger Hüter des ihm anvertrauten Pfundes gewesen wäre. Im traulichen Verkehr gab er gern und reichlich, so reichlich, dass man nicht alles zu fassen vermochte. Aber dieses Schatzhaus der seltensten und wichtigsten Kenntnisse und Erkenntnisse, das fürchteten wir, die wir ihm nahestanden, zu dem würde der Tod eines Tages das Tor zuschlagen, und er würde die Kleinodien mit ins Grab nehmen.

Man hatte gehofft, dass die Muße des Alters dem unermüdlichen Arbeiter doch die Feder in die Hand zwingen würde zu einer neuen und tiefschürfenden Philosophie der Sprachwissenschaft, doch sollte ihm diese Muße nicht mehr werden, und auch auf die Darstellung seines an wichtigen Ereignissen und spannenden Momenten reichen Lebens von seiner Hand werden wir wohl verzichten müssen, wenn sich nicht noch Aufzeichnungen finden. Die einzige größere Arbeit, die mir bekannt, ist bezeichnenderweise ein selbstloser Akt der Pietät: Die Vervollständigung und Überarbeitung der Übersetzung des chinesischen Urtextes der „Chinesischen Schattenspiele" von Prof. Wilhelm Grube 1855-1908 (ebenfalls Dozent beim SOS und Lehrer von E. Krebs,) (Auf Grund des Nachlasses durchgesehen und abgeschlossen von Emil Krebs, München 1915), an der er, wie aus dem Vorwort B. Laufers, S. VI, hervorgeht, die Hauptarbeit getan und mit der er der Nachwelt wenigstens einen kleinen Geschmack von seiner märchenhaften Wissensfülle hinterlassen hat. Rastlos schritt er von Erkenntnis zu Erkenntnis, „ohne des Alters Nahen zu spüren" (Konfuzius).

Sich selbst aber und seiner Umwelt stand dieser kernhafte deutsche Mann – ein Kennzeichen des wahren Genies – naiv gegenüber. Er nahm seine Begabung nicht wichtig genug, um sie als Verpflichtung zu fühlen, und so wird er der Nachwelt entrückt sein, wie er einem größeren Kreise von Mitlebenden leider fremd geblieben ist. Die aber, die er seines Umgangs würdigte, stehen am Grabe diese rauschaligen, oft unbequemen und dabei doch grundehrlichen und bescheidenen, zu früh verstorbenen Freundes und sprechen mit Kung-dsi: ‚Wenn ich nicht um ihn klagen soll, um wen denn?'

Prof. Eduard Erkes

Prof. Dr. August Eduard Erkes (1891-1958) war ein deutscher Sinologe und Ethnologe. Studiert hatte er in Bonn und Leipzig. 1913 promovierte er in Leipzig, wo er sich 1917 auch habilitierte. Bis zu seinem Tode war er Professor für Sinologie an der Universität Leipzig. Zwischen August 1933 und Juni 1945 hinderte ihn ein Berufsverbot wegen politischer Unzuverlässigkeit an seiner Tätigkeit. 1912 besuchte Erkes China.

Ob und wann sich Krebs und Erkes persönlich begegneten ist nicht bekannt. Krebs bezog bis zu seinem Tode viele fremdsprachliche Schriften von der Universität Leipzig. Der folgende Nachruf von Erkes auf Emil Krebs erschien 1931 in der Zeitschrift *Litterae orientales*.

> Am 31. März (1930) starb plötzlich zu Berlin Legationsrat Emil Krebs, einer der bedeutendsten Sprachkenner der Gegenwart und wohl aller Zeiten. Schon als Kind zeigte sich bei ihm eine ganz ungewöhnliche Sprachbegabung. Er war am 15. November 1865 (richtig 1867) zu Freiburg in Schlesien geboren und überraschte bereits als Siebenjähriger seinen Lehrer damit, dass er ihn in – allerdings schriftgetreu ausgesprochenem – Französisch anredete, das er für sich aus einem Wörterbuch gelernt hatte. Als Gymnasiast eignete er sich bereits mehrere Sprachen neben den auf der Schule gelernten an; neben dem Altgriechischen lernte er Neugriechisch, neben dem Hebräischen Arabisch. Er studierte dann Rechtswissenschaft und bezog zugleich das Orientalische Seminar in Berlin; zuerst wollte er sämtliche dort gelehrte Sprachen studieren; da dies jedoch nicht anging, wählte er Chinesisch, weil es ihm als die schwierigste bezeichnet wurde. Er trat dann in diplomatische Dienste und war seit dem 6. Dezember 1893 bis zum Abbruch der diplomatischen Beziehungen 1917 bei der deutschen Gesandtschaft in Peking als Dolmetscher tätig, mit Ausnahme der Jahre 1897-1901, die er in Tsingtao [Qingdao] verbrachte.
>
> Krebs verwandte während seines ganzen Lebens alle verfügbare Zeit auf das Erlernen von Sprachen, für das er eine einzig dastehende Fähigkeit besaß. Er beherrschte sämtliche europäischen Idiome, darunter die kompliziertesten und unbekanntesten, wie Baskisch, Irisch, Gälisch, Albanisch, Litauisch, Georgisch und war auch der meisten asiatischen mächtig. Außer dem Chinesischen, seinem eigentlichen Gebiet, meisterte er Tibetisch, Birmanisch, Siamesisch, Malayisch, Javanisch, Koreanisch, Japanisch, Mongolisch, Mandschurisch, Türkisch, Persisch, Arabisch, Sanskrit, und von all diesen Sprachen besaß er nicht etwa nur eine allgemeine Kenntnis, sondern war mit ihrer Grammatik, ihrem Wortschatz sich und selbst mit ihrem Stil und ihren Idiotismen so vertraut, dass er sich ihrer frei bedienen und ihre Eigenart verstehen und würdigen konnte. In China war er ob seiner vollendeten Beherrschung nicht nur der gesprochenen, sondern auch der geschriebenen Sprache sehr angesehen; die von ihm geführte chinesische Korrespondenz der Gesandtschaft wurde allgemein wegen ihres vorzüglichen Stiles bewundert. In Peking war er außerdem der einzige Mensch, der sich mit den Prinzen des letzten Kaiserhauses noch in ihrer mandschurischen Muttersprache verständigen konnte.
>
> Krebs beherrschte zuletzt die fast unglaubliche Zahl von über 60 Sprachen, die er sprach, las und schrieb; mehr als Mithridates und Mezzofanti verstanden hatten. Leider hat er seine Sprachkenntnis wissenschaftlich fast nicht ausgewertet; sei es, dass ihm seine vielfältigen Amtspflichten und das Erlernen immer neuer Sprachen dazu nicht Zeit ließen, sei

es, dass schriftstellerische Tätigkeit seiner Neigung nicht entsprach. So sind, von einigen Besprechungen und kleineren Aufsätzen, die er hauptsächlich in der Zeitschrift „Neuer Orient" veröffentlicht hat, seine einzigen größeren Arbeiten die Herausgabe von Grubes nachgelassenem Werk „Chinesische Schattenspiele" (München 1915), das er revidiert und durch Hinzufügung einer größeren Zahl selbst übersetzter Stücke bereichert hat, und ein Aufsatz über „Die politische Karikatur in China" in der Ostasiatischen Zeitschrift von 1920.³

Vielleicht werden sich in seinem Nachlass oder in den Werken seiner reichen Bibliothek noch Notizen finden, die der Herausgabe würdig sind; denn es ist kaum anzunehmen, dass jemand, der eine so reiche Kenntnis der verschiedensten Idiome hatte, nicht auch zu neuen Beobachtungen auf sprachwissenschaftlichem Gebiet gekommen wäre und diesen nicht auch wenigstens ab und zu schriftlichen Ausdruck verliehen hätte.

Der Tod überraschte Krebs mitten in der Arbeit. Während einer türkischen Konversation über ein ihm vorgelegtes Dokument in dieser Sprache wurde er vom Gehirnschlag getroffen. Vorzeitig fand ein Leben seinen Abschluss, das, wenn ihm ein Ruheabend beschieden gewesen wäre, der Wissenschaft sicher noch manches Wertvolle hätte geben können.⁴

Werner Otto von Hentig

Als dritter Zeitzeuge – es könnten weitere genannt werden – kommt nun der Diplomat Werner Otto von Hentig zu Wort. Er beschreibt in *Mein Leben – Eine Dienstreise* (1963) sein diplomatisches Leben als Botschafter auf 15 verschiedenen Posten in vier Erdteilen. Er erlebte während seiner Dienstzeit beide Weltkriege. Im zweiten Weltkrieg sind ihm umfangreiche Aufzeichnungen verloren gegangen, sodass er überwiegend auf seine Erinnerungen zurückgreifen musste. In diesem Zusammenhang ist daher erwähnenswert, dass Emil Krebs mit seinen überragenden Sprachkenntnissen bei ihm einen solchen Eindruck hinterlassen hatte, dass er ihm eine längere Passage seines Buches widmete. Auch im Anhang erwähnt er ihn einige Male im Zusammenhang mit einer für ihn sehr schwierigen, teilweise lebensgefährlichen Antritts-Reise nach China. Danach habe sich in diesem Zusammenhang die Gesandtschaft in Peking, und hier im Besonderen der zuständige Gesandte aus Sicht von Hentig nicht ordnungsgemäß verhalten. Emil Krebs habe sich bei der Aufklärung dem Auswärtigen Amt gegenüber pro Hentig und gegen die Gesandtschaft erklärt.⁵ In von Hentigs Buch werden naturgemäß überwiegend Aristokraten innerhalb des diplomatischen Dienstes erwähnt. Insofern sind die Ausführungen zu Emil Krebs in diesem Umfang hervorzuheben.

---

3 Krebs, Emil: Die politische Karikatur in China. Ostasiatische Zeitung 8 (1919/1920), S. 268-274. Die Dokumentation in der Villa Hügel in Essen beinhaltet einen Sonderdruck der Ostasiatischen Zeitschrift zum 75. Geburtstag von Prof. Hirth (Historisches Archiv Krupp, FAH 4 E847, S. 90-95) Dem Verfasser liegt das Manuskript vor.
4 Erkes, Eduard: Emil Krebs †. In: Litterae orientales 46 (1931), S. 13f.
5 von Hentig, Werner Otto (1963): Mein Leben – eine Dienstreise, Göttingen. Anhang: *Tatbericht und Antrag des K. Legationssekretärs v. Hentig*, S. 447 – 470, hier S. 462f.

Hentig beurteilt Krebs aus Sicht eines zu diesem Zeitpunkt jungen, unerfahrenen Diplomaten und dürfte jedoch, was den Umgang mit ihm betrifft, richtigliegen. Er berücksichtigt hierbei jedoch nicht die Einmaligkeit seiner sprachlichen Fähigkeiten und die damit wohl verbundene Abweisung jeglicher aus Krebs' Sicht ungewünschter Ablenkungen.

> Wer lange in China gelebt hat, gerade also auch der Sinologe, ist entweder vom Lande bis zur Selbstaufgabe eingenommen oder lehnt alles Chinesische schroff und meist nicht ohne Überheblichkeit ab. Unser erster und zweiter etatmäßiger Dolmetscher gehörten zur letzten Kategorie. Beide waren sie erstrangige Kapazitäten auf ihrem Gebiet. Legationsrat Krebs, eine polyglotte Berühmtheit, wurde oft selbst von chinesischen Autoritäten in grammatischen Fragen zu Rate gezogen. Dr. Hauer war Spezialist für Mandschurisch, (...) 1912 beherrschte Krebs 32 Sprachen, nicht in der Art, wie es die Vielsprachler von sich behaupten, sondern ebenso elegant und gut das Arabische wie das Russische oder Italienische. Er sprach ein so vollendetes Toskanisch, dass der einzige Italiener Pekings, dessentwegen, so schien es, mich jedes Mal bat, ich möchte den Dottore Krebs zu einem freien Haarschnitt in seinen Salon einladen, um sein Toskanisch genießen zu können. Wie er zu einer neuen Sprache kam, habe ich einmal miterlebt. Er, Dobrikow [Kanzleichef der Gesandtschaft] und ich waren eines Mittags von einem großen amerikanischen Antiquar zum Frühstück ins Wagons Lits eingeladen. Nach einiger Zeit rückte Krebs, der bis dahin still und stumm dabeigesessen hatte, unruhig hin und her. Dann hielt es ihn nicht mehr, er stand auf und ging auf einen hinter uns stehenden Tisch zu. Linkisch führte er sich bei zwei dunkelhaarigen Herren vom Mittelmeertyp ein und verließ sie bald ganz erlöst. Fremde, selbst ihm fremde Sprachlaute waren an sein Ohr geschlagen. Er konnte sie weder im Westen noch im Osten Asiens unterbringen. Es war Armenisch gewesen. Noch am gleichen Tag bestellte er telegraphisch in der Leipziger Universitätsbibliothek eine armenische Grammatik, altarmenische Kirchenliteratur und moderne armenische Romane. Für die Grammatik brauchte er zwei, für das Altarmenische drei und die gesprochene Sprache vier Wochen. Dann beherrschte er sie aber auch.
> [...] Persönlich kam ich verhältnismäßig gut mit dem Gewaltigen, dem Menschenverächter, aus. Er hatte mir auch einen schönen chinesischen Namen, ein grammatisch-politisches Meisterstück, zugedichtet. Aus Hentig wurden drei Charaktere: Han wie das Urvolk Chinas, ti guè ‚mit Eigenschaften höchsten Grades'. So wurde denn der 25jährige Attaché als der ‚alte Herr Han aus dem Tugendland (do guo, Deutschland) mit Eigenschaften höchsten Grades'. Das war jedenfalls eine bessere Einführung, als sie der ihm lästig gewordene Korrespondent des ‚Berliner Lokal-Anzeigers' Kapitän z.S. a.D. Pustau erfuhr, dessen Namen er in bu tsche dao, ‚ich weiß von nichts', tranponiert hatte.

Krebs lernte in seiner Freizeit bis tief in die Nacht Sprachen. Die fehlende Nachtruhe versuchte er daher in der Mittagspause auszugleichen. Wurde er während dieser Zeit gestört, konnte es, wie Hentig aus eigener Erfahrung berichtet, zu nachfolgendem Disput kommen.

‚Herr Legationsrat Krebs! hsia lao ye, Seine Exzellenz lässt Sie bitten.'

Keine Antwort.

Lauter: ‚Herr Krebs, der Gesandt braucht Sie dringend.'

Keine Antwort.

Noch lauter: ‚Der Herr Minister lässt bitten.'

Endlich ein unwilliges Brummen.

‚Herr Krebs, Herr Krebs, lassen Sie mich doch ein!'

‚Der Gesandte kann mir, lassen Sie mich in Frieden.'

‚Darf ich Ihnen beim Anziehen helfen?'

‚Gehen Sie zum Teufel!'

‚Man braucht Sie dringend.'

‚Das behauptet man immer.'

Abb. 62 Emil Krebs im Garten der Gesandtschaft (1914).

Hentig fährt fort:

> Wie der Fall zeigt, kein bequemer Mitarbeiter. Seine Interessen waren auch ganz einseitig. Als ich Jahre später, mit der Ausbildung der Attachés betraut, ihn bat, uns aus seiner einzigartigen Kenntnis einen allgemeinen sprachvergleichenden Vortrag zu halten oder über ein ähnliches Thema eigener Wahl zu sprechen, weigerte er sich strikt, nicht so sehr aus allgemeiner Widerwurzigkeit als aus der Unfähigkeit, anders als rein sprachlich-grammatisch zu denken.[6]

Veröffentlichungen von Emil Krebs

Von verschiedenen Zeitzeugen und in Nachrufen der Presse wird bedauert, dass Emil Krebs sein umfangreiches Wissen nicht in weiteren eigenen Schriften hinterlassen habe. Die Recherchen des Autors in den vergangenen Jahren förderten jedoch neben bereits bekannten Arbeiten von Krebs (z.B. *Chinesische Schattenspiele, Über das Chinesisch Lernen* oder *Die politische Karikatur in China*) weitere Aufsätzen und Veröffentlichungen von ihm zutage: 1899 verfasste er eine längere Abhandlung über das chinesische Strafrecht, der in Band 2 eines von Franz von Liszt herausgegebenen Werkes

---

6 von Hentig, Werner Otto (1963): Mein Leben – eine Dienstreise. Göttingen, S. 32-35.

über die Strafgesetzgebung der Gegenwart erschien.[7] Als Bezirksamtmann in Qingdao hatte Krebs als deutscher Richter für chinesisches Recht diese chinesischen Gesetze bei Strafsachen mit Eingeborenen anzuwenden.

1920 geht er in einem etwa 50 Seiten umfassenden Aufsatz auf das Verhältnis zwischen Deutschland und China während der Kolonialzeit und dessen Auswirkungen auf das folgende Miteinander ein. Er nimmt hier eine kritische Haltung zur bisherigen deutschen Politik gegenüber China und seiner Bevölkerung ein. Er spricht von Ausbeutung durch in China vertretene Kolonialmächte. Zu den Verhandlungen nach dem ‚Boxeraufstand' schreibt er:

> Die Verhandlungen, die zu dem Friedensprotokoll von 1901 führten, wären der geeignete Zeitpunkt gewesen, einen richtigen Ausgleich zwischen den fremden Interessen in China und den politischen, finanziellen und wirtschaftlichen Notwendigkeiten Chinas zu schaffen und so die Grundlage zu einer friedlichen Einreihung Chinas in die Zahl der Nationen zu legen. (...) Aber gerade das Gegenteil geschah."

Sein Aufsatz schließt mit den Worten: „Right over Might " (Recht steht vor Macht). Das Manuskript dieses Aufsatzes befindet sich in privater Hand und wurde nicht veröffentlicht.

Die nachstehenden Schriften befinden sich in der Staatsbibliothek zu Berlin und wurden von der chinesischen Studentin Jianan Yan durch ihre Recherchen für eine Masterarbeit[8] an der Fremdsprachenuniversität Peking über Emil Krebs entdeckt.

In den Jahren 1918 bis 1923 veröffentlichte die Zeitschrift *Der Neue Orient* zahlreiche Übersetzungen und Besprechungen von Emil Krebs zu türkischen Gesetzen, z.B. Familiengesetze, Ehegesetz, Gemeindegesetz, Ernährungsgesetz und einige mehr. Hier finden sich auch einige Buchbesprechungen. Bemerkenswert sind zwei seiner Aufsätze: *Deutsche Tätigkeit in China* und *Chinas innere und äußere Politik*.[9] Der erste Aufsatz behandelt die Einflussnahme europäischer Missionen und deren Missionare in China. *Chinas innere und äußere Politik* informiert über die schwierigen Zeiten in China nach der Revolution, die Machtkämpfe zwischen dem Süden und dem Norden, das Parteiensystem und deren führende Persönlichkeiten.

Diese Veröffentlichungen und Aufsätze bezeugen Krebs' über die Sprachen hinausgehenden Interessen und seine umfangreichen Kenntnisse als Jurist und Diplomat. Einige werden daher nachfolgend, zum Teil auszugsweise zur Kenntnis gebracht:

---

7   Krebs, Emil (1899): [Abschnitt] XIX China. In: von Liszt, Franz (Hg.): Die Strafgesetzgebung der Gegenwart in rechtsvergleichender Darstellung. Bd. 2: Das Strafrecht der aussereuropäischen Staaten. Berlin: Otto Liebmann, S. 369-384.

8   Yan, Jianan (2016): 夏礼辅及其《燕影剧》研究 (dt.: Studie über Emil Krebs und *Chinesische Schattenspiele*). Univ. Masterarbeit, Düsseldorf – Peking (Beijinger Fremdsprachenuniversität, chinesisch 北京外国语大学, englisch Beijing Foreign Studies University).

9   Krebs, Emil: Deutsche Tätigkeit in China. In: Der neue Orient 7 (1920), S. 75-79; Ders.: Chinas innere und äußere Politik. In: Der neue Orient 7, 3, S. 81-89; 4, S. 124-133.

Chinesische Schattenspiele

Abb. 63 Deutsche Fassung „Chinesische Schattenspiele" Buch 442 Seiten, chinesische Fassung ca. 750 Seiten (im Privatbesitz).

Hervorzuheben ist die Übertragung „Chinesische Schattenspiele" aus dem chinesischen Urtext ins moderne Chinesisch und die anschließende Übersetzung ins Deutsche. Nach Prof. Wilhelm Grubes[10] Tod hat Emil Krebs auf Bitte der Witwe die bereits begonnene Arbeit seines früheren Lehrers beim Seminar für Orientalische Sprachen abgeschlossen. Die Professoren Lessing und Erkes weisen in ihren Nachrufen zu Krebs' Tod bereits darauf hin. Zur Ausleihe ist die deutsche Übersetzung in verschiedenen

---

10 Wilhelm Grube * 17. 07.1855 Sankt Petersburg; † 2. 07.1908 in Berlin war ein deutscher Sinologe, Sprachwissenschaftler und Ethnologe. Ab 1892 außerordentlicher Professor für Sinologie (Seminar für Orientalische Sprachen Berlin). Otto Franke, Emil Krebs, Berthold Laufer und Erich Haenisch zählten zu seinen Schülern.

Universitätsbibliotheken, so auch in der Nationalbibliothek in Leipzig, vorhanden. Zu dieser umfangreichen Schrift (es existiert auch eine chinesische Fassung) einige Passagen des Vorwortes vom Herausgeber Prof. Berthold Laufer[11]:

Vorwort.

Die Grundlage dieser aus Wilhelm Grubes Nachlaß veröffentlichten Arbeit bildet eine handschriftlich aufgezeichnete Sammlung chinesischer Schattenspieltexte (19 Hefte), die der Unterzeichnete im Jahre 1901 von einer Schattenspielertruppe in Peking samt deren aus etwa tausend Figuren bestehenden Apparat für das American Museum in New-York erwarb. Von einer Anzahl der Singspiele wurden phonographische Aufnahmen hergestellt, die zum Teil durch Erich Fischer im Psychologischen Institut der Universität Berlin bearbeitet worden sind. Für das Studium der Texte kam Wilhelm Grube bei seiner ausgedehnten Kenntnis der chinesischen Volkskunde und des volkstümlichen chinesischen Dramas insbesondere als die geeignetste Persönlichkeit in Frage. Im Sommer 1904 wurde die Angelegenheit mit ihm besprochen und der Vorschlag, die Herausgabe und Übersetzung der Texte zu übernehmen, begegnete einer ebenso bereitwilligen als verständnisvollen Aufnahme. Im Herbst desselben Jahres wurde daher das chinesische Manuskript von New-York an Professor Grube in Berlin gesandt, der bereits im März 1905 berichten konnte, dass er dreizehn Stücke übersetzt habe, von denen die Hanswurstpossen bei weitem die interessantesten seien, und dass er sein Hauptaugenmerk auf diese Gattung zu richten gedenke. Am 23. Januar 1906 schrieb Professor Grube:

> ‚Von den Schattenspieltexten habe ich den weitaus größten Teil durchgenommen und übersetzt. Die Hauptschwierigkeit dabei war die Herstellung des Textes, der in einem geradezu schauderhaften Zustande ist. Von 25 Stücken habe ich eine korrekte Abschrift angefertigt, die schon 250 Seiten füllt. Nun aber steht mir noch die Durchsicht und Übersetzung eines, wie es scheint, nicht uninteressanten mythologischen Zauberdramas (Nr. III der Sammlung) bevor, welches sehr viel umfangreicher ist als die übrigen und allein vier von den im ganzen neunzehn Heften füllt. (…)'

Leider sollte der unermüdliche Forscher den Abschluß seiner aufopfernden Arbeit nicht mehr erleben: ein langwieriges Herzleiden setzte am 4. Juli 1908 seiner rastlosen Tätigkeit ein Ziel. (…)

Herr Legationsrat Emil Krebs, erster Dolmetscher der Kaiserlich Deutschen Gesandtschaft in Peking, selbst ein Schüler und treuer Verehrer des Dahingegangenen, erbot sich, das unvollendete Werk abzuschließen. Auch an dieser Stelle sei Herrn Krebs für seine in selbstlosester Weise unternommene, überaus mühevolle und gewissenhafte Arbeit wärms-

---

11 Berthold Laufer * 11.10.1874 Köln; † 13.09.1934 Chicago war ein deutscher Anthropologe, Sinologe und Ostasienforscher. Sinologie-Studium bei Wilhelm Grube an der Universität Berlin und Malaiisch bei Georg von der Gabelentz in Leipzig. Er promovierte 1897 in Leipzig. Er studierte Buddhismus bei Otto Franke, Tibetisch bei Georg Huth und Japanisch bei Rudolf Lange.

ten Dank abgestattet. Seine Mitarbeiterschaft ist der Sache in hohem Grade zugutegekommen, da die Texte in der Pekinger Volkssprache abgefasst sind, die er mit voller Meisterschaft beherrscht. Zahlreiche Anspielungen auf örtliche Verhältnisse haben in ihm den rechten Interpreten gefunden; in schwierigen Fällen konnte er auch den Rat von Pekinger Schattenspielern einholen. Insbesondere erstreckt sich die Arbeit des Herrn Krebs nach drei Seiten hin. Er hat vor allem eine Anzahl (im Ganzen 23, dazu die Solos) von Grube nicht übersetzter Stücke selbständig und mit großem Geschick übertragen. Diese Übersetzungen sind in jedem einzelnen Falle als solche kenntlich gemacht. Er hat sodann unvollendete Übersetzungen Grubes abgeschlossen, die bereits fertigen Übersetzungen einer gründlichen Durchsicht unterzogen, die dem Dahingeschiedenen versagt war, dieselben mit der Urschrift verglichen und Verbesserungen sowie Erläuterungen hinzugefügt. Er hat ferner die chinesischen Texte nachgeprüft, die noch nicht abgeschriebenen kritisch bearbeitet und den gesamten Textstoff in druckfertigen Zustand gebracht. Auf Veranlassung von Frau Professor Grube sind die chinesischen Texte in der Druckerei der Katholischen Mission in Yen-chou, Schan-tung, unter Leitung des Herrn Krebs gedruckt worden; dieser Band, im gleichen Format wie diese Abhandlungen, ist von Otto Harrassowitz in Leipzig zu beziehen.

Der Natur der Sache nach kam für die Umschreibung chinesischer Namen nur der Pekinger Dialekt in Frage. Das Studium der chinesischen Volkssprachen ist bisher in recht bescheidenem Maße betrieben worden. In der Mundart von Peking sind nur wenige Volkslieder und eine kleine Sammlung von Schnurren veröffentlicht worden. Wir geben uns der Hoffnung hin, dass diejenigen, welche sich zu praktischen oder wissenschaftlichen Zwecken mit der Sprache der Hauptstadt befassen, in diesem Werke reichen und anregenden Stoff finden werden. (…)

Der Herausgeber möchte nicht verfehlen, die Direktion des American Museum of Natural History in New-York für die liberale Überlassung der Handschrift seinen Dank auszusprechen, ebenso der Königlich Bayerischen Akademie der Wissenschaften, die hiermit Grubes Vermächtnis der Öffentlichkeit übergibt. Wenn diese seine letzte Arbeit der in Deutschland aufstrebenden Chinaforschung neue Bahnen weisen und zu weiteren Untersuchungen auf dem vielversprechenden Gebiete des chinesischen Dramas und Bühnenwesens anregen sollte, so wird dem Andenken des verdienten Forschers am besten gedient sein. Die Tätigkeit des Herausgebers beschränkt sich auf die Durchsicht und Vorbereitung des Manuskripts zum Druck, Hinzufügung erklärender Anmerkungen, Anordnung des Stoffes und Erledigung der Korrekturen.

Chicago, 24. August 1915.   *Berthold Laufer*

Der Geh. Admiralsrats Dr. W. Schrameier schreibt an Direktor Georg Baur, Beauftragter von Gustav Krupp von Bohlen und Halbach[12]:

> „(…) Es ist mir gelungen, ein Exemplar des Buches zu erhalten, in dem Herr Krebs in hervorragender, viel umfangreicherer Weise als in der Vorrede angegeben ist, mitgearbeitet hat. Er selbst sagte mir, die Durchsicht und Verbesserung der bereits übersetzten Stücke habe ihm weit größere Mühe gemacht als die eigene Übersetzungstätigkeit."

Noch zwei weitere kleine Anmerkungen hierzu. Frau Krebs hat in einem Brief vom 13.06.1913 an ihre Mutter und Geschwister auf dieses Werk hingewiesen: „Diese Schattenspiele hat Professor Grube zu übersetzen versucht, ist aber darüber gestorben und Krebs hat sie auf Frau Grubes Bitte vollendet. Augenblicklich sind sie im Druck und Krebs hat mit der Korrektur zu tun."

Ferner schreibt sie im gleichen Brief:

> „Abends hatten wir im Garten Schattenspiele veranstaltet. Dafür wurde auf der Veranda eine Bühne aufgebaut und von 9 bis ½ 2 Uhr unter allerliebster Musikbegleitung und Gesang die vor Jahrhunderten entstandenen Schattenspiele aufgeführt. 10 Leute wirkten da hinter der Bühne und bereiteten uns einen höchst interessanten, eigenartigen Abend. Krebs und die Eleven (Dolmetscher in der Ausbildung) erklärten so viel, dass wir dem Gange der Handlung folgen konnten."

Nach Erinnerungen seiner Enkelin Brigitte Mayr aus Gaienhofen erzählte ihre Großmutter des Öfteren, dass ihr verstorbener Ehemann sehr oft chinesische Schattenspiele besucht habe. Er habe hierüber für sich und die Gesandtschaft auch über das Kaiserhaus zusätzliche allgemeine Informationen bezogen. Zeitungen im heutigen Sinne kamen erst um 1900 auf. Bis dahin begnügten sich die wenigen offiziellen Veröffentlichungen lediglich mit der Bekanntgabe kaiserlicher Informationen.

---

12 Historisches Archiv der Alfried Krupp-Stiftung Essen, Schreiben Dr. Schrameier an Krupp Direktor Georg Baur vom 10.09.1917, FAH 4 E847.

Krebs' Nachbetrachtung Deutschland – China (1920)

(Privat-Archiv Brigitte Mayr, Gaienhofen)

Ein 50 Seiten umfassender Aufsatz von Emil Krebs aus dem Jahr 1920 über *Deutschland in China* offenbart eine sehr kritische Haltung zur bisherigen Politik Deutschlands gegenüber China und dessen Bevölkerung.

Leider ist nicht zu erkennen, ob und ggfs. in wessen Auftrag diese Niederschrift erfolgte. Da sie sich jedoch in seiner Schreibmappe des Auswärtigen Amts befand, ist anzunehmen, dass es sich hier um einen offiziellen Auftrag handelte. Krebs betreffend ist aus diesem Papiere klar erkennbar, dass hier nicht nur ein Dolmetscher der damaligen Zeit gefordert war, sondern ein Diplomat, der einen tiefen Einblick in die Politik und Wirtschaft in China erhalten hatte, und daher sein umfassendes Wissen auch außerhalb der Sprachwissenschaft anerkannt war.

Krebs beschreibt den historischen Hintergrund ab 1689 und nennt die ersten Verträge zwischen China und Russland über einen friedlichen Grenzhandel zwischen beiden Ländern, um dann auf die weniger friedlichen Vorstellungen verschiedener europäischer Länder einzugehen. Auch über die englisch – chinesischen Beziehungen sowie über Japans Interventionen spricht er ausführlich. Chinas sich ständig verringernde Souveränität in vielen Bereichen wird dargestellt. Die Gebietssicherungen bzw. Aneignungen Englands, Russlands und Japans werden beispielhaft aufgeführt. Ausführlich werden die Hintergründe der Gebietsansprüche Deutschlands (Kiautschou) dargestellt. Krebs spricht in diesem Zusammenhang von einem gewaltsamen (!) Erwerb und zentriert dies zu der Aussage,

> „In der Tat! Die nunmehr etwa achtzigjährige Geschichte der näheren Beziehungen Chinas zu den europäischen Staaten stellt eine ununterbrochene Kette von Vergewaltigungen der territorialen und souveränen Rechte Chinas auf politischem, wirtschaftlichem und kulturellem Gebiet dar. Der wohl letzte Versuch Chinas in dem sogenannten Boxeraufstand im Jahr 1900, sich der Todesschlinge der verhassten Barbaren zu entziehen und seine Jahrtausend alte, fast nur durch innere Kämpfe beeinflusste Abgeschiedenheit als ‚Reich der Mitte' unter dem ‚Sohn des Himmels' wiederherzustellen, erscheint daher dem gerechten Beurteiler zum mindesten verständlich. (…) Auf handelspolitischem Gebiet wurden China von den fremden Mächten von vornherein Konzessionen abgerungen und Beschränkungen auferlegt, die seine freie Entfaltung und vor allem eine geregelte Finanzwirtschaft hemmten."

Auch erfährt man etwas über den englischen Opiumhandel und den damit verbundenen Zolltarif. Ergänzend wird auf Konzessionen zur Ausbeutung von Bergwerken hingewiesen. Krebs geht auf die weitgehend religiöse Toleranz der Chinesen ein, die sich dann jedoch teilweise zum Nachteil der chinesischen Landbevölkerung entwickelte (Erwerb von Grundbesitz im Inneren des Landes). Ein überraschendes Verständnis zum Boxeraufstand ergibt sich aus den Ausführungen,

> „(…) so war denn durch die ohne Rücksicht auf die Chinesen und ihre in ihrer uralten Kultur begründete Eigenart vorgenommene ‚Europäisierung' Chinas auf allen Gebieten

ein fruchtbarer Boden für die Bewegung geschaffen, die als Boxeraufstand bekannt ist, besser aber als die nationale Erhebung Chinas gegen das Vordringen Europas im fernen Osten bezeichnet werden sollte."

Diese Aussage wird von ihm in den dann folgenden Absätzen seines Aufsatzes näher ausgeführt und begründet. Den Verhandlungen nach dem „Boxeraufstand" begegnet er mit den kritischen Anmerkungen,

„(...) die Verhandlungen, die zu dem Friedensprotokoll von 1901 führten, wären der geeignete Zeitpunkt gewesen, einen richtigen Ausgleich zwischen den fremden Interessen in China und den politischen, finanziellen und wirtschaftlichen Notwendigkeiten Chinas zu schaffen und so die Grundlage zu einer friedlichen Einreihung Chinas in die Zahl der Nationen zu legen. Aber gerade das Gegenteil geschah."

Krebs kritisiert die gegenüber China geforderten Entschädigungen aus dem Schlussprotokoll von 1901. Neben einer Schadenssumme in Höhe von 300 Millionen mex. Dollar musste Prinz Tschun als „Sühneprinz" dem deutschen Kaiser in Deutschland (Neues Palais in Potsdam) das Bedauern des Kaisers von China wegen der Ermordung des deutschen Gesandten Clemens von Ketteler aussprechen. Auch der, wie Krebs formuliert, Raub alter astronomischer Instrumente aus dem Pekinger Observatorium und deren Aufstellung vor der Orangerie in Potsdam sei ein außerordentlich hohes Zeichen von *Kultur*.

Nach Anmerkungen und Begründungen zur chinesischen Revolution und den politischen Zielen Englands, Russlands und Japans in China sowie vielen Anmerkungen zu wirtschaftlichen Gegebenheiten werden von Krebs nun Chinas Zukunftsaussichten und Deutschlands Möglichkeiten für Aufbauhilfen beschrieben:

„Neue Bergwerke sind erschlossen, Eisenbahnbauten in Angriff genommen, drahtlose Stationen errichtet. (...) Durch Verbesserung und Modernisierung der Straßen in den größeren Städten und in ihrer Umgebung ist die Nachfrage nach Automobilen gestiegen, die Einrichtung von Flugposten ist geplant. Kurz, auf allen Gebieten moderner Industrie und Technik regt es sich in China.
Die industrielle Entwicklung Chinas ist nur den Einfuhrländern nicht günstig, die auf dem chinesischen Markt einen Massenabsatz ihrer Erzeugnisse betreiben. Da aber der deutsche Handel mit China vor dem Kriege nicht auf dem Absatz leicht herstellbarer Massenartikel aufgebaut war, so hat Deutschland von der fortschreitenden Industrialisierung Chinas wenig zu fürchten. In China selbst sind alle Bedingungen für eine glänzende industrielle Entwicklung gegeben. An allen Rohmaterialien, die als Grundlage für eine Industrie gelten – vor allem Kohle und Erz – hat China als eins der reichsten Kohlenländer und bei seinen zahlreichen Eisenerzlagerstätten keinen Mangel. Ein unerschöpfliches Reservoir von außerordentlich billigen Arbeitskräften steht ihnen zur Verfügung. Der Arbeitsmarkt ist bei der ungeheuren Bevölkerungszahl unbeschränkt. Die fortschreitende Industrialisierung Chinas verlangt aber neben einer großen Menge europäischer Materialien vor allem Maschinen. Hier wäre also an und für sich eins der Hauptgebiete für eine künftige Betätigung Deutschlands in China.

"(...) Eins aber braucht China zur Durchführung seiner Industrialisierung in erster Linie und das sind wirtschaftliche Organisatoren und technische Intelligenz. (...) Hier muss die staatliche Hilfe eingreifen, um dem deutschen Ingenieur zu helfen, wieder nach China hinauszugehen und am industriellen Ausbau Chinas mitzuarbeiten. Ebenso muss der deutsche Kaufmann in weitgehendstem Maße unterstützt werden, um ihm die Wege nach Ostasien wieder zu ebnen. Die Grundlage hierfür wird in der diplomatischen Arbeit liegen, durch die die Verträge zu schließen sind, nach denen sich in Zukunft der Handelsverkehr mit China regelt."

Abschließend schreibt Emil Krebs:

„Deutschland, dessen Ziel ein friedliches Zusammenarbeiten mit den Chinesen sein soll, wird auch ohne Einflusssphäre, ohne Pachtgebiet und ohne Fremdenniederlassung in China auskommen. Politisch wird Deutschland, soweit es überhaupt zunächst einen Einfluss ausüben kann, auf Unterstützung des chinesischen Wunsches nach einer internationalen Regelung aller die Souveränität Chinas einschränkenden Bestimmungen, sei es nun vor dem Völkerbund oder besser noch vor einer besonderen internationalen Konferenz, zu dringen haben."

Krebs erinnert danach an all die Reparationsansprüche und Kontrollmaßnahmen der Sieger, an sonstige Nachteile und Entbehrungen, die Deutschland nach dem Ersten Weltkrieg erleiden muss. Auf Chinas Vergangenheit bezogen stellt Krebs fest,

„Eine Erfahrung, die China in mehr oder minder krasser Form seit der Zeit macht, in der ihm die Segnungen europäischer Kultur zuteil werden. China, dessen Kultur und Moral, die im wahren Menschentum liegt, zu einer Zeit, in der von den europäischen Ländern noch gar nicht die Rede war, schon auf einer ethisch weit höheren Stufe stand als das, was alle kriegsführenden europäischen Nationen ohne Unterschied der sogenannten halbzivilisierten Welt, in dem fünfjährigen Völkerschlachten als europäische Kultur und erstrebenswertes Ideal vor Augen geführt haben.
Deutschland blickt auf die Trümmer seines Ruhmes und seiner Größe, die zusammenbrechen mussten, weil ihr die Stütze im Herzen des Volkes fehlte. Nur wer sich stillschweigend der Mitschuld Deutschlands an dem Unglück und Elend Chinas und an dem Weltkrieg bewusst ist, wird auch den richtigen Weg zum friedlichen Wiederaufbau der vernichteten deutschen Werte in China finden. Unter dem Leitmotiv ‚solamen miseris socios habere malorum' werden Deutschland und China, Deutsche und Chinesen gemeinschaftlich daran arbeiten können, jeder nach seinen Kräften dem andern sein Unglück in Glück zu wandeln."

Krebs schließt:

„Mag die neue Inschrift dieses Denkmals (Ketteler-Monument in Peking) eine Warnung für jeden Einzelnen und für jedes Land sein:
Right over Might !"   (Recht geht vor Macht)

Chinas innere und äußere Politik.
von E. Krebs.

„Der Neue Orient" 1923 7. Jahrgang, Heft 3 und 4, Staatsbibliothek Berlin
Vortragsabend des Beirats für Auslandsstudien d. Univ. Berlin

Die Nachrichten, die aus Ostasien zu uns gelangen, berichten seit Jahren von derartig trostlosen und verworrenen politischen Zuständen in China, daß es dem fernstehenden Beobachter scheinen will, als ob Aussicht auf die Wiedervereinigung des gegenwärtig in mehrere Stücke zerrissenen großen Reiches nicht mehr vorhanden sei. Sind die Aussichten wirklich so verzweifelt? Ist die bei uns obwaltende pessimistische Auffassung vielleicht nicht vielmehr darauf zurückzuführen, daß der Fernstehende an die chinesischen Dinge den Maßstab europäischer Zustände und Gedankengänge legt?

Bei Beurteilung der gegenwärtigen politischen Verhältnisse Chinas – es ist im Nachstehenden nur vom eigentlichen China mit Einschluß der drei mandschurischen Provinzen, nicht auch von den Ausländern wie Mongolei und Tibet die Rede, die zwar zu normalen Zeiten Bestandteile des chinesischen Reiches waren, aber administrativ eine mehr oder weniger unabhängige Sonderstellung einnahmen – muß man sich ein doppeltes vor Augen halten: Erstens sind die heutigen Zustände in China keineswegs etwas Neues und Unerhörtes; vielmehr hat das Land im Verlaufe seiner mehrtausendjährigen Geschichte wiederholt viel schlimmere Zeiten der Zerrissenheit durchgemacht, die manchmal von sehr langer Dauer waren, und doch ist es daran nicht zu Grunde gegangen. So sieht auch der geduldige Chinese von heute in den Drangsalen der Gegenwart eine, wenn auch beklagenswerte, doch nur vorübergehende Erscheinung, die einmal besseren Zuständen im wiedergeeinten Vaterlande wieder Platz machen wird.

Zweitens aber sind die Kämpfe, welche die gegenwärtige Lage herbeigeführt haben, nicht etwa das Ergebnis tiefgehender Unterschiede des politischen Denkens, etwa des Ringens zwischen Reaktion und Fortschritt, sondern es liegen ihnen lediglich reine Machtfragen der beteiligten Parteien und Gruppen zu Grunde, deren Gegensätze teils rein persönlicher Natur sind, teils, und das gilt insbesondere von dem Streit zwischen Süden und Norden, auf der Verschiedenheit des Temperaments beruhen. Bei dem durchaus unpolitischen Charakter des chinesischen Volkes waren bis Ende der Kaiserzeit politische Gegensätze, die zur Bildung von politischen Parteien hätten führen können, undenkbar. Es bestanden früher höchstens geheime Gesellschaften unter den verschiedensten Namen, die im Allgemeinen gegen die gerade herrschende Dynastie zugunsten der von dieser vertriebenen früheren gerichtete Tendenzen hatten und die die jeweilige Regierung naturgemäß dauernd verfolgte und zu unterdrücken strebte. Als der Vater des politischen Parteiwesens in China kann der als geistiger Urheber der Revolution gegen die Mandschu-Dynastie bekannte Sun Won gelten, der während seines Aufenthaltes in Japan 1901 die Tung mang hui, Bundesgesellschaft, gründete, fast ausschließlich aus Südchinesen bestehend und mit beinahe sozialistischem Parteiprogramm. Ihr gehörten vor allem die Männer an, die später bei der Revolution vom Jahre 1911 eine Rolle gespielt haben, und die große Masse der in Japan studierenden Jugend aus Südchina. Das Ziel dieser radikalen Südpartei war ein doppeltes: 1) die von ihr als rassefremde Eroberer angesehenen Mandschu-Kaiser zu vertreiben und 2) den bis dahin allein maßgebenden Einfluß des Nordens in der Reichspolitik nach Möglichkeit einzuschränken und dem Süden das Übergewicht in der Leitung der Geschicke Chinas zu sichern. Das lebhaftere südliche Temperament zeigt sich hier vor allem darin, daß die Bundesgesellschaft, der es anfangs nur auf Beseitigung der Mandschus und Wiedereinsetzung der Nachkommen der von diesen vertriebenen Kaiser aus der chinesischen Familie der Ming ankam, sehr bald über dieses Ziel hinausging und sich für die Einrichtung einer Republik entschied.

Zur leichteren Erreichung ihrer Ziele zog die Partei nach der formellen Errichtung der Republik einige kleinere Parteien ähnlicher Tendenz, die sich inzwischen gebildet hatten, an sich heran und baute sich mit geringen formellen Programmänderungen zu der großen demokratischen Partei Kuomintang aus, die noch heut das Rückgrat der südchinesischen Politik bildet und die insbesondere Yüan Shih kai während seiner Präsidentschaft Schwierigkeiten über Schwierigkeiten bereitete, weshalb dieser gegen Ende 1913 die ihr angehörigen Parlamentsmitglieder einfach aus Peking verwies und, weil nun der Rest des Parlaments beschlußunfähig geworden war, damit der parlamentarischen Tätigkeit überhaupt vor der Hand ein Ziel setzte.

In der Republik beanspruchte der Süden schon deshalb eine dem Norden gegenüber bevorzugte Stellung, weil der Süden die Revolution „gemacht" hatte, das kam nicht nur in der von ihm aufgesetzten (übrigens noch bis heute keine definitive ersetzten) Nankinger provisorischen Verfassung von 1912 zum Ausdruck, die im Gegensatz zu der vom Norden vertretenen Auffassung die Hauptmachtbefugnisse dem Parlament einräumte und dem Präsidenten der Republik verhältnismäßig geringe Rechte gewährte (weshalb es denn Yüan Shih kai auch vorzog sich der Mitwirkung des Parlaments bald zu entledigen), sondern auch in dem Verlangen, die Reichshauptstadt von Peking nach Nanking zu verlegen. Zu dem Zweck forderte man von dem zum provisorischen Präsidenten gewählten Yüan Shih kai, er solle den Eid auf die provisorische Verfassung in Nanking ablegen, ein Ansinnen, dem er nur dadurch auszuweichen wußte, daß er während der Anwesenheit der zu seiner Abholung nach Peking gekommenen Delegation des Südens eine große Truppenmeuterei in Szene setzen ließ, damit aller Welt klar vor Augen geführt würde, daß er sich im Interesse der Ruhe und Sicherheit des Landes nicht von Peking entfernen dürfe.

Natürlich suchte sich der Norden gegen die weitgehenden Ansprüche des Südens zu wehren und stellte der Südpartei die kurz nach Etablierung der Republik gebildete gemäßigt republikanische Partei Kunghotang gegenüber, die an Einfluß bald durch die große Fortschrittspartei Chinputang überholt wurde. Letzterer gehörten auch solche Südchinesen an, die mit den übertriebenen Ansprüchen ihrer engeren Landsleute nicht sympathisierten, so vor allem ihr Mitbegründer, der Cantonese Liang Ki tschau (seit 1898 viel genannt, der damals zusammen mit seinem Landsmann Kang Yu wei den

Kaiser Kuanghsü bei dessen Reformversuchen zur Modernisierung Chinas beriet), eine kurze Zeit lang Justizminister während der Präsidentschaft Yüan Shih kai's, dann nur als Schriftsteller tätig und als solcher von großem Einfluß im heutigen China. Dazu kommen mit der Zeit etwa ein Dutzend kleinere Parteien von teils untergeordneter, teils vorübergehender Bedeutung, deren Aufzählung sich erübrigt. Hervorgehoben zu werden verdient nur der Anfu-Klub (so genannt nach der Straße in Peking, wo sich das Klubgebäude befand), nicht nur wegen des Einflusses seines Gründers und Hauptes, des langjährigen Ministerpräsidenten Generals Tuan Kijui, sondern auch wegen seiner außenpolitischen Bedeutung. In ihm fanden sich nämlich alle diejenigen zusammen, welche sich zur Erreichung ihrer Ziele auf Japan stützten. Aus diesem Grunde war der Klub vielfach verhaßt, und als es dem im Rufe eines patriotisch gesinnten und uneigennützigen Republikaners stehenden General Wu Peifu gelang, den Klub mit Waffengewalt zu besiegen und unschädlich zu machen, wurde er mit einem Schlage der populärste Mann in Nordchina.

Im modernen Ausland, wo das Volk am politischen Leben mehr oder weniger Anteil nimmt, haben politische Parteien eine große Basis in breiten Bevölkerungsschichten mit den gleichen politischen Ansichten. Man glaube nun nicht etwa, daß das in China ebenso sei. Hier ist die Partei vielmehr auf ihre eigentlichen Mitglieder beschränkt; ihre Macht schöpft sie nicht aus einer hinter ihr stehenden gleichgesinnten Volksmasse, auch nicht aus der Stärke ihrer Vertretung im Parlament, zeigt doch die neueste Geschichte Chinas, wie das Parlament aufgelöst wurde, wenn es sich dem Willen der augenblicklichen Machthaber nicht fügen wollte. Die Macht der Partei beruht vielmehr auf der Macht einzelner ihrer Mitglieder an Geld und Truppen. Geld spielt in der modernen chinesischen Politik ebenso wie anderwärts eine große Rolle. Von einem Kampfe mit geistigen Waffen allein kann schon deshalb keine Rede sein, weil, wie bereits angedeutet wurde und durch einige Beispiele belegt werden wird, es sich bei den Kämpfen in China nicht um den Kampf zwischen Ideen, sondern um bloße Machtstreitigkeiten handelt. Daher finden wir im modernen chinesischen Parteiwesen so viel Bestechlichkeit und unvorschriftsmäßige Verwendung öffentlicher Mittel. So verwerflich das auch natürlich ist, so ist in China den Betreffenden doch vielfach wenigstens der Umstand mildernd anzurechnen, daß die oft auf nicht einwandfreie Art verlangten Geldmittel nicht immer ausschließlich der persönlichen Bereicherung, sondern vorzugsweise der Stärkung der eigenen Partei dienen. Da die Machtkämpfe nötigenfalls mit den Waffen ausgefochten werden müssen, ist natürlich die Partei am stärksten, welche über die meisten und besten Truppen verfügt, und so sind denn die Truppenführer und die Militärgouverneure der Provinzen, denen ein größeres Truppenaufgebot zur Verfügung steht, der ausschlaggebende Faktor in den hin und herwogenden Parteistreitigkeiten. Denn so weit ist es noch längst nicht gekommen, daß das chinesische, für die Bedürfnisse des Landes augenblicklich übrigens viel zu große Heer ein Werkzeug der Zentralregierung sei, vielmehr sind die einzelnen Truppenverbände in der Hand bestimmter Persönlichkeiten, die sie im eigenen oder dem Machtinteresse ihrer Partei verwenden und zu dem Zweck dauernd zu vermehren streben. Alle Bemühungen einsichtiger chinesischer Patrioten, die Beschränkung der Anzahl der Truppen auf ein vernünftiges Maß zu erreichen, sind bis jetzt vor allem an dem Widerstande der Militärgouverneure gescheitert, die nicht gewillt sind, ihre Machtmittel aus der Hand zu geben, und so ist es denn gekommen, daß das dereinst von der Zentralregierung als Mittel zum Schutze und zur Stärkung geschaffene Reichsheer statt dessen ein Mittel zur Bereicherung geworden ist und daß die Zentralregierung, wenn es um Verfügung wenigstens über Teile des Reichsheeres handelt, dabei von dem guten Willen der Truppenführer abhängig ist.

Die Masse der Bevölkerung nimmt an den Interessen der Parteien und den Gründen ihrer gegenseitigen Bekämpfung keinen Anteil; sie kümmert sich überhaupt nicht um Politik, sehnt sich nur nach Ruhe und der Möglichkeit, ihrem Gewerbe oder Beruf ungestört nachzugehen. Man kann daher bei den jetzigen Streitigkeiten nicht von einer Spaltung des chinesischen Volkes in verschiedene Lager, noch weniger von einem Bürgerkrieg reden. Vielmehr ist das Volk gänzlich unbeteiligt, wie sich auch die Streitenden um die Interessen des Volkes und des Landes nicht kümmern.

Der Punkt, daß es sich bei den inneren Kämpfen Chinas im Grunde um weiter nichts als das Ringen um die Macht einzelner Personen oder Truppen handelt, kann nicht genug betont werden. Daraus erklärt sich auch, daß die Angehörigkeit zu irgendeiner Partei nicht notwendiger Weise die Lösung aller Verbindungen mit anderen mit sich zu bringen braucht, vielmehr wird immer ein Weg offengelassen werden, um, wenn es veränderter Umstände halber nützlich erscheint, den Weg zu den früheren Freunden wiederzufinden. Aus demselben Grunde hat z. B. der Umstand, daß eine Provinz sich für unabhängig erklärt, nicht unbedingt zur Folge, daß sie nun jede Verbindung mit der Zentralregierung abbricht; es können trotzdem sehr wohl Beziehungen fortdauern, so ist es sogar möglich, daß die widerspenstige Provinz die Autorität der Zentralregierung in gewissen Dingen anerkennt, was in der Regel dann der Fall sein wird, wenn es sich um Dinge handelt, wo die fremden Mächte ein Wort mitzureden haben, wie u. a. bei der Ablieferung der Zolleinnahmen. Es ist dies übrigens eine Erscheinung, die wir auch sonst ganz allgemein im chinesischen Charakter wahrnehmen: die Abneigung gegen starre Folgerichtigkeit und das Lavieren aus Rücksichten der Zweckmäßigkeit.

Ein besonders in die Augen fallendes Beispiel dafür, daß lediglich Macht und Einfluß angestrebt wird, ist der Umstand, daß der Stockrepublikaner Sun Wen, als er 1922 seine Strafexpedition gegen Peking vorbereitete, um die dortige Regierung mit Waffengewalt zu stürzen, sich nicht scheute mit dem Militärgouverneur Tschang Tsolin in Mukden in Bündnisverhandlungen zu treten, obwohl dieser soweit von demokratisch-republikanischer Gesinnung entfernt ist, daß er sogar in dem Rufe steht, selbst nach dem Kaiserthrone zu streben. Zweck des Bündnisses sollte noch dazu sein, den als demokratischen Republikaner gerühmten Nordgeneral Wu Peifu vom Norden und Süden aus zu erdrücken, obwohl dieser seiner politischen Gesinnung nach Sun Wen nahestand und noch dazu zwei Jahre vorher im Bunde mit Tschang Tsolin die Anfu-Partei befragt hatte. Obwohl der Letztgenannte ferner allen Anlaß hatte, gegen die Japaner aufgebracht zu sein. Er hatte nicht verschmäht, sich heimlich mit ihnen in Verbindung zu setzen und von ihnen Unterstützung (insbesondere in Gestalt von Waffen) gegen seine eigenen Landsleute anzunehmen.

Diese Beispiele mögen genügen, um darzutun, daß bei den Machtkämpfen im modernen China von der Verteidigung höherer Ziele und Ideen nicht gesprochen werden kann, vielmehr reine Selbstsucht den Ausschlag gibt.

Der Machtkampf zwischen Norden und Süden begann unter der Präsidentschaft Yüan Shih kai's und hat sich bis in die neueste Zeit hingezogen, nur mit dem Unterschiede, daß, während der Süden immer eine mehr oder weniger geschlossenen Masse von bald größerem, bald geringerem Umfange bildete, je nach dem die eine oder die andere Provinz ihren Vorteil auf der einen oder den anderen Seite oder ganz abseits zu finden meinte, der Norden selbst bald in sich untereinander befehdende Gruppen zerfiel. Während so die einzige von den Mächten anerkannte Zentralregierung in Peking selbst immer mehr an Einfluß und Ansehen verlor, übt die eigentliche Herrschaft im Norden jedes Mal derjenige aus, der über die stärksten Truppen verfügt.

Der Gang der Ereignisse, der auf Grund der im Vorstehenden geschilderten Verhältnisse die heutigen Zustände allmählich herbeigeführt hat, war in aller Kürze folgender:

Nach dem Tode Yüan Shih kai's im Sommer 1916 wurde zunächst das von ihm 1913 aufgelöste Parlament wiederhergestellt und damit die Vorbedingung geschaffen, für die Wiedervereinigung der einzelnen Reichsteile, die sich von der Zentralregierung losgesagt hatten, als Yüan Shih kai offen unter Verletzung des auf die provisorische Verfassung der Republik geleisteten Eides die Besteigung des Kaiserthrones betrieb. Doch brachte schon das nächste Jahr einen neuen ernsten Zwist: als es sich nämlich 1917 um die formelle Kriegserklärung gegen Deutschland handelte, auf der die Generäle bestanden, verlangte das um seine Autorität besorgte Parlament, das sich nicht ohne weiteres dem Diktat der militärischen Machthaber fügen wollte, auch durch umlaufende Gerüchte über ein geheimes Abkommen mit Japan mißtrauisch geworden war, Bedenkzeit und beruhigende Erklärungen der Regierung über eben diese Gerüchte. Die Antwort hierauf war die unter dem Druck der Generäle vom Präsidenten Li Yüan hung verfügte Auflösung des Parlaments, sodaß die im August 1917 erfolgte Kriegserklärung ohne Parlamentsmitwirkung zustande kam. Für die innere Politik Chinas hatte die Parlamentsauflösung die Folge, daß sich nunmehr der Süden unter Canton's Führung vom Norden formell lossagte und China von nun ab zwei Regierungen hatte: die von den Mächten allein als Zentralregierung des ganzen Reiches anerkannte Regierung in Peking und die Südregierung in Canton, an deren Spitze Sun Wen trat und deren Parlament die aus dem Süden kommenden Abgeordneten des aufgelösten Pekinger Parlaments angehörten.

Nachdem der von dem kaisertreuen General Tschang Hsün unternommene Versuch, die Mandschudynastie wiederherzustellen, gescheitert war, wurde 1918 im Norden ein neues Parlament gewählt, das aber vom Süden nicht anerkannt wurde, eben so wenig wie der vom Nordparlament an Stelle des zur Zeit des monarchistischen Putsches zurückgetretenen Li Yüan hung gewählte Präsident der Republik Hsü Schih tschang. Zwischen dem Norden und Süden fanden fast dauernd Kämpfe statt. Auf den durch die fremden Mächte unterstützten Wunsch der chinesischen Kaufmannschaft wurden im ehemaligen deutschen Klub in Schanghai mehrere Friedenskonferenzen abgehalten, die indessen erfolglos verliefen, hauptsächlich weil der Süden verlangte, alle Mitglieder des 1917 aufgelösten Parlaments sollten wieder in ihre Rechte eingesetzt werden; zu diesem Zugeständnis war aber der Norden nicht zu bewegen, weil er befürchtete, daß damit wieder entschiedener südlicher Einfluß in das Parlament hineinkommen würde, und weil die Machthaber des Nordens nur ein ihnen gefügiges Parlament wünschten.

Im Norden hatte sich der Anfu-Klub unter Führung des Generals Tuan Kijui immer mißliebiger gemacht nicht nur wegen seiner Verbindung mit den in weiten Kreisen verhaßten Japanern, sondern auch, weil er den Präsidenten Hsü Schih tschang und damit die Zentralregierung vollkommen beherrschte. Das führte zu einer Koalition gegen ihn, an deren Spitze der politisch durchaus farblose, nur persönlich ehrgeizige Militärgouverneur in Tientsin, Tsao Kun, der Militärgouverneur Tschang Tsolin in Mukden und General Wu Peifu standen, ein Mann, der sich in den Streitigkeiten mit dem Süden durch weise Mäßigung ausgezeichnet, auf eine Versöhnung mit dem Süden hingearbeitet und den Ruf eines patriotischen Demokraten erworben hatte. Die Niederwerfung der Anfu-Truppen 1920 war hauptsächlich ihm zu danken. Den Gipfel erreichte seine Macht und Popularität, als es ihm zwei Jahre darauf gelang, seinen ehemaligen Verbündeten Tschang Tsolin auf das Haupt zu schlagen, der nach Beseitigung des Anfu-Klubs nun seinerseits den Präsidenten und die Regierung in Peking beherrschte und eine so übermütige Haltung einnahm, als ob er der Herr Nordchinas sei. Er wird auf Veranlassung seines Besiegers seines Amtes als Militärgouverneur der drei mandschurischen Provinzen ersetzt, was er damit beantwortete, daß er diese für unabhängig erklärt.

Inzwischen hatte sich Sun Wen im Mai 1922 zum Präsidenten der ganzen Republik ausrufen lassen und unternahm sodann seine „Strafexpedition" gegen Peking. Diese kam aber in Mittelchina zum Stehen und mußte abgebrochen werden. Er selbst kehrte nach Canton zurück, konnte sich jedoch auch mit Hilfe der ihm treu gebliebenen Flotte dort nicht halten; denn sein früherer Kriegsminister Tschen Kiung ming, der auf die Strafexpedition gegen den Norden nur mit Widerstreben eingegangen war, teils, weil er an ihren Erfolg nicht glaubte, teils, weil er Sympathien für General Wu Peifu hatte, hatte sich schließlich Sun Wen derart überworfen, daß er, nach Canton vorausgeeilt, diesem den Eintritt in die Stadt mit Gewalt verwehrte, sich selbst zum Herrn in Canton machte und es so erreichte, daß Sun Wen sich schließlich nach Schanghai zurückzog, wo er mit seinem immer noch sehr zahlreichen Anhange an der Weiterverfolgung seiner Ziele arbeitete. Einige Zeit darauf hat einer der Sun Wen treu gebliebenen Generäle die Nachbarprovinz Fukian erobert mit der augenscheinlichen Absicht, von dort aus die Wiedergewinnung Canton's zu betreiben.

So zerfällt denn das eigentliche China vorläufig in folgende getrennte Teile:
1) Der Norden mit den zu ihm haltenden Provinzen und dem Sitze der allein von den Mächten anerkannten Zentralregierung in Peking. Die herrschende Persönlichkeit ist hier Wu Peifu, der populäre Besieger der Anfu-Partei und Tschang Tsolins, der sich auch der Sympathien Englands und Amerikas erfreut. Für sein Hauptziel erklärte er die Wiedervereinigung des Südens mit dem Norden, weshalb er, um dem Süden entgegenzukommen, zunächst die Abdankung des Präsidenten Hsü Schihtschang veranlasste und Li Yüan hung bewog, den Präsidentenstuhl wieder zu besteigen. Denn dieser erfreut sich wegen seines lauteren Charakters und seiner unzweifelhaft republikanischen Gesinnung auch bei den Südleuten eines großen Ansehens, die ihm sogar Dinge, wie die Parlamentsauflösung 1917 verzeihen, weil sie unter dem über mächtigen Druck der Generäle erfolgte.
2) Die von Tschang Tso lin für unabhängig erklärten drei mandschurischen Provinzen.
3) Der Bereich der mit Sun Wens Flucht zusammengebrochenen ehemaligen Canton-Regierung. In Canton selbst herrscht General Tschen Kiung ming. Wie weit sein Herrschaftsbereich sich erstreckt, ist zur Zeit von hier aus nicht zu sagen, nicht einmal, ob die Nachbarprovinz Kwangsi dazugehört. Fest steht nur, daß Fukien unter seinen gegenwärtigen Machthabern zu Sun Wen hält[13]). Bisher sind noch keine Anzeichen dafür vorhanden, daß Tschen Kiung ming die Wiedervereinigung mit dem Norden anstrebt, wenn auch hin und wieder verlautet hat, er sei einer solchen nicht abgeneigt unter gewissen Voraussetzungen, zu denen die Staatsform eines Bundes der autonomen Provinzen gehöre, eine Staatsform, die der Süden im allgemeinen seit einiger Zeit in sein Programm aufgenommen hat.

So haben sich denn die Hoffnungen, daß es Wu Peifu gelingen würde, die Reichseinheit wieder herzustellen, bisher nicht erfüllt, ja die Spaltung hat durch die Lostrennung der Mandschurei noch zugenommen und dadurch ist das Einigungswerk erheblich erschwert worden, denn wenn es nicht gelingt, Tschang Tsolin freiwillig zum Verzicht auf seine Unabhängigkeit zu bewegen, wozu zur Zeit nur geringe Aussicht besteht, dann wird es schwer, wenn nicht vielleicht unmöglich sein, ihm mit Waffengewalt beizukommen, besonders wenn er sich auch fernerhin der heimlichen Unterstützung durch Japan versichert. Im Übrigen macht sich mit Bezug auf Wu Peifu auch sonst in weiten Kreisen des Nordens eine starke Enttäuschung wahrnehmbar, die seiner bisherigen Popularität starken Abbruch tut, vornehmlich weil er selbst nicht einmal mit der Verminderung seiner Truppen begonnen hat, sondern sie sogar vermehrt und weil er seine ursprüngliche Zusage, sich in die Angelegenheiten der Zentralregierung nicht einzumischen, nicht

---

13 Ergänzung von Krebs: *Seitdem der Vertrag gehalten worden ist, haben sich die Verhältnisse in Canton insofern verändert, als Sun Wens Anhänger von Knangsi aus einen Angriff auf Canton unternommen und Tscheu Hiung ming von dort verdrängt haben, sodaß Canton wieder dem Einfluß Sun Wens unterworfen ist. Dieser beabsichtigt daher wieder dorthin zurückzukehren. Es hieß vor kurzem einmal, er sei schon dorthin abgereist, doch wurde die Nachricht bald darauf widerrufen.*

eingehalten hat. Das Mißtrauen, daß seine früher zu Schau getragene demokratische Gesinnung entweder nicht ganz echt gewesen oder doch von dem Machtrausche erstickt worden sei, greift immer weiter um sich. Die Militärgouverneure im Norden denken garnicht daran, die Bedingung der Abschaffung dieser Posten und der Truppenminderung zu erfüllen, an die Li Yüan hung die Annahme der Präsidentenschaft geknüpft hatte. Sowohl der Präsident wie die Zentralregierung sind machtlos, ihr Einfluß reicht nicht weit über den Umkreis der Hauptstadt hinaus. An Geld fehlt es ihr für die dringendsten Bedürfnisse. Kabinettswechsel sind an der Tagesordnung.

Von allen diesen unerfreulichen Erscheinungen bleibt das chinesische Volk unberührt, sofern der einzelne Volksgenosse nicht in irgendeiner Weise direkt in Mitleidenschaft gezogen wird. Das chinesische Volk ist überhaupt von jeher in seinem Berufs- und Geschäftsleben in viel höherem Grade als irgendein anderes Volk der Welt frei von den Einwirkungen seiner Regierung oder seiner Machthaber gewesen, und so geht auch jetzt in diesen wirren Zeiten Handel und Wandel seinen gewohnten Gang, soweit nicht etwaige Kämpfe und das infolge der unsicheren politischen Verhältnisse in einigen Provinzen furchtbar grassierende Räuberunwesen den Verkehr tatsächlich unterbinden.

Daß bei den geschilderten Zuständen an eine ersprießliche Verwaltungstätigkeit und regierungsseitige Förderung der materiellen und geistigen Volkswohlfahrt nicht gedacht werden kann, ist selbstverständlich. Dem würden bei sonst vorhandenem gutem Willen schon die leeren Regierungskassen entgegenstehen. Die innere Politik Chinas kann man daher füglich zur Zeit als etwas überhaupt nicht Vorhandenes bezeichnen. Denn die Machtkämpfe haben mit eigentlicher Politik nichts zu tun.

In der äußeren Politik hat China in der ganzen Zeit vermöge seiner Schwäche naturgemäß in der Hauptsache lediglich eine passive Rolle gespielt. In seiner neuesten Geschichte ist es ja überhaupt mehr oder weniger nur außenpolitisches Objekt gewesen als Betätigungsfeld des Wettstreits zwischen den einzelnen Mächten, von denen jede eifersüchtig darüber wacht, daß keine andere sich einen Eingriff in ihre Interessensphäre gestattet. Insbesondere ist es die Politik der ausländischen Eisenbahnkonzessionen, die ein schier unentwirrbares Netz fremder Interessen über das Land ausspannt und auch in normalen Zeiten die freie Entschließung der chinesischen Regierung behindert. Im Vorbeigehen sei hier daran erinnert, daß diese Eisenbahnpolitik im Sommer 1911 zu den großen Unruhen in der Provinz Szetschwan führte, die der Vorläufer der Revolution im Oktober desselben Jahres waren.

In dem uns beschäftigenden Zeitraum ist China außenpolitisch nur in zwei Fällen selbsthandelnd aufgetreten, einmal gegen Deutschland, das andere Mal gegen Rußland.

Nachdem nämlich Amerika im Frühjahr 1917 die Beziehungen zu Deutschland abgebrochen und die chinesische Regierung aufgefordert hatte, ein Gleiches zu tun, bestand unter den Chinesen keine Neigung zu Deutschlands Feinden überzugehen, weder unter den Generälen, von denen viele ihre militärische Ausbildung in Deutschland genossen hatten, und die alle voll Bewunderung für die gewaltigen Leistungen Deutschlands im Kriege waren, noch unter den Kaufleuten, die den deutschen Kaufmann schätzen und in jeder Beziehung seinem englischen Konkurrenten vorziehen. Auch wünschte anfangs Japan kein Heraustreten Chinas aus seiner Neutralität, das diesem eventuell das Recht verliehen hätte, neben Japan am Friedenskonferenztische zu sitzen und seine Ansprüche auf das von Japan in Besitz genommene ehemalige deutsche Pachtgebiet in Schantung zu vertreten. Auch war Japan die Seitens der Entente China für dessen Beitritt in Aussicht gestellte Erhöhung des Zolltarifs unerwünscht. Trotzdem gelang es der Entente unter Aufbietung gewaltiger Geldmittel und durch lockende Versprechungen, wie Stundung der Boxerentschädigungen für eine Reihe von Jahren, Erhöhung des Zolltarifs, Abänderung des Schlußprotokolls von 1901 u. dgl., wenigstens im offiziellen China einen Stimmungsumschlag zu ihren Gunsten herbeizuführen, der noch dadurch erleichtert wurde, daß China die Hoffnung hingehalten wurde, wieder in den Besitz des ehemaligen deutschen Pachtgebietes in Schantung zu kommen. Großen Einfluß auf die schließlich gegen Deutschland gerichtete Entscheidung hatte übrigens die Agitation des vorerwähnten Hauptes der Fortschrittspartei Liang Ki tschau, wohl des glänzendsten Geistes unter den modernen Chinesen. Er wies darauf hin, jetzt sei eine nie wiederkehrende Gelegenheit für China gekommen, aus seiner schwächlichen Zurückhaltung in der Weltpolitik herauszutreten und durch aktive Teilnahme an dem größten weltgeschichtlichen Ereignisse sich seine Stellung unter den Völkern zu sichern. Daß er an die Richtigkeit der von ihm empfohlenen Politik glaubte und nicht etwa durch Übelwollen gegen Deutschland dazu veranlaßt wurde, kann daraus geschlossen werden, daß er sich bis dahin stets als Bewunderer Deutschlands gezeigt und nicht lange nach Ausbruch des Krieges ein viel gelesenen Buch verfaßt hatte, in welchem er den schließlichen Sieg Deutschlands für wahrscheinlich ansah. Japan wurde von der Entente durch das heimliche Versprechen gewonnen, ihm seinen Besitzstand in Schantung auf der Friedenskonferenz zu erhalten. So folgte denn der Abbruch der Beziehungen mit Deutschland im März 1917. Der im August 1917 ausgesprochenen Kriegserklärung gegen Deutschland schloß sich die inzwischen in Canton konstituierte Südregierung nicht an, hauptsächlich, weil sie befürchtete, die Kriegserklärung würde dem Norden noch größere Macht in die Hände geben. Tatsächlich wurde auch mit Hilfe einer vom Ministerpräsidenten General Tuan Kijui mit Japanern abgeschlossenen größeren Anleihe (der später oft genannten Nishihara-Anleihe, über die schon lange Gerüchte umliefen und betreffs derer, wie oben erwähnt, das Parlament Erklärungen von der Regierung gefordert hatte) eine chinesische Sonderarmee ausgerüstet und von japanischen Instrukteuren ausgebildet, die für den europäischen Kriegsschauplatz bestimmt war. Der 1918 in Europa abgeschlossenen Waffenstillstand ließ es zur Teilnahme dieser Armee auf dem europäischen Kriegsschauplatz nicht mehr kommen; sie fand stattdessen Verwendung zwecks Wiedereroberung der äußeren Mongolei. Für Deutschland hatte der Krieg die Folgen des Außerkrafttretens sämtlicher zwischen ihm und China bestehender Verträge, der Beschlagnahme und teilweise Liquidierung des in China befindlichen deutschen Eigentums, der Entlassung sämtlicher Deutschen aus dem chinesischen Staatsdienst und der Ausweisung fast aller Deutschen aus China. China selbst erlebte die große Enttäuschung, daß die ehemaligen deutschen Rechte in Schantung auf dem Friedenskongreß Japan zugesprochen wurden, sah sich somit in seiner größten Hoffnung betrogen, gewissermaßen von Amerika, auf dessen Chinas Ansprüchen förderlichen Einfluß es vertraut hatte, verraten und zog sich grollend aus Versailles zurück, ohne den Friedensvertrag mit unterzeichnet zu haben. Die Enttäuschung hatte eine ungeheure Aufregung zur Folge, die sich in tätlichen Angriffen auf einige von der Bevölkerung des landesverräterischen Zusammengehens mit Japan beschuldigte höhere Beamte und in einem allgemeinen Boykott japanischer Waren Luft machte. Zu seinem Rechte in Schantung ist China erst auf dem Wege über die Konferenz in Washington gekommen, hat aber von Japan eine gewaltige Gegenrechnung zur Entschädigung der von Japan während der Zeit seiner Okkupation in Schantung gemachten Aufwendungen und Verbesserungen erhalten.

Durch die deutsch-chinesische Vereinbarung vom Jahre 1921 sind die regulären Beziehungen wiederhergestellt. Die wichtigste Bestimmung darin ist der deutsche Verzicht auf das Recht der Exterritorialität und der Konsular-Gerichtsbarkeit. Die Südregierung hat dieses mit Peking geschlossene Abkommen nicht anerkannt, und trotz aller zur Schau getragenen und zweifellos ehrlich gemeinten Sympathien für Deutschland stellte sich Sun Wen auf den Standpunkt, es bedürfe zur Wiederherstellung regulärer Beziehungen zwischen seiner Regierung und Deutschland eines besonderen Vertrages zwischen beiden, da ja das Cantoner Parlament, dessen Mitglieder im Frühjahr 1917 noch dem Pekinger Parlament angehört hatten, bei dem damaligen Abbruch der Beziehungen mit Deutschland mitgewirkt habe.

Als politischer Faktor ist Deutschland zur Zeit natürlich in China vollständig ausgeschaltet. Der Unternehmungsgeist und Fleiß der deutschen Kaufmannschaft und Industrie hat es aber vermocht, trotz aller Schwierigkeiten und Hemmnisse den geschäftlichen Beziehungen zu China bereits wieder einen solchen Umfang zu geben, daß sich schon längst wieder Stimmen des Neides im feindlichen Lager vernehmen lassen und sich erkennen läßt, daß die früheren freundlichen Gefühle der chinesischen Bevölkerung zu den Deutschen durch die Kriegs- und Nachkriegsereignisse keinen wesentlichen Abbruch erfahren haben. Dasselbe bestätigte mir der mir von Peking her befreundete ehemalige Minister Tschou Tze chie, der jetzt einige Tage in Berlin war und der mir während einer längeren Unterhaltung neulich den Wunsch aussprach, die Deutschen möchten bei jeder Gelegenheit ermutigt werden, mit China in geschäftliche Beziehungen zu treten, sie würden von seinen Landsleuten mit offenen Armen aufgenommen werden.

Nach dem Sturz der russischen Zarenregierung blieb das Verhältnis der russischen Gesandtschaft in Peking zur dortigen Regierung zunächst gänzlich unverändert. Letztere stellte bereitwillig den russischen Anteil der Boxerentschädigung dem russischen Gesandten zur Verfügung, der daraus die russischen Vertretungen in China und Japan bezahlte und im Übrigen mit der chinesischen Regierung weiterverhandelte, als ob noch eine Regierung hinter ihm stände, während das in Wirklichkeit nicht der Fall war. Da schlug im September 1920 wie eine Bombe ein Präsidialerlaß ein, der die Beziehungen zur russischen Gesandtschaft abbrach, die russische Konsular-Gerichtsbarkeit aufhob und die in China lebenden Russen der chinesischen Gerichtsbarkeit unterstellte. Zum äußeren Anlaß war ein an sich belangloser Vorfall genommen worden. Worauf es China ankam, war, die erste Bresche in die Mauer der Exterritorialität der Fremden zu schlagen, daher die Wut der fremden, besonders der englischen Presse. Die chinesische Regierung ließ sich aber nicht irremachen, und der russische Gesandte reiste ab.

Offizielle Beziehungen zur russischen Räteregierung bestehen noch nicht, Annäherungen haben aber bereits stattgefunden. Zunächst suchte die Republik des Fernen Ostens in Tschita, die zur Moskauer Regierung in engen Beziehungen stand (und die seit ganz kurzem mit der letzteren vereinigt ist), Verbindung mit der chinesischen Regierung anzuknüpfen, indem sie Jurin zu Verhandlungen nach Peking entsandte, der aber noch nichts erreichte und nach Tschita zurückkehrte, nachdem er dort zum Minister des Aeußeren ernannt worden war. Von China selbst wurde eine Militärmission nach Moskau entsandt, um mit den Russen Fühlung zu nehmen, weil der chinesischen Regierung an einer Auseinandersetzung über die Verhältnisse in der äußeren Mongolei lag, wo die Bolschewisten sich heimisch gemacht hatten.

Vor einigen Monaten hat die Moskauer Regierung den von Berlin her bekannten Joffe nach Peking geschickt. Dort entfaltete er eine so rege Tätigkeit, daß er die Mehrzahl der Studenten an der Pekinger Universität bereits für seine Ideen gewonnen hat, was wiederum die Folge hatte, daß der Leiter der Universität Tsai Yüan pei (ein Gelehrter, der in jüngeren Jahren längere Zeit in Deutschland studierte, während des Krieges aber eine Zeit lang in Frankreich gelebt hat und dort gänzlich französischen Einflüssen zugänglich geworden ist), äußerlich wenigstens bolschewistische Sympathien zur Schau trägt. Joffe's Bestreben ist vornehmlich darauf gerichtet, China zur Anerkennung der russischen Räteregierung zu bewegen. Er hat bereits insofern einen gewissen Erfolg zu verzeichnen, als Mitglieder des Pekinger Parlaments schon vor längerer Zeit den Antrag auf Anerkennung der Räteregierung gestellt haben und daraufhin die chinesische Regierung eine Kommission zum Studium dieser Frage eingesetzt hat. Neuerdings verlautet, Joffe habe der chinesischen Regierung in einer Note erklärt, Rußland sei Willens, China ohne Entschädigung alles das zurückzugeben, was sich die frühere zaristische Regierung angeeignet hätte, unter der Bedingung, daß China alle früheren russischen Konsuln ausweise, ferner hebe Rußland alle Privilegien auf, deren russische Firmen sich früher in China erfreut hätten. Alle Nachrichten lassen darauf schließen, daß er geschickt zu Werke geht und seinem Ziel vielleicht nicht mehr fern ist.

Im Ganzen konnte, wie gesagt, Chinas außenpolitische Rolle nur eine passive sein, schon deshalb, weil es trotz der großen Reichtümer des Landes wegen der erzwungenen Aufgabe seiner Zollautonomie in finanzieller Beziehung zur Zeit noch stets vom guten Willen des Auslandes abhängig ist. In Frage kommt hier allein die Nordregierung in Peking, die vom Auslande stets als die Zentralregierung des ganzen Reiches anerkannt war, während Sun Wen's Verlangen nach Anerkennung seiner eigenen Regierung niemals Beachtung fand. Das hat ihn besonders gegen England in einer Weise aufgebracht, daß die Behauptung, er habe seine Hand bei dem die englischen Schiffahrtsinteressen empfindlich schädigenden Seemannsstreik in Hongkong im Spiele gehabt, auf Wahrheit beruhen dürfte. Seine Verstimmung gegen die Engländer war umso größer, als er sich zur Zeit der Revolution von 1911 ihrer Sympathien erfreut hatte. England war damals zunächst gewillt gewesen, die Monarchie zu stützen, und erst ein Bericht des englischen Generalkonsuls in Schanghai, der seiner Regierung auseinandersetzte, daß die Interessen Englands in China unter einer Republik größere Entwicklungsaussichten hätten als unter der Monarchie, brachte in England den Stimmungsumschwung zu Gunsten der Republik zustande, was zur Folge hatte, daß die von der chinesischen Regierung zur Bekämpfung der Revolution benötigte fremde Anleihe verweigert wurde und damit die Sache der Monarchie verloren ging. Hatte England zu Beginn der Republik aus diesen Gründen mit seinen Sympathien auf Sun Wen's Seite gestanden, so nahm es, sobald Yüan Shih kai zum Präsidenten gewählt war, dessen Partei und hielt insbesondere auch zur Zeit seiner Rivalität mit Sun Wen zu jenem, was übrigens, von den aus der Zeit ihrer amtlichen Tätigkeit in Korea herstammenden persönlichen Beziehungen des englischen Gesandten zum Präsidenten ganz abgesehen, schon deswegen begreiflich erscheint, weil Yüan Shih kai sich bei den Fremden den Ruf eines klugen und tatkräftigen Staatsmannes erworben hatte, während Sun Wen vielfach, ob mit Recht oder Unrecht bleibe dahingestellt, als unpraktischer Phantast beurteilt wurde. Er hat es den Engländern niemals vergessen, daß sie ihn beiseiteschoben, und die abfällige Weise, in der sich gerade in letzter Zeit die englische Presse in China über ihn zu äußern sich angewöhnt hatte, hat ihn aufs höchste gereizt. Er ist zwar vorläufig von der offiziellen Bühne abgetreten, verfügt aber noch über einen großen Anhang unter den Chinesen und gibt seine Sache keineswegs verloren, sodaß mit Bestimmtheit anzunehmen ist, daß seine politische Rolle noch lange nicht ausgespielt ist[14]).

Daß das politische Ansehen Englands in China durch die schwächliche Haltung, die es an den imperialistischen französischen Anmaßungen in der übrigen Welt gegenüber einnimmt, herabgedrückt wird, darf nicht verwundern. In China selbst haben die Franzosen niemals eine hervorragende Rolle gespielt. Wenn sie einmal besonderen Anlaß geben, von sich reden zu machen, war der Anlaß in der Regel ein für sie höchst ungünstiger. Gerade den französischen Missionaren haben die Chinesen stets in erster Linie den Vorwurf gemacht, daß sie sich in China so aufführten, als ob sie Agenten ihrer Regierung mit der Aufgabe seien, das Ansehen der chinesischen Behörden in den Augen der chinesischen Bevölkerung im egoistischen Interesse des Heimatstaates zu untergraben. Peinliches Aufsehen selbst bei den Verbündeten der Franzosen erregte während des Krieges zu Beginn des Jahres 1917 der Vorfall von Laohsikai in Tientsin. Dort hatte auf Anordnung der französischen Vertretung das französische Konsulat

---

14 Hinweis von Krebs: *Tatsächlich ist er inzwischen wieder in den Besitz Canton's gekommen, wo er vermutlich seine im vorigen Jahre zusammengebrochene Südregierung wieder einrichten wird.*

China gehöriges Gelände besetzt und die darauf postierten chinesischen Polizisten verhaftet, angeblich, weil das betreffende Gebäude früher einmal chinesischerseits den Franzosen zur Vergrößerung der französischen Niederlassung versprochen worden war. Der Vorfall führte zur vollkommenen Boykottierung der französischen Niederlassung und verursachte eine ungeheure Aufregung. Es hat sehr lange gedauert, bis er eine friedliche Erledigung fand. Der Zusammenbruch der Banque industrielle de Chine, bei dem große Summen chinesisches Kapital verloren gingen und der unter verdächtigen Umständen erfolgte, hat auch nicht dazu beigetragen, das französische Ansehen zu heben, während die neuerliche ostentative Annäherung Frankreichs an Japan auch schwerlich dazu dient, französische Sympathien in China zu wecken.

Der gefährlichste Konkurrent Englands in China ist zur Zeit zweifellos Nordamerika. Nicht nur hat dieses in den Augen der Chinesen den unschätzbaren Vorzug, daß es im Gegensatz zu den anderen Mächten niemals einen Fußbreit chinesischen Bodens verlangt oder besetzt hat und daß es keine nennenswerte amerikanische Fremdenniederlassung in China gibt, sondern es hat noch dazu im Jahre 1908 den klugen Schritt getan, China die beträchtliche Summe von über 10 Millionen mex. Dollars der Amerika im Schlußprotokoll von 1901 zugesprochenen Boxerentschädigung mit der Bedingung zu erlassen, daß dieses Geld für das Studium junger Chinesen in Amerika verwendet werde. Zu diesem Zweck wurde 1911 außerhalb von Peking der unter dem Namen Chinghua College bekannte große Schulkomplex als Vorbereitungsanstalt für die nach Amerika zu entsendenden chinesischen Studenten errichtet, wo sie von amerikanischen Lehrkräften für den Besuch amerikanischer Universitäten vorgebildet werden. Damit hat sich Amerika großen politischen Einfluß gesichert, da fast alle die so vorgebildeten Chinesen später chinesische Beamte werden und voller Sympathie für Amerika von dort zurückkommen. Schon jetzt ist ein großer Prozentsatz der in amtlicher Stellung ausübenden jüngeren chinesischen Intelligenz auf amerikanischen Universitäten ausgebildet und trägt so zum Überwiegen amerikanischer Sympathien in Regierungskreisen bei. Auch auf andere Weise haben es die Amerikaner verstanden, sich bei den Chinesen in den Ruf uneigennütziger Menschfreunde zu bringen. So hat der Petroleumkönig Rockefeller 1918 eine große Summe zur Verfügung gestellt, von der das Peking Medical College, ein mit allen modernen Einrichtungen versehenes großes Krankenhaus, verbunden mit Lehrstühlen für Medizin, gegründet wurde. Eine Unzahl im ganzen Land verstreuter Missionare gibt sich nicht so sehr mit der Gewinnung neuer Christen als vielmehr mit der Unterweisung in den elementaren Fächern des allgemeinen Wissens und nützlichen Fertigkeiten gegen ein nur sehr geringes Entgelt, selbst in den abgelegensten Dörfern, ab. Schließlich unterhält Amerika ein wirksames Propagandamittel in den auf das modernste ausgestatteten Palästen der Young Men's Christian Association, in denen unter anderem Lichtbildervorführungen den Chinesen einen anschaulichen Begriff von Amerika und seinen Vorzügen beibringen soll. Solange die Republik besteht, hat es niemals ernste Reibungen zwischen China und Amerika gegeben. Unter diesen Verhältnissen ist es nicht zu verwundern, wenn sich das moderne

China daran gewöhnt hat, in Amerika seinen selbstlosen Freund und Beschützer zu sehen, dabei die Enttäuschungen, die es seitens Amerikas, besonders in Versailles mit Bezug auf die Schantung-Frage und auch in dem Ausbleiben amerikanischer finanzieller Unterstützung, erfahren hat, vergißt und auch sonst zuweilen Dinge übersieht, die geeignet sein könnten, Zweifel an Amerikas Uneigennützigkeit zu erwecken. Jedenfalls ist Amerikas Stellung gegenwärtig in China derartig, daß aller Voraussicht nach in absehbarer Zeit keine Nation ihm den Rang wird ablaufen können.

Ganz anders ist das Verhältnis zwischen Japan und China. Seitdem Japan im Kriege 1894/95 China so gründlich und schnell besiegt hat, haben alle seine Handlungen China gegenüber erkennen lassen, daß es die Vorherrschaft in Ostasien anstrebt und China dauernd schwach zu halten wünscht, um sein Ziel ohne Schwierigkeiten zu erreichen. Den Höhepunkt bilden die im Jahre 1915 von Japan der Regierung Yüan Shih kai's vorgelegten berüchtigten 21 Forderungen, die Eingriffe in Chinas Selbständigkeit enthielten wie sie bis dahin einem unabhängigen Lande niemals zugemutet worden waren.

Gewiß mag manche der vielen Herausforderungen China gegen die bessere Einsicht der japanischen Regierung und nur unter dem Drucke einer übermächtigen Militärpartei geschehen sein, doch hat die Regierung jedes Mal die ungerechten Forderungen an China vertreten, wie sie es ja auch war, die die zweifellos militärischen Köpfen entsprungenen 21 Forderungen der chinesischen Regierung übergab. Japan, dem sich bald nach dem japanisch-chinesischen Kriege die Chinesen trotz der ihnen von Japan erteilten bitteren Lektion in Erkenntnis ihrer Schwäche als dem angeblich rassenverwandten Brudervolke zuwandten und wohin jährlich tausende junger Chinesen strömten, um sich so auf die bequemste und billigste Weise durch japanische Vermittlung die Errungenschaften westlichen Könnens anzueignen, denen Japan seinen Sieg verdankte, hätte sich zweifellos auf friedlichem Wege mit der Zeit den Einfluß in China sichern können, nach dem es strebte, wenn nicht die Faust einer unschuldigen Militärpolitik, die rasch zum Zuge kommen wollte und in den Chinesen nur wehrlose Schwächlinge sah, diese friedliche Entwicklung rauh gestört und mit einem Male die Mehrzahl der Chinesen aus vertrauensvollen Freunden zu erbitterten Feinde gemacht hätte. Die Erregung in China war zeitweise so groß, daß sie zu ausgedehnten Boykotts japanischer Waren führte, die den japanischen Handel empfindlich schädigten und diplomatische Vorstellungen der japanischen Regierung veranlaßten. In Parenthese und als Beispiel für chinesischen Humor und Erfindungsgeist sei hier angeführt, daß, als auf japanisches Verlangen ein Verbot gegen die Inschrift „boykottiert japanische Waren!" auf den von den Teilnehmern an großen Demonstrationszügen in den Händen getragenen Fähnchen erging, an ihre Stelle die Worte traten „boykottiert minderwertige Waren!", gegen die formell nichts einzuwenden war.

In den Parteikämpfen in China hat Japan immer irgendeine Partei unterstützt, nicht etwa, um der einen oder der anderen Sache zum Siege zu verhelfen, sondern nur, damit China nicht zur Ruhe kommen und sich innerlich kräftigen und widerstandsfähig machen könne. So bildet Japan bisher tatsächlich mit eines der Hindernisse, die vorläufig einer Beruhigung der chinesischen Verhältnisse entgegenstehen. Ob es, wenn es nicht selbst von seiner bisherigen Politik der beabsichtigten Schwächung Chinas abgeht, von den einer ruhigen Entwicklung Chinas interessierten Handelsvölkern mit Gewalt dazu gezwungen werden kann, erscheint fraglich. Wahrscheinlich wird aber der kürzlich vollzogene Anschluß der Republik des Fernen Ostens und Wladiwostoks an die Moskauer Regierung, der den Machtbereich der letzteren wieder bis zum Stillen Ozean ausdehnt, nicht ohne Einfluß auf Japans Haltung China gegenüber bleiben. Anzeichen, daß Japan einlenkt, sind auch sonst vorhanden. Wird es, wenn es wirklich eine friedlichere Politik gegen seinen Nachbarn einschlägt, das verlorene chinesische Vertrauen wiedergewinnen?

Mag dem nun sein wie es wolle, an Chinas Zukunft brauchen seine Freunde nicht zu verzweifeln. Es hat schon schlimmere Zeiten durchgemacht und alle Katastrophen überstanden, die gewöhnlich nach jahrelangen Kämpfen damit endeten, daß der Sieg das ganze Land unter seiner Herrschaft wieder vereinigte. Allerdings war China in der Vergangenheit insofern in einer günstigeren Lage, als es frei und von außen unbehindert war, während es heute nicht mehr ganz so frei in seinem eigenen Hause schalten kann, in seiner Bewegungsfreiheit durch ein Netz von Verträge eingeengt und für die augenblicklichen Bedürfnisse in finanzieller Hinsicht stark vom Auslande abhängig ist. Diesem Nachteil steht aber wieder der Vorteil gegenüber, daß das Ausland ein erhebliches Interesse an einer friedlichen Entwicklung Chinas hat. Den Gedanken einer Aufteilung Chinas durch die Fremden, der noch gegen Ende des vorigen Jahrhunderts ventiliert werden konnte, hegt heute wohl im Ernst niemand mehr. Die Gefahr, daß China auf die Dauer von selbst zerfällt, ist bei der trotz mancherlei lokaler Unterschiede unzweifelhaften Gleichartigkeit des chinesischen Volkskörpers, der gemeinsamen alten Kultur und Schrift verschwindend gering. Es ist vielmehr anzunehmen, daß die jetzt noch ohne ideale und ethische Gründe politisch getrennten Teile sich mit der Zeit doch wieder zusammenfinden und eine neues geeintes China ersteht, zumal, wie wir gesehen haben, die in China wogenden Parteikämpfe keine Resonanz im chinesischen Volke haben und keiner der Kämpfenden auf Unterstützung seitens der Bevölkerung rechnen kann. Noch bis zum Ende des vorigen Jahrhunderts konnte politisch von einem gemeinsamen chinesischen Empfinden keine Rede sein; noch damals fühlten sich die einzelnen Provinzen des Reiches als in sich abgeschlossene Einheiten mit eigenen Interessen, die mit den Interessen der Nachbarprovinzen nichts gemein hatten. So wurde damals der Krieg gegen Japan nicht als ein Krieg Chinas, sondern der Provinz Tschihli und ihres Generalgouverneurs Li Hungtschang empfunden, der das übrige China nichts anging. Charakteristisch hierfür ist die bekannte Geschichte des Kommandanten eines chinesischen Kanonenboots der Canton-Flotte, der sich mit seinem Boot zufällig in Weihaiwei befand, als die chinesische Flotte sich den Japanern ergeben mußte, und der allen Ernstes von den Japanern seine und seines Kanonenbootes Freilassung verlangte, da er mit dem Kriege des Nordens nichts zu tun habe. Und doch war damals China ein geeintes Reich unter einem Kaiser. Inzwischen ist in dieser Beziehung eine gewaltige

Änderung eingetreten. Heut existiert trotz der dem Beschauer sich bietenden politischen Zerrissenheit ein Zusammengehörigkeitsgefühl des ganzen chinesischen Volkes. Am deutlichsten kam das zum Ausdruck bei der Entrüstung über die Schantung betreffende Entscheidung von Versailles und den sich daran anschließenden großen Boykott gegen Japan. Trotz der Spaltung des Reiches ging die Entrüstungs- und Boykottwelle mit gleicher Stärke durch das ganze Land. Wer aber auf Chinas bedrängte finanzielle Lage hinweist, mag bedenken, daß das Land noch ungemessene natürliche Reichtümer birgt, die nur der Hebung harren, daß der notwendige Ausbau seines Eisenbahnnetzes ungeheure Einnahmen und einen gewaltigen wirtschaftlichen Aufschwung großer Landstrecken bringen wird, daß allein eine Reform der Grundsteuern China beinahe in den Stand setzen würde, seiner ausländischen Verbindlichkeiten mit einem Schlage ledig zu werden, daß China bis heut fast so gut wie gar keine Steuern kennt und schließlich, daß die Schulden Chinas etwa 3 mex. Dollars auf den Kopf der Bevölkerung ausmachen. Kein anderes Land in der Welt hat so günstige Zukunftsbedingungen aufzuweisen.

Der Neue Orient

MONATSSCHRIFT FÜR DAS POLITISCHE, WIRTSCHAFTLICHE UND GEISTIGE LEBEN IM GESAMTEN OSTEN

UNTER MITWIRKUNG VON

C. H. BECKER, H. v. GLASENAPP, E. HERZFELD
E. LITTMANN, R. MECKELEIN
E. PROBSTER, W. STRZODA, G. WEIL

HERAUSGEGEBEN VON

D. GHAMBASCHIDSE, E. MITTWOCH
und O. G. v. WESENDONK

7. Jahrg. 1923 Heft 4

Inhalt: Seite

E. Schultze, Asien und Europa 115
E. Krebs, Chinas innere und äussere Politik 124
E. Pröbster, Aus dem arabischen Orient. — Arabien — Ägypten — Tripolitanien — Tunesien und Algerien — Marokko 133
Deutscher Orientalistentag, Berlin 1923 141
Bücherbesprechungen und Notizen.

VERLAG „DER NEUE ORIENT" G. M. B. H., BERLIN W 10.

Abb. 64 Der Neue Orient 1923, Heft 4 Buchbesprechungen und „Chinas innere und äußere Politik" Fortsetzung aus Heft 3.

Der von Zeitzeugen und Medien der damaligen Zeit bedauerte Mangel an Veröffentlichungen von Emil Krebs bezog sich allerdings auf seine außergewöhnlichen Sprachkenntnisse. Hierzu wurden leider nur zwei Arbeiten von ihm im Historischen Archiv der Alfried Krupp von Bohlen und Halbach-Stiftung (Essen) entdeckt: *Über das Chinesisch Lernen* aus dem Jahr 1918[15] und sein Manuskript für einen Vortrag im Auftrag des Auswärtigen Amts Ende September 1919 in der Außenhandelsstelle Berlin.[16] Außerdem erscheint eine Buchbesprechung zu einem georgisch-deutschen Wörterbuch interessant.[17]

Diese drei Veröffentlichungen folgen nun ungekürzt.

Buchbesprechung in „Der Neue Orient" Band VII 1920

Kultur- und Geistesleben im Orient
Verfasser Emil Krebs

Vorbemerkungen

Der Neue Orient gestaltete sich für Emil Krebs als hervorragende Plattform für verschiedene Veröffentlichungen. Auffallend sind neben verschiedenen Buchbesprechungen viele und vor allen Dingen umfangreiche Aufsätze und Übersetzungen zu türkischen Gesetzen (auch zum Ehegesetz). Hierzu die Vossische Zeitung vom 03.04.1930, „(...) Aber Krebs war nicht nur ein gewöhnlicher Dolmetscher, er befasste sich auch wissenschaftlich mit den Sprachen, die er erlernte, und mit der Kultur der Völker, deren Mundarten er studiert hatte. Einmal wollte man in einem Ministerium etwas über persisches Eherecht wissen. Krebs war sofort bereit, eine große Abhandlung über die zahllosen komplizierten Gesetze die es da gibt, abzufassen. Da für zahlreiche persische Ausdrücke keine wörtliche Übersetzung ins Deutsche möglich ist, so verfasste er gleich einen ausführlichen Kommentar, der dann der Staatsbibliothek einverleibt wurde." Hier irrt der Verfasser. Es handelte sich nicht um das persische Eherecht, sondern das türkische, wie die von Jianan Yan recherchierten Unterlagen in der Staatsbibliothek Berlin zeigen. Nun jedoch zu der nachfolgenden Buchbesprechung von Krebs.

Theodor Kluge, Dr.-Ing., Dr. phil.: Georgisch-deutsches Wörterbuch.1. Lieferung. Leipzig 1919. In Kommission: Otto Harrassowitz; Leipzig.

Das Bedürfnis nach einem georgisch-deutschen Wörterbuch ist vielleicht nicht sehr groß. Es ist kaum anzunehmen, daß der geringe Kreis derjenigen, welche sich

---

15 Krebs, Emil: Über das Chinesisch lernen. China-Archiv, hg. vom Deutsch-Chinesischen Verband, 3. Jahrgang (1918), Heft 1 und 2. Sonderabdruck von H. S. Hermann, Berlin.
16 Krebs, Emil: Nutzen des Sprachstudiums für Beamte des Auslandsdienstes. Unveröffentlichtes Manuskript, Historisches Archiv Krupp, FAH 4 E847, S. 135-166.
17 Der Neue Orient, Band VII 1920, Kultur- und Geistesleben im Orient

mit dem Georgischen ernstlich beschäftigten, Personen in sich schließt, die nicht eine genügende Kenntnis des Russischen besäßen, um sich der für das Studium des Georgischen zur Verfügung stehenden russischen Hilfsmittel mit Nutzen zu bedienen. Nichtsdestoweniger wäre es natürlich mit Freuden zu begrüßen, wenn aus dem bisher vorhandenen Material ein auf der Höhe unserer jetzigen Kenntnis der Sprache stehendes georgisch-deutsches Wörterbuch herausgearbeitet würde. Mit einer bloßen Verdeutschung des russischen Teiles des georgisch-russischen Wörterbuches von Tschubinow wäre nicht gedient, wenn nicht gleichzeitig die in ihm noch enthaltenen zahlreichen Irrtümer berichtigt würden. Die Klugesche Arbeit kann aber, soweit die erste Lieferung erkennen läßt, nicht einmal den geringen Anspruch erheben, eine brauchbare Verdeutschung des Tschubinow zu sein. Selbst wenn die in ihr enthaltenen Verdeutschungen sämtlich richtig wären, wäre immer noch der Mangel zu rügen, daß insbesondere bei der Wiedergabe von Zeitwörtern fast stets nur die an erster Stelle stehenden russischen Verben ins Deutsche übersetzt und andere wichtige und häufige Bedeutungen ausgelassen sind. Wie wenig sich ein etwaiger Benutzer der Arbeit im allgemeinen auf die deutsche Wiedergabe der Tschubinowschen Übersetzung georgischer Wörter würde verlassen können, mag nachstehende Auswahl der auffallendsten und schwer verzeihlichen Fehler zeigen, die nur mit Rücksicht auf den beschränkten Raum an dieser Stelle nicht größer ausgefallen ist. Seite 11 a: *anac'er* „Aussaat". Tschubinow hat высѣвки, отруби; also muß die Übersetzung sein: „Spreu, Kleie". Seite 28 b: *belti* „Dorn". Es muß aber heißen „Rasen"; hier liegt seitens des Verfassers eine Verwechslung zwischen Russischem дернъ und тернъ vor. Wunderschön ist Seite 29 c *blu* „Häsin, stumm, sprachlos". Bei Tschubinow steht зайка, das selbst wieder Druckfehler für заика „Stammler, Stotterer" ist. Seite 30 a *bogiri*; hier ist „Floß" falsch für „Wehr, Damm", was das bei Tschubinow an der Stelle stehende плотина bedeutet. Seite 31 b ist bei *bostaneuli* und *bostani* die Übersetzung „Umzäunung" falsch; das entsprechende russische Wort огородъ heißt nichts anderes als „Gemüsegarten"; zur falschen Bedeutung „Umzäunung" ist der Verfasser vermutlich dadurch verleitet worden, daß er im Lexikon das Zeitwort огородить „umzäunen" gefunden hat. Auf Seite 33a ist *bude qvavillisa* übersetzt mit „Blumenschale", das das russische чашка цвѣточная wiedergeben soll; чашка heißt zwar „Schale"; aber der zusammengesetzte Ausdruck bedeutet „Blumenkelch". Ein besonders lustiges Beispiel für die Art, wie die vorliegende Arbeit zustande gekommen ist, findet sich Seite 7 a. Dort ist bei *ambiani*, das als Adjektivum, vom Substantivum *ambawi* (Gerücht) gebildet ist, und daher „Gerücht habend" bedeutet, die merkwürdige Übersetzung „berühmt und nicht berühmt" angegeben. Zieht man verdutzt den Tschubinow zu Rate, dann findet man dort an der betreffenden Stelle *ambiani da uambo* mit der richtigen Übersetzung извѣстный и неизвѣстный. Zum Unglück für den Bearbeiter ist nur das erste Wort *ambiani* fett gedruckt, die beiden anderen *da uambo*, die „und nicht berühmt" bedeuten, aber nur mit gewöhnlichen kleineren Typen, sind also seiner Aufmerksamkeit entgangen und haben ihn zu dem Glauben veranlaßt, ein und dasselbe Wort bedeute gleichzeitig „berühmt" und „nicht berühmt"!!! Die Oberflächlichkeit der Arbeit wird unter anderem z.B. auch dadurch gekennzeichnet, daß Seite 33 c bei *bunebitʻi gʻeogʻragʻia* der an derselben Stelle bei Tschubinow stehende Druckfehler ohne weiteres nachgeschrieben ist, ohne *n* das richtige *gʻeograpʻia* verbessert zu werden.

Die wenigen angeführten Beispiele, die Zweifel an der Kompetenz des Verfassers aufkommen lassen, dürften zu dem Urteil berechtigen, daß, unter der Voraussetzung, daß die späteren Lieferungen der vorliegenden ersten entsprechen, die Sprachwissenschaft durch die Arbeit keine nützliche Bereicherung erfahren hat und keinen Verlust zu beklagen haben würde, wenn die tieftraurigen Zeiten eine Vollendung hinausschöben oder gar verhindern, zumal das im „Neuen Orient" Band 5, Heft 3/4, Seite 136 von R. Meckelein angekündigte deutsch-georgische und georgisch-deutsche umfassende Wörterbuch seiner Vollendung entgegengeht.

Gez. E. Krebs

Abb. 65 China Archiv 1918, Heft 1 „Über das Chinesisch Lernen" mit Fortsetzung im Heft 2.

Über das Chinesisch Lernen

China-Archiv III. Jahrgang (1918). Heft 1 und 2
und Sonderdruck von H. S. Hermann in Berlin

Vorbemerkungen

Krebs hat in seinem Aufsatz „Über das Chinesisch Lernen" aus dem Jahr 1918 (erschienen im Heft 1 und 2 des China-Archivs III und als Sonderabdruck) neben allgemeinen Aussagen zum Erlernen dieser Sprache auch Schriften und Bücher seiner Bibliothek hinzugezogen und grundsätzliche Vergleiche und Wertungen einzelner ihm vorliegenden Veröffentlichungen vorgenommen. Hierbei ist wiederum zu erkennen, dass er viele Drittsprachen heranzieht. Er kommt dabei zu dem Ergebnis, dass deutsche Schriften zur damaligen Zeit nur bedingt zum Erlernen der chinesischen Sprache herangezogen werden sollten. Englische und französische Veröffentlichungen seien zu bevorzugen, weil besser. Auch geht er in diesem Aufsatz auf die Abhängigkeit des Chinesischen und Japanischen ein. In einem späteren Aufsatz betont er, dass die Ausführungen in *Über das Chinesisch Lernen* bewusst einfach gehalten wurden, um ein Interesse für diese Sprache zu erhalten und zu fördern.

Veröffentlichung „Über das Chinesisch Lernen"

Seit meiner Rückkehr aus China ist mir aufgefallen, mit welchem Eifer vielfach das Studium des Türkischen in Deutschland betrieben wird, nachdem sich die Türkei im Kriege auf unsere Seite gestellt hat. Da diese Erscheinung doch zweifellos dem Wunsche und der Hoffnung entspringt, mit Hilfe der gewonnenen sprachlichen Kenntnisse dereinst in dem Lande oder in Verbindung mit unserem türkischen Bundesgenossen ein besseres Fortkommen zu finden, so brachte sie mich willkürlich auf den Gedanken, wie es dem gegenüber wohl kommen mag, dass von den vielen Deutschen, die seit Jahren ihr Fortkommen in China gefunden haben, nur so wenige den gleichen Eifer für die Erlernung der chinesischen Sprache zeigen.

Vermutlich wird mir geantwortet werden, das Chinesische sei zu schwer. Mancher wird auch sagen, es sei nicht notwendig, in China zum Fortkommen Chinesisch zu können, und dabei gerade darauf hinweisen, dass viele Deutsche in China zu Ansehen und Wohlstand gekommen seien, ohne von der chinesischen Sprache eine Ahnung zu haben. Dritte werden in dem Wahne, das sogenannte Pidschin-Englisch sei das Verständigungsmittel zwischen Chinesen und Ausländern, dieses anführen, und was die Gründe mehr sein mögen. Nun, über die Frage, ob für jemand, der in China zu leben genötigt ist, das Studium der chinesischen Sprache notwendig oder wenigstens nützlich ist, lasse ich mich vielleicht später einmal aus. In dieser Plauderei möchte ich nur auf Grund meiner über zwei Jahrzehnte reichenden Erfahrung darzutun versuchen, dass das Chinesische nicht von einer abschreckenden Schwierigkeit ist, dass vielmehr auch der linguistisch nur normal Begabte es darin zu einer nützlichen Fähigkeit bringen kann, wenn er nur den nötigen Fleiß anwendet, und gleichzeitig einige praktische Winke über den Studiengang geben. Bei diesen Betrachtungen seien von vornherein die Beamten des Dolmetscherstandes ausgeschlossen, deren linguistische Vorbildung seit Einrichtung des Seminars für Orientalische Sprachen von Reichswegen in durchaus zureichender Weise geregelt ist. Unsere Dolmetscher-Aspiranten, die den chinesischen Kursus im Seminar mit Erfolg durchgemacht haben, sind derartig vorbereitet nach Peking gekommen, dass sie vom ersten Tage an auf dem Gebiete der chinesischen Sprache nutzbringend verwendet werden konnten. Ich sehe darin einen unschätzbaren Vorzug gegenüber dem englischen System, welches seine Dolmetschereleven ohne chinesische Vorkenntnisse nach Peking schickt, damit sie dort mit dem Studium anfangen. Wer also beabsichtigt, in irgendeiner Lebensstellung für eine Reihe von Jahren nach China zu gehen und Gelegenheit hat, das Orientalische Seminar zu besuchen, dem sei dieser Besuch dringend angeraten. Die folgenden Bemerkungen und Winke gelten für solche, die, sei es in China oder in Deutschland, auf sich selbst angewiesen sind, und zwar für solche, die sich eine Kenntnis des Chinesischen in Wort und Schrift für praktische Zwecke aneignen wollen, nicht für fachgelehrte Sinologen.

Gehen wir nun zunächst zum Gegenstand über, der zu erlernenden chinesischen Sprache. Ist das Chinesische wirklich schwer? Gewiß! Und wenn jemand hört, daß die alte jetzt im Aussterben begriffene chinesische Gelehrtengeneration ein langes Leben fast ausschließlich darauf verwandte, die literarischen Erzeugnisse der eigenen Sprache zu studieren, verstehen zu lernen und den eigenen Stil daran zu bilden, so könnte solches wohl abschreckend wirken. Doch das Studium der Sprache der Klassiker, Philosophen, Historiker und Dichter ist ja nicht Gegenstand unserer Betrachtung. Wir wollen nur praktisches Chinesisch betreiben. Zu den höheren Stilgattungen mag derjenige später übergehen, der bereits Geschmack an der Sprache gefunden hat und sich zutraut, auch das Schwierigere zu meistern. Die Geschäfts- und Amtssprache ist bei dem geschäftlich nüchtern denkenden chinesischen Volke zum Glück einfach geblieben, ohne Schwulst. Dasselbe gilt von der Umgangssprache. Die Höflichkeitsfloskeln werden einfach als Vokabeln auswendig gelernt. Zudem kennt das Chinesische keine Wortbiegung (Flexion), keine Deklination, keine Konjugation, also auch keine unregelmäßigen Verben! Wer unter den Lesern z.B. Finnisch oder das Konjugationssystem des Georgischen kennt, wird diesen Umstand erst recht zu würdigen wissen. Selbst das Japanische, das nach der falschen Einbildung vieler Laien häufig mit dem Chinesischen zusammengestellt wird, weil es chinesische Schriftzeichen verwendet, während es in der Tat einer ganz anderen Sprachfamilie angehört, ist ungleich komplizierter, und es ist viel schwieriger, gut Japanisch zu sprechen als gut Chinesisch. Natürlich bedeutet diese Flexionslosigkeit nun nicht, dass das Chinesische keine Grammatik habe, wie meines Wissens früher sogar von Gelehrten behauptet worden ist. Sprache und Grammatiklosigkeit sind innere Widersprüche: jede Sprache hat ihre eigentümliche Grammatik, nur besteht diese im Chinesischen nicht in

Flexionen, sondern in Stellungsgesetzen und grammatischen Hilfswörtchen, deren richtige Anwendung aus den Wörtern Sätze macht. Ihre Zahl ist nicht sehr groß, und ihr Erlernen bietet kaum Schwierigkeit. Man braucht also, um Chinesisch zu sprechen und verstehen zu können, nur diese Stellungsgesetze, die paar grammatischen Hilfswörter und eine Anzahl Vokabeln und Redensarten zu erlernen. So ausgerüstet, wird man ohne Mühe ein Schriftstück amtlichen oder geschäftlichen Inhalts oder einen Zeitungsartikel (mit Ausnahme zuweilen der Leitartikel, wenn sie sich im höheren Stil gefallen) verstehen können, und zwar bei der einfachen chinesischen Konstruktion leichter als z.B. ein türkisches gleichen Inhaltes mit seinen verschlungenen Gerundialverbindungen.

Für das heutige China kommt allerdings als Besonderheit noch hinzu die übermäßige Anwendung japanischer Ausdrücke, wohl als Ausfluß einer gewissen chinesischen Indolenz in Verbindung mit dem Umstande, dass viele Tausende der modernen chinesischen Jugend ihre Ausbildung in Japan genossen haben. Es ist das die für mich unsympathischste Erscheinung im heutigen Geschäftschinesisch. Wenn es sich um alte chinesische Ausdrücke handelte, die von den Japanern in früheren Jahrhunderten aus dem damaligen lebendigen Sprachschatze der Chinesen übernommen wurden und die im heutigen Chinesisch selbst verschollen sind, dann wäre dagegen nicht zu sagen, vielleicht ist eine solche Wiederbelebung alten chinesischen Sprachgutes nur zu begrüßen. Auch ist es bei der chinesischen Indolenz zu verstehen, wenn auch nicht zu entschuldigen, dass die Chinesen für moderne Begriffe nicht selbst ihre bequemen Schriftzeichen zu eigenen Komposition verwenden, sondern diese Zusammensetzungen einfach von den Japanern entlehnen, die sie doch auch nur mit Hilfe der chinesischen Bestandteile bilden. Die Chinesen gehen aber noch weiter in ihrer Nachahmungssucht: nicht nur ersetzen sie längst eingebürgerte Ausdrücke ohne irgendeinen Grund durch japanische Entlehnungen, wie sie z.B. das alte t'ieh-lu für „Eisenbahn" jetzt t'ieh-tau sagen, weil die Japaner die Eisenbahn so nennen (beides bedeutet wörtlich „Eisenbahnweg", vgl. railway in England und railroad in Amerika); solche Ausdrücke aber bleiben wenigstens auch dem des Japanischen nicht kundigen Chinesen ohne weiteres verständlich. Schlimmer steht's mit solchen rein japanischen Ausdrücken, die aus rein japanischen Elementen bestehen, so z.B. die Wortverbindung tsch'ü-hsiau, in der heutigen Sprache das übliche Wort für „annulieren, kassieren". Das ist nicht Chinesisch, sondern rein Japanisch, weshalb es dafür auch im Japanischen keine sinojapanische Aussprache gibt, sondern es heißt im Japanischen nur torikesu. Die zweite Hälfte kesu heißt im Japanischen „auslöschen", die erste „nehmen", ein Vorwort vieler japanischer Verben, das an sich bedeutungslos ist und lediglich den Verbalbegriff verstärkt und das im Japanischen zufällig mit dem chinesischen Wort tsch'ü „holen" entsprechenden Schriftzeichen geschrieben wird. An solchen Beispielen ist das heutige Chinesisch reich; es sind richtige Fremdwörter im Chinesischen, die der Chinese als solche mechanisch lernen muß, da er ihren Sinn aus dem sie bildenden chinesischen Schriftzeichen meist nicht ergründen kann. Deshalb ist für denjenigen, der sich mit dem heutigen Chinesisch beschäftigt, auch ein japanisches Wörterbuch kaum entbehrlich.

Aus dem bisher Gesagten ist bereits klargeworden, dass ich beim Studium des Chinesischen für praktische Zwecke unbedingt auch die Schrift einbegriffen wissen will. Selbstverständlich genügt es für den Hausgebrauch, dem Verkehr mit der Dienerschaft, Ladenbesitzern, Arbeitern und ähnlichen Leuten, eine Anzahl Vokabeln zu wissen, mit deren Hilfe man sich, auch ohne grammatisch richtige Sätze zu bilden, verständlich macht. Hierzu bedarf es keines Studiums; den nötigen Wortschatz liefert das tägliche Leben ganz von selbst. Leute, die eine gewisse Sprachbegabung mitbringen, können mit diesen Mitteln sogar Unterhaltungen führen, und ich war in Peking oft erstaunt, wie z.B. meine Frau, wenn sie zugereiste Freunde in den Sehenswürdigkeiten und Läden Pekings herumführte, ihre ohne besonderes Studium erworbenen geringen chinesischen Sprachmittel zu langen erfolgreichen Gesprächen mit Chinesen zu verwenden und ihnen meinen chinesischen Namen (Hsia „der Sommer") zu erklären imstande war. Zu einem wirklichen Verständnis auch der Umgangssprache gehört auch eine gewisse Kenntnis der Schrift. Für den, der mit chinesischen Beamten zu tun hat, erscheint mir diese Kenntnis geradezu unerlässlich für das Verständnis. Die politischen Umwälzungen in China haben auch im Norden eine große Anzahl Mittel- und Südchinesen als Beamte auf wichtige Posten gebracht, die zwar hochchinesisch sprechen, aber nur zum Teil. Manchmal ist dieses Hochchinesisch dem Heimatdialekt des Betreffenden verzweifelt ähnlich, und doch muß man den Mann verstehen lernen. Das geht nun ohne häufige Zuflucht zu den Schriftzeichen nicht ab.

Gewiß sind es für viele gerade die chinesischen Schriftzeichen, die abschreckend wirken. Die Scheu wird aber schwinden, wenn man erfährt, dass auch die kompliziertesten sich auf einfache Bestandteile zurückführen lassen, die leicht zu erlernen sind. Zwar ist die Zahl gewaltig groß, aber zur Beruhigung mag dienen, dass es wohl keinen einzigen Chinesen gibt, auch unter den gelehrtesten nicht, der die sämtlichen chinesischen Schriftzeichen kennt; dass viele darunter veraltet sind und dass, sollte ich meinen, eine Kenntnis von 2000 bis 3000 für unsere Zwecke vollkommen ausreichend sein dürfte und auch bei täglichem Fleiß in nicht zu langer Zeit zu erwerben ist. Stößt man dann auf ein unbekanntes Zeichen, so hilft das Wörterbuch irgendeiner anderen Sprache beim Nachschlagen eines unbekannten Wortes. Vielleicht interessiert es, in diesem Zusammenhang zu erfahren, dass ein Japaner, der lediglich die Elementarschule besucht, etwa 1300 chinesische Schriftzeichen lernen muß. Mit der Hoffnung, dass die Chinesen ihre Schriftzeichen zugunsten eines einfachen Alphabetes, sei es des lateinischen oder einer ähnlichen Abkürzung wie die unter dem Namen Katakana bekannte japanische Silbenschrift, aufgeben werden, tröste man sich nicht. Zwar gibt es schon seit einiger Zeit auch Befürworter unter den Chinesen hierfür, ja, sogar Versuche auf dem Gebiete sind schon gemacht; doch halte ich aus verschiedenen Gründen, die anzuführen hier zu weit führen würde, diese Bewegung zum Glück für aussichtslos. Sind doch selbst in Japan die Bestre-bungen der Gesellschaft für lateinische Schrift (Romaji-Kwai) als gescheitert anzusehen, und wenn die Japaner zur Einsicht gekommen sind, ihr bisheriges sehr kompliziertes Schriftsystem (chinesische Zeichen, Katakana und das sehr schwierige Hiragana) sei vorzuziehen, so wird der gesunde Sinn der Chinesen sich erst recht dagegen sträuben, ihre uralte eigene Schrift, das wichtigste einigende Band der Nation, über Bord zu werfen (ebenso wie ich es bedauern würde, wenn die auf Beseitigung der uns Deutschen eigentümlichen Schrift zugunsten der lateinischen gerichteten Bestrebungen Erfolg hätten).

Schließlich genügt es für den Ausländer, eine gewisse Anzahl chinesischer Zeichen zu kennen und zu verstehen, auch ohne sie selbst schreiben zu können, wenn letzteres auch sehr erwünscht ist, schon aus praktischen Gründen, um im Laufe einer schwierigen Unterhaltung dem Verständnis hin und wieder nachzuhelfen. Allerdings gehört dazu dauernde Übung im Schreiben. Ich pflegte es so zu machen, dass ich chinesische Texte transkribierte und später die Umschrift in chinesische Zeichen zurück übertrug. Diese Art der Übung kann ich sehr empfehlen. Es wird natürlich nicht ausbleiben, dass hin und wieder trotzdem einmal ein Schriftzeichen einem zwar im Geiste vorschwebt, man es aber dennoch nicht im gegebenen Augenblick zu Papier bringen kann. Für solche Fälle pflegte ich eins der kleinen nach der Aussprache alphabetisch angeordneten Glossarien, besonders den kleinen Goodrich, bei mir zu führen, der für solche Zwecke ausgezeichnete Dienste leistet. Als Schreibmaterial dient am besten der Bleistift. Das Schreiben mit dem Pinsel nach der chinesischen Kalligraphie ist eine besondere Kunst, die viel Zeit und Mühe erfordert, für unsere praktischen Zwecke jedoch nicht notwendig ist.

Was die Wahl der chinesischen Dialekte anbelangt, so kommt für unsere Zwecke nur das Hochchinesisch (Kuan-hua, sonst bei uns auch Mandarinenchinesisch genannt) in Frage, das am schönsten von geborenen Pekingleuten gesprochen wird. Die Zahl derjenigen Chinesen aus besseren Kreisen, die sich gar nicht bemühen, es zu erlernen, wird immer kleiner, und die Zeit, wo es im ganzen Reiche verstanden wird, dürfte nicht mehr fern sein.

Wer nicht nur Chinesisch lesen, sondern auch sprechen und verstehen will, wird am Anfang der Unterstützung durch einen Eingeborenen (am besten einen solchen aus Peking) nicht entraten können der Aussprache wegen. Das Chinesische besitzt keine für unsere Sprachorgane schwierige Laute; immerhin lässt sich bekanntlich die richtige Aussprache der Wörter einer fremden Sprache auch durch die genaueste Erklärung in Büchern nicht anschaulich machen. Beim Chinesischen kommt hinzu noch die Stimmodulation der Töne, deren das Hochchinesische in Peking vier besitzt. Es ist unmöglich, sie aus schriftlicher Anleitung zu lernen. Mancher lernt sie auch trotz täglichen Hörens von Eingeborenen nach Jahren nicht. Hat man aber ihr Wesen einmal richtig erfasst, ist ihre Anwendung leicht. Will es aber jemandem gar nicht gelingen, dann braucht er deshalb nicht den Mut zu verlieren. Denn zum Verständnis sind sie, von einigen wenigen Ausnahmen abgesehen (wozu z.B. das Wort „mai" gehört, welches, je nach Verschiedenheit des Tones, mit dem es gesprochen wird, „kaufen" oder „verkaufen" bedeutet), nicht erforderlich, und wo sie es sind, kann der ohne Ton Sprechende einem Missverständnis durch eine umschreibende Erklärung vorbeugen. Die richtige Anwendung der Töne gehört aber zur guten Aussprache, und die Anwendung falscher

Töne dürfte auf ein Pekingohr denselben peinlichen Eindruck machen wie etwa die Aussprache la batalj de Sengkangteng auf das Ohr eines Parisers. Im übrigen gibt es viele sonst vorzüglich Chinesisch sprechende Ausländer (z.B. die meisten mir bekannten Russen), die für die Töne eine souveräne Verachtung haben, und fast alle mir bekannten aus Mittel- und Südchina stammenden chinesischen Beamten in Peking kümmern sich gleichfalls nicht um sie, wenn sie Hochchinesisch sprechen.

Die Stellungsgesetze im Chinesischen gelten sowohl für die geschriebene wie für die gesprochene Sprache. Aber die grammatischen Hilfswörter sind für beide verschieden. Doch ist der Unterschied zwischen beiden Sprachen bei weitem nicht so groß wie z.B. im Japanischen, wo beide Sprachen sogar ganz verschiedene Konjugationen haben. Auch gehen heutzutage im Chinesischen beide zuweilen dermaßen ineinander über, dass eine strenge Grenzlinie nicht gezogen werden kann und man mit einem Beamten über amtliche Dinge unbedenklich so sprechen kann, wie man ein amtliches Schriftstück abfassen würde; sogar die Hilfswörter der Schriftsprache kann man da anwenden. Beide Sprachen haben sich im modernen Chinesisch sehr einander angenähert. Ein Vorzug der Sprache ist ihre einfache Klarheit. Unklar wird ein modernes chinesisches Dokument nur dann, wenn es, wie es heutzutage oft vorkommt, zuerst in einer fremden Sprache, meist Englisch, verfasst war, und der fremdsprachkundige chinesische Übersetzer sich bemüht, die chinesische Abfassung möglichst wörtlich dem fremden Original anzupassen, was natürlich ohne schlimme Vergewaltigung des Chinesischen nicht abgehen kann.

Wir kommen jetzt zur Frage der Hilfsmittel zur Erlernung des Chinesischen. In dieser Hinsicht sind wir in Deutschland schlecht bestellt. Die Möllendorffsche Grammatik des Hochchinesischen und die Arendtsche Grammatik sind die einzigen Lehrbücher, die nach meiner Meinung empfehlenswert sind; letztere erklärt die grammatischen Erscheinungen der Pekinger Umgangssprache in bisher unübertroffener Weise. Die große Grammatik von von der Gabelentz behandelt nur den höheren Stil, seine kleine ist in dem das Hochchinesische behandelnden Teile unzulänglich. Die Grammatik von Othmer und Lessing ist von Lokalismen der Provinz Schantung nicht frei. Das unter den Lehrbüchern des Seminars für Orientalische Sprachen erschienene Übungsbuch „Yamen und Presse" hätte lieber nicht gedruckt werden sollen; abgesehen von dem grundlegenden Fehler, dass es nicht ausschließlich chinesische Originaldokumente enthält, sondern auch zahlreiche in deutschen Kanzleien verfertigte Übersetzungen, weist das zugehörige Glossar unverzeihliche Irrtümer auf. Sonstige deutsche in Betracht kommende Hilfsmittel sind mir nicht bekannt. Dagegen existieren in englischer Sprache zahlreiche, unter denen ich die nachstehenden empfehlen möchte. Für die Umgangssprache behalten die „Progressive Lessons" von Sir Thomas Wade wegen der darin enthaltenen und bequem verarbeiteten Fülle von Wörtern und Redensarten ihren bleibenden Wert, ebenso wie die von einem Japaner unter der Bezeichnung „Kuan-hua chih-nan" herausgegebene Sammlung praktischer Gespräche, teils in Peking-Umgangssprache, teils in gutem Hochchinesisch, zu der es auch eine englische

Übersetzung mit Vokabular gibt. Gewarnt sei vor der französischen Bearbeitung dieses Werkes. Eine sehr brauchbare Grammatik des Hochchinesischen hat Edkins herausgegeben. Mateers „Mandarin Lessons" möchte ich deshalb nicht empfehlen, weil das Buch einmal zu einseitig für die Bedürfnisse von Missionaren zugeschnitten ist und dann die Dialekte durcheinanderwirft; was es als Mandarinenchinesisch bezeichnet, ist zum Teil Schantungsprache. Es existiert noch eine Anzahl mehr oder minder nützlicher Hilfsmittel in englischer Sprache, doch halte ich die beiden angeführten für die besten und ausreichend.

Für den amtlichen Stil seien empfohlen die beiden Werke des ehemaligen Seezolldirektors Dr. Hirth, die vorzüglichen „Notes on the Chinese Documentary Style", die eine Grammatik des amtlichen Stils darstellen, und seine Sammlung chinesischer Dokumente mit Glossar; ferner eine kleine und sehr reichliche Chrestomathie ähnlicher Art von Bullock. Wer diese Werke zur Verfügung hat, kann für das Studium auf andere Hilfsmittel ähnlicher Art verzichten. Wer sich für den chinesischen Briefstil interessiert, findet reichlichen Stoff und Belehrung in der von dem Italiener Marco Guseo herausgegebenen ausgezeichneten Sammlung chinesischer Briefe jeglicher Art mit ausführlichen Erläuterungen (in italienischer Sprache), ein Werk, das weite Verbreitung verdient.

Zum Studium einer fremden Sprache gehört auch ein Wörterbuch. Für unseren Zweck kann nur das chinesisch-englische von Giles in Frage kommen, das alle Spielarten des Chinesischen (allerdings kritiklos durcheinander) behandelt und so allen Bedürfnissen notdürftig gerecht wird; die zahlreichen darin enthaltenen Fehler sind für den Anfänger nicht von Belang. Die anderen größeren Wörterbücher Couvreur, chinesisch-französisch, Pawlow, (chinesisch-russisch) behandeln nur die Literatursprache. Als Nachschlagebuch aus einer fremden Sprache in das Chinesische ist das französisch-chinesische Wörterbuch von Couvreur zu empfehlen und allenfalls noch das englisch-chinesische von Stent, für den Fortgeschrittenen das große von der Commercial Press in Schanghai herausgegebene, in der Ausführung den Webster nachahmende „englisch-chinesische Wörterbuch". Vor einigen Jahren ist auf Kosten der chinesischen Seezollverwaltung eine von dem deutschen Zolldirektor Dr. Hemeling angefertigte Umarbeitung des Stentschen englisch-chinesischen Wörterbuches gedruckt worden. Ich habe einen Teil des Manuskriptes gesehen, was der Verfasser, sehr gegen meine Absicht, dazu benutzt hat, in der von weitgehendem Eigenlob etwas übervollen Vorrede zu sagen, ich hielte das Buch für ein hervorragendes Werk, während ich in Wirklichkeit gerade der entgegengesetzten Meinung bin.

Nun noch ein Wort zur Methode. Ich bin der Meinung, dass es der Begabung und Eigenart jedes einzelnen überlassen bleiben muß, sich beim Studium einer fremden Sprache einen eigenen Weg zu suchen. Die für unseren schulmäßigen Sprachunterricht maßgeblich gewordenen Methoden sind für den Massenunterricht zugeschnitten und kommen, da sie naturgemäß der Einzelart des Individuums nicht gerecht werden können, für den Selbstunterricht nicht in Betracht. Dies gilt auch für unseren Fall. Die folgenden Ratschläge sind daher lediglich als solche aufzufassen auf Grund der

Materialien, die heutzutage demjenigen zur Verfügung stehen, der es unternimmt, das Chinesische für praktische Zwecke sowohl in Wort wie in Schrift zu erlernen, wobei der Eigenart und Sondereignung des einzelnen weiter Spielraum gelassen wird.

Der Lernende nehme zunächst den Arendt oder den Wade zur Hand, bis er imstande ist, sich über die einfachsten Sachen verständlich zu machen, und eine Anzahl der einfachsten Schriftzeichen kennt. Dann beginne er bald mit dem Lesen einfacher Schriften. Am geeignetsten erscheinen mir hierzu die von dem chinesischen Unterrichtsministerium herausgegebenen Fibeln für Elementarschulen, die mit einfachen Wörtern und Sätzen beginnen und als Anfangslektüre für solche, die in China leben und keins der angegebenen Lehrbücher zur Verfügung haben, und ohne Vorstudium nutzbringend sind, da die Erklärung der chinesischen Sätze dem chinesischen Lehrer nicht die geringste Schwierigkeit machen, auch ohne Lehrer mit Hilfe jedes kleinen Wörterbuches mühelos zu erlangen sein wird. Ich gehe hierbei davon aus, das Lesen und Sprechen gleichzeitig geübt wird. Die Erklärung der grammatischen Erscheinungen wird entweder einem der genannten Lehrbücher entnommen, kann aber zur Not durch Übung allmählich selbst gewonnen werden. Damit will ich mich keineswegs zu der Theorie des verstorbenen Professors Schlegel bekennen, der seinen Schülern den Rat gab, nur zu lesen, zu lesen, zu übersetzen und die Grammatiken in das Feuer zu werfen. Ich bin im Gegenteil ein überzeugter Anhänger der grammatischen Vorbildung und meine den letzten Satz nur für solche, die nicht in der Lage sind, sich eine solche zu beschaffen. Im übrigen kann ich nur das erwähnte Hirthsche Büchlein auf das wärmste empfehlen.

Ist der erste Anfang gemacht, dann steht heutzutage der Lernende vor einem wahrhaft verwirrenden Reichtum der ihm zur Verfügung stehenden Mittel. Namentlich sind die Japaner fleißig dabei gewesen, Lehrmittel für die Erleichterung des chinesischen Studiums zu schaffen. Abgesehen von zahlreichen sehr guten Konversationsbüchern haben sie Sammlungen chinesischer Zeitungsartikel mit hinzugefügter Übersetzung in der gewöhnlichen Umgangssprache verfasst. Es gibt auch chinesische Zeitungen in der einfachen Sprechsprache des täglichen Lebens. Die Fülle des Gebotenen ist heutzutage bereits so groß, dass es fern von Ort und Stelle unmöglich ist, eine auch nur annähernde Zusammenstellung zu geben, ohne Gefahr zu laufen, Nützliches zu übersehen. Sobald das Anfangsstudium überwunden ist, hat der Lernende freie Wahl, sich die Lektüre nach eigenem Geschmack und so einzurichten, dass er dabei gleichzeitig für die Erweiterung seines Sprachschatzes für die gesprochene Sprache sorgt. Jede Zeitung dient diesem Doppelzweck.

Nur von chinesischen Novellen und Romanen halte sich der Anfänger, dem es auf die Fortbildung in der Umgangssprache und im schriftlichen Geschäftsstil ankommt, zunächst fern; denn diese Art Literatur bedient sich einer ihr eigentümlichen Sprache, die für unsere praktischen Zwecke wenig Ausbeute liefert, andererseits den kritiklosen Anfänger leicht verleiten könnte, ihr Ausdrücke zu entnehmen, die er nicht verwenden kann. Eine Ausnahme macht der bekannte Roman „Erh nü ying hsiung tschuan" (Geschichte der männlichen und weiblichen Helden), der gute Umgangssprache enthält, auch inhaltlich von großem Interesse ist. Übertroffen wird er in jeder Hinsicht von dem vor noch nicht zwei Jahrzehnten erschienenen Buche „Kuan tschang hsien hsing" (Gegenwärtige Verhältnisse des Beamtentums), von einem ehemaligen Beamten verfasst, das zum Teil die Schäden des chinesischen Beamtentums in prachtvollem Hochchinesisch schildert, und dessen Lektüre ich jedem nicht dringend genug empfehlen kann, der ernstlich chinesische Sprachstudien treibt. Abgesehen von dem Genuss, den ihm der Inhalt bietet, bereichert er sich mit einer Fülle der nützlichsten Redewendungen des modernen Chinesisch. Sehr zu wünschen wäre es, wenn diejenigen, die solche Lektüre treiben, sich alphabetisch geordnete Glossarien anlegten. An einem wirklich guten chinesisch-europäischen Wörterbuch fehlt es zurzeit noch und wird es noch für Jahrzehnte fehlen. Die Idee eines solchen umfassenden Wörterbuches halte ich für absehbare Zeit angesichts der geringen Anzahl der auf diesem Gebiete ernstlich Arbeitenden und der Verschiedenheit der Stilgattungen für aussichtslos. Doch dürfte für ein Zukunftswerk dieser Art schon viel gewonnen sein, wenn ein jeder auf seinem Spezialgebiet gewissenhaft und sorgfältig zusammengestellte Glossarien beschränkter Sprachgebiete anfertigt, die die Bausteine für das umfassende Zukunftswerk zu bilden haben.

Zum Schluss bemerke ich noch, dass ich gern bereit bin, jedem ernsthaften Interessenten mündliche Auskunft über Einzelheiten zu erteilen, deren Darlegung weit über den Rahmen des vorstehenden Aufsatzes hinausgegangen wäre.

Emil Krebs, Nutzen des Sprachstudiums für Beamte des Auslandsdienstes

Historisches Archiv der Alfried Krupp von Bohlen und Halbach-Stiftung in Essen (FAH 4 E847, S. 135-166).

Vorbemerkung

Als Thema für seinen Vortrag war Krebs vom Auswärtigen Amt „Nutzen des Sprachstudiums für Beamte des Auslandsdienstes" vorgegeben. Er hielt Aussagen hierzu für unsinnig, weil der Nutzen allein aus dem Thema bereits ableitbar erschien, und referierte daher im September 1919 in der Außenhandelsstelle Berlin „über Sprachen allgemein". Er selbst sprach im Schreiben vom 1. Oktober 1919 an den Krupp-Direktor Georg Baur von einer Plauderei und nicht von einer wissenschaftlichen Arbeit. Auch glaube er, dass sein Publikum nicht alles verstanden habe. Gustav Krupp von Bohlen und Halbach vertrat die Auffassung, dass dieser Aufsatz einer Fachzeitschrift zur Veröffentlichung übergeben werden solle. Hierzu kam es jedoch nicht.

Der Vortrag (er habe ihn abgelesen) umfasst über 30 Schreibmaschinenseiten und stellt Verbindungen zu insgesamt über 90 Sprachen und Dialekten her. Krebs gibt einen Überblick über die Geschichte der Sprachen auf dem seinerzeitigen Wissensstand, erarbeitet Sprachvergleiche, nennt Unterscheidungsmerkmale der Sprachen (isolierende, agglutinierende und flektierende Sprachen), zeigt umfangreich Fremdeinflüsse bei Sprachen (Fremdsprachenwörter), berichtet über Sprachentwicklung und Dialekte, thematisiert die Schriftsprache und referiert über das Alphabet, die Keilschrift und die Hieroglyphenschrift.

Über den Nutzen eines Sprachstudiums spricht er nur kurz. Seine Ausführungen lassen seinen eigenen Weg dieses Studiums oberflächlich erkennen. Abschließend vertritt er seine Auffassung über die Erfindung „künstlicher" Weltsprachen. All diese Themen werden von ihm lediglich angerissen, jedoch mit Beispielen belegt.

Dem Historischen Archiv der Alfried Krupp von Bohlen und Halbach-Stiftung Essen danke ich für die Genehmigung einer Abschrift dieses Aufsatzes von Emil Krebs.

Eckhard Hoffmann (EH)

Der Text wurde mit Anmerkungen und Kommentaren (in Fußnoten; Krebs' Text enthält keine Fußnoten) versehen, die ihn für heutige Leser nachvollziehbarer machen sollen und den Text an wesentlichen Punkten auf den heutigen Kenntnisstand beziehen. Fehler und Irrtümer wurden im Rahmen des Möglichen korrigiert. Wort- und Satzbeispiele wurden nach den heutigen Konventionen präsentiert und mit Übersetzungen versehen. Die Anmerkungen und Kommentare (Fußnoten) stammen von Prof. Helmut Glück, Bamberg und sind mit dem Kürzel „HG" gekennzeichnet. Hinweise zu Finnisch und Ungarisch mit dem Kürzel „MS" steuerte Prof. Aleksander-Marek Sadowski, Zittau bei. Wort- und Satzbeispiele aus dem Chinesischen wurden von Dr. Werner Bartels, Bremen („WB") durch eine pinyin-Transkription ergänzt. Veraltete Namensformen wurden durch moderne Äqiuvalente ergänzt. Diese Aktualisierungen waren angezeigt, weil sich das Chinesische wegen einschneidender Reformen im Laufe der letzten hundert Jahre verändert und weiterentwickelt hat.

Die Anmerkungen und Kommentare beruhen zu einem großen Teil auf den einschlägigen Artikeln im *Metzler Lexikon Sprache*, hg. von Helmut Glück und Michael Rödel, 5. Auflage, Stuttgart 2016. Genau zitiert wird nur in den Fällen, in denen wörtliche Übernahmen vorliegen. An den Stellen, in denen es um Schriften und Schriftsysteme geht, wurde das Handbuch *Schrift und Schriftlichkeit*, hg. von Hartmut Günther und Otto Ludwig in Verbindung mit weiteren Fachgelehrten, Berlin, New York 1994 (HSK 10, 1. Halbband) herangezogen. Ergänzt wurden die Anmerkungen durch Netzrecherchen v.a. zu den Lebensdaten von Personen, die Krebs zitiert; sie werden nicht im einzelnen nachgewiesen.

Helmut Glück (HG)

Nutzen des Sprachstudiums für Beamte des Auslandsdienstes
Übersicht zur Geschichte der Sprachen

Die Verschiedenheit der Sprachen ist zu allen Zeiten als ein den Verkehr der Völker erschwerender Umstand empfunden worden. Stellt doch die Sage vom Turmbau zu Babel die „Sprachenverwirrung" geradezu als eine Strafe Gottes für den Übermut der Menschen hin, damit sie sich nicht mehr miteinander verständigen könnten. Das einzige Mittel, die unbequemen Folgen der Sprachverschiedenheit einigermaßen wettzumachen und einen gegenseitigen Verkehr zu ermöglichen, war das Erlernen fremder Sprachen. Geschah dies zunächst ausschließlich von dem rein praktischen Gesichtspunkte der beiderseitigen Verständigung für Handels- oder andere Zwecke materieller Art, so kam mit der fortschreitenden kulturellen Entwicklung allmählich der Wunsch hinzu, sich die geistigen Errungenschaften anderer Völker zu eigen zu machen und das eigene geistige Leben dadurch zu bereichern. Es ist bekannt, mit welchem Eifer junge Römer das Studium des Griechischen betrieben. Aus dem grauesten Altertum sind lexikalische und grammatikalische Werke in Keilschrift auf uns gekommen, die den semitischen Assyrern das Erlernen der Sprache der nichtsemitischen Sumerer, die auf einer höheren Kulturstufe als assyrischen standen, erleichtern sollten.[18] Da die Kenntnis fremder Sprachen eine überaus wichtige Verkehrserleichterung bedeutete, wurde eine solche Kenntnis da, wo sie vorhanden war, auch sehr geschätzt, und so haben es denn z.B. die Geschichtsschreiber für der Mühe wert befunden, unter den Eigenschaften des Königs Mithridates des Großen von Pontos besonders hervorzuheben, dass er sämtliche Sprachen der von ihm beherrschten 22 Völker sprechen konnte.[19]

---

18 Gemeint sind assyrische Keilschrifttexte des 3. und 2. Jahrtausends vor Chr. HG
19 Mithridates Eupator (ca. 134 -63 vor Chr.) regierte von etwa 120 v. Chr. bis zu seinem Tod das Königreich Pontos in Kleinasien. Plinius der Ältere (23 oder 24-79 nach Chr.) schreibt in seiner *Naturalis historia* (7.24), Mithridates habe die 22 Völker, die er beherrschte, jedes in seiner Sprache regiert. Das machte ihn zu einer Vielsprachigkeits-Legende. HG

In dem Maße, wie sich der Kreis fremder Völker erweiterte, zu denen man in freundliche oder feindliche Beziehungen trat, und wie man somit mit immer mehr fremden Sprachen bekannt wurde, nahm im Abendlande das Studium fremder Sprachen mehr und mehr zu. Von besonderer Wichtigkeit ist für den Westen das Zeitalter der Kreuzzüge gewesen, das die Brücke zur näheren Bekanntschaft mit dem reichen Geistesleben der mohammedanischen Welt schlug und selbst für den europäischen Humanismus anregend und befruchtend wurde, insofern man unter anderem mit arabischen Übersetzungen griechischer Schriften bekannt wurde, zum Teil sogar solcher, deren griechische Originale verloren gegangen waren und die man nur durch Vermittlung der arabischen Übersetzung kennengelernt hat.

Sprachforschung

Die Beschäftigung mit fremden Sprachen, die ein Verstehenlernen ihres Baues und ihrer grammatischen Erscheinung erfordert, führte aber auch dazu, die eigene Sprache näher kennen zu lernen, und damit zur Etymologie, der Lehre von der Ableitung der Wörter. Man wird behaupten können, dass ohne die Beschäftigung mit fremden Sprachen die Menschen nicht leicht dazu gekommen wären, dem Bau der eigenen Sprache, die sie ja nicht erst zu lernen brauchten, besondere Aufmerksamkeit zuzuwenden, dass sie hierzu vielmehr erst durch die Vergleichung mit den fremden Sprachen veranlasst wurden, eine Vergleichung, die sich beim Übersetzen aus einer Sprache in die andere von selbst aufdrängte. Das Altertum ist allerdings in der Etymologie nicht weit gekommen, seine Schlüsse waren zunächst noch durchaus kindlich und wertlos, wie die bekannten Beispiele *Lucus a non lucendo* [20] und *canis a non canendo* [21] zeigen, die nicht etwa Scherze späterer Philologen sind. Das wichtigste Ergebnis dieser vergleichenden Tätigkeit, sobald sie über die ersten tastenden Anfänge hinaus war, war die Erkenntnis der Verwandtschaft gewisser Wörter verschiedener Sprachen und die dadurch angeregte Forschung über Herkunft und Verwandtschaftsverhältnisse, und das führte schließlich zur methodischen Sprachvergleichung und zur Festsetzung verschiedener großer Sprachfamilien. Den Ausgang für die methodische Entwicklung dieser neuen Wissenschaft lieferte das genauere Studium des Sanskrit im vorigen Jahrhundert und die daraus gewonnene Erkenntnis seiner Verwandtschaft mit einer Reihe von Kultursprachen, die man unter dem Namen der indogermanischen Sprachen zusammengefasst hat.[22] Es gehören hierzu die folgenden Sprachgruppen:

---

20 Dt. [Das Wort] *Hain* [kommt] *vom* [Wort] *Nicht-Leuchten*. Es handelt sich um eine Antiphrasis, die belegt ist bei Maurus Servius Honoratius (einem spätantiker lateinischer Grammatiker) in seinem Aeneiskommentar (ad 1, 22 (4)) und bei dem gelehrten Kirchenvater Isidor von Sevilla (560-636 n. Chr.), *Etymologiarum libri viginti* (1, 29, 3). HG

21 Dt. [Das Wort] *Hund* [kommt] *vom Nicht-Singen*, d.h. daher, dass Hunde nicht singen können. HG

22 Die genetischen Zusammenhänge zwischen dem Sanskrit, einer Gruppe von altindischen (vedischen) Dialekten (um 1200 v. Chr.) und dem klassischen Sanskrit (beschrieben in der Grammatik des Pāṇini, um 400 v. Chr.), mit dem Griechischen, Lateinischen, Keltischen und Gotischen wurde erstmals von

Die indischen, die iranischen (vornehmlich in Persien), Armenisch, Griechisch, Illyrisch (Albanisch), die romanischen, die keltischen, die slavischen und die germanischen Sprachen.[23] Jede dieser Gruppen zerfällt wieder in Unterabteilungen, sodass wir für diesen großen und für uns wichtigsten Sprachstamm, der im größten Teile Europas herrschend ist, eine sehr genaue Genealogie besitzen. Eine gründliche Erforschung der Gesetze, nach denen sich die Laute der ältesten bekannten Mitglieder dieses Stammes allmählich verändert haben, hat es sogar ermöglicht, unter Anwendung dieser Gesetze nach rückwärts, uns ein ungefähres Bild von der Ursprache zu machen, die den Indogermanen gemeinsam war, ehe sie sich trennten und im Laufe von Jahrtausenden in sprachlich gesonderte Völker zerfielen.

Die Methoden und Ergebnisse der indogermanischen Sprachforschung wurden entsprechend auch auf andere Sprachen angewendet und haben es zu Wege gebracht, dass die Zusammenhänge wenigstens der meisten Sprachen jetzt bereits klar zu Tage liegen, wenn sie auch nicht immer so deutlich in die Augen fallen, wie das bei den indogermanischen Sprachen der Fall ist. So ist es gelungen, die meisten anderen Sprachen gleichfalls zu großen Stämmen zusammenzufassen, deren bedeutendste sind:

Der uralaltaische Sprachstamm (Finnisch mit seinen näheren Verwandten, Esthnisch, Lappisch usw., Ungarisch, die türkischen Sprachen, Mongolisch, Mandschurisch, wahrscheinlich auch Japanisch und Koreanisch), der malaiisch-polynesische Sprachstamm, der semitische (Assyrisch-Babylonisch, Hebräisch, Phönizisch, Punisch, Syrisch, Arabisch, Äthiopisch) Sprachstamm[24]; eine Gruppe der semitischen Sprachen bezeichnet man als hamitisch-semitisch [25], wegen der Vermengung mit nordafrikanischen sogenannten hamitischen Elementen (Hauptvertreter dieser Gruppe ist das Altägyptische mit dem späteren Koptischen), der indochinesische Sprachstamm [26] umfasst außer dem Chinesischen hauptsächlich das Siamesische, Birmanische und Tibetische, der Bantu-

---

dem britischen Kolonialbeamten Sir William Jones (1746-1794) beschrieben. 1827 erschien die lange Zeit maßgebliche Sanskrit- Grammatik von Franz Bopp. Das Sanskrit-Wörterbuch von Otto von Böhtlingk (7 Bde.) erschien von 1855 bis1875 in St. Petersburg. HG

23 Das Hethitische, die älteste überlieferte indogermanische Sprache (bezeugt in Hieroglyphen- und Keilschrift-Tontafeln aus dem 19. bis 12. Jh. vor Chr.) war Krebs nicht bekannt. Die Entzifferung der hethitischen Texte und deren Publikation durch den tschechischen Sprachforscher Bedřich Hrozný (1879-1952) war kurz vorher erfolgt (1915, 1917). Das Tocharische, eine weitere Gruppe alter indogermanischer Sprache aus Mittelasien (belegt zwischen dem 5. und 8. Jh. nach Chr.), war von den beiden deutschen Forschern Emil Sieg (1866-1951) und Wilhelm Siegling (1880-1946) 1908 entziffert und als indogermanisch klassifiziert worden. Auch das war Krebs nicht bekannt. HG

24 Die semitischen Sprachen des Vorderen Orients werden heute zu den afroasiatischen Sprachen gestellt. HG

25 Die früher hamitosemitisch genannte Sprachfamilie wird inzwischen als afroasiatische Sprachfamilie bezeichnet. Sie umfasst etwa 370 Sprachen in Vorderasien und Afrika, nämlich die Berbersprachen, die tschadischen, die kuschitischen, die omotischen und die semitischen Sprachen sowie das Altägyptische mit dem Koptischen. HG

26 Die früher indochinesisch genannte Sprachfamilie wird inzwischen als sinotibetische Sprachfamilie bezeichnet. Sie umfasst das Chinesische (Sinitische) mit seinen „Dialekten" sowie die tibeto-burmesischen Sprachen. HG

Sprachraum, dessen uns bekanntester Vertreter das Suaheli ist, beherrscht einen großen Teil von Afrika. Eine sehr große Gruppe bilden die zahlreichen Indianersprachen in Amerika[27], die auch der Sprache der Eskimo nahestehen.[28]

Neben dieser Einteilung, die sich auf die innere Verwandtschaft stützt, geht eine andere rein äußerliche her, die die Form zum Unterscheidungsmerkmal macht:

1.) <u>Die isolierenden Sprachen.</u> Diese verwenden ihre Wörter ohne irgendwelche Veränderungen, ohne Anhängsel und Vorsilben, indem sie sie einfach nebeneinanderstellen und die grammatischen Beziehungen teils durch die Wortstellung, teils durch Hilfswörter ausdrücken. Die letzteren existieren dabei zum Teil noch außerdem in der Sprache als selbständige Wörter mit bestimmten Bedeutungen, zum Teil haben sie ihre Selbständigkeit verloren und werden nur noch als grammatische Hilfswörter verwendet. Der Haupttypus dieser Sprachen, die in der Regel aus einsilbigen Wörtern bestehen, ist das Chinesische. Im Chinesischen existieren die meisten grammatischen Hilfswörter auch noch als selbständige Wörter in der Sprache fort [29] (z.B. *chih* [30] ‚gehen', auch Genitiv- und Akkusativbezeichnung; *i* [31] ‚nehmen', als Bezeichnung für den Akkusativ und den Instrumentalis: *i pi hsieh tzu* [32] ‚mit dem Pinsel schreiben').

2.) Die nächsthöhere Stufe bilden die <u>agglutinierenden Sprachen</u>. Bei diesen haben die grammatischen Hilfswörter ihre Selbständigkeit bereits vollständig verloren, stehen nicht mehr allein und sind zu wirklichen Endungen herabgesunken, gewissermaßen an das Grundwort angeleimt und ohne eine solche innige Verbindung mit ihr einzugehen, dass Grundwort und Endung unzertrennlich verschmolzen wären. Hierher gehören vor allem die ural-altaischen Sprachen. Diese haben noch die besondere Eigentümlichkeit der Vokalharmonie[33], d.h. die Vokale werden

---

27 Die „Indianersprachen in Amerika" gliedern sich in eine Vielzahl verschiedener Sprachfamilien. Viele von ihnen, die zu Krebs' Lebzeiten existierten, sind inzwischen erloschen. HG

28 Die „Sprache der Eskimo" ist eine eigenständige Sprachfamilie, bestehend aus dem Eskimo (Yup'ik, Inuit) und dem Aleutischen, das auch der paläoasiatischen Sprachfamilie zugerechnet wird. HG

29 Es gibt verschiedene Transkriptionen, die heute allgemein gebräuchliche ist Hanyu Pinyin oder einfach Pinyin. Hanyu Pinyin gab es zu Krebsens Lebzeiten noch nicht. Emil Krebs bedient sich einer modifizierten Form der früher verbreitetsten Transkription des Chinesischen: Wade-Giles. Zu den folgenden drei Beispielen muss vorausgeschickt werden, dass es sich um schriftsprachliche Ausdrücke handelt, denn die klassische chinesische Schriftsprache spielte zu Krebs' Zeiten im Schriftverkehr eine ungleich größere Rolle als heute. Einige in diesem Aufsatz aufgeführte chinesische Ausdrücke sind heute nicht mehr gebräuchlich, d.h. sie sind historisch. WB

30 Wade-Giles: *chih*, Pinyin: *zhi* (erster Ton) 之 WB

31 Wade-Giles: *i*, Pinyin: *yi* (dritter Ton) 以 WB

32 Wade-Giles: *i pi hsieh tzu*, Pinyin: *yi bi xie zi* 以笔写字 WB

33 Vokalharmonie, auch Synharmonismus genannt, ist ein assimilatorischer Prozess der Angleichung der Vokalqualitäten aneinander innerhalb eines Wortes, d.h. dass sich die Vokale der Suffixe an den Vokal/die Vokale des Stammes angleichen. HG

in leichte und schwere oder hohe und tiefe oder helle und dumpfe eingeteilt[34], sodass in demselben Worte nur Vokale derselben Art vorkommen dürfen und es infolgedessen gewöhnlich mehrere Reihen von Endungen gibt, z.B. türkisch *ew* ‚Haus' → *ewin, ewler*; *aw* ‚Jagd' → *awyn, awlar*; *ekmekdschilik, basmadschylyk, gjözlük*, Ungarisch, *ház, háznak, házak*, dagegen *kéz, kéznek, kezek*; Finnisch: *kaivo* ‚Brunnen', *kaivossa* ‚im Brunnen', dagegen *kylä* ‚Dorf', *kylässä* ‚im Dorfe'; Mongolisch: *achanar* ‚Brüder', dagegen *emener* ‚Frauen'. Mandschurisch: *amban* ‚Würdenträger': ambasa, *beye* ‚Person' beyese, *ahôn* ‚älterer Bruder', *ahôta* dagegen *deo* ‚jüngerer Bruder': *deote*; *genembi* ‚gehen': *genere, genehe*, dagegen *alambi* ‚sagen': *alara, alaha*. Im Finnischen, Ungarischen und Türkischen[35] wird dieses Gesetz am genauesten befolgt, nur in der Sprache von Konstantinopel beginnt man es teilweise zu vernachlässigen. Diese Sprachen kennen fast nur Endungen, nur das Ungarische hat auch Vorsilben. Eine Spielart der Agglutination ist die Infixion, wo grammatische Elemente zwischen die einzelnen Bestandteile des Wortes eingeschoben werden, z.B. im Georgischen *vgzavni* ‚ich schicke', *vigzavni* ‚ich schicke dir', *vugzavni* ‚ich schicke ihm'; sumerisch *inlal* ‚er wog', *innanlal* ‚er wog ihn'. Den höchsten Grad erreicht die Infigierung im Baskischen, Eskimo und den Indianersprachen, wo die grammatischen Beziehungen durch eine große Anzahl von Infixen am Verbum zum Ausdruck gebracht werden.

3.) Die letzte Stufe wird gebildet von den <u>flektierenden Sprachen</u>. Hier sind Endungen und zum Teil auch Präfixe mit dem Wort bereits so eng verschmolzen, dass eine rein mechanische Trennung in den meisten Fällen nicht mehr möglich ist. Hierzu gehören die indogermanischen Sprachen. Während man z.B. im Türkischen *gjözün*, im Ungarischen *szemnek*, im Mandschurischen *yasai*, im Mongolischen *nidünü*, im Finnischen *silmän*, im Georgischen *tvalisa*, die sämtlich „des Auges" bedeuten, durch einfache Loslösung der Genetivendungen die Nominative *gjöz, szem, yasa, nidün, szilmä, tvali* erhält, kann man auf solch einfache Weise von den Genetiven (handschriftliche Aufzählung leider nicht deutbar) und *oculi, netrasya* (Sanskrit) nicht zu den Nominativen (wiederum handschriftliche Aufzählung, die nicht deutbar ist) *oculus, netram* gelangen.

Die Bantusprachen wird man nicht, wie es häufig geschieht, hierherzählen können. Diese haben sämtlich keine Endungen, sondern drücken die grammatischen Beziehungen vorn aus, z.B. *kisu* ‚Messer' (Sg.), *visu* ‚Messer' (Pl.), *mti* ‚Baum' (Sg.), *miti* ‚Bäume', *mtu* ‚Mensch', *vatu* ‚Menschen'. Nach den Anfangslauten werden die sämtlichen Hauptwörter in etwa ein Dutzend Klassen eingeteilt und alle darauf bezüg-

---

34 Heute spricht man nur noch von vorderen (dt. i, y, e, œ), zentralen (a) und hinteren (o, u) Vokalen, jeweils mit einer gespannten (langen) und einer ungespannten (kurzen) Variante. HG
35 Die von Krebs angeführten türkischen Vokabeln entsprechen nicht der heutigen Orthographie. Zu Krebs' Zeiten wurde das Türkische noch mit arabischen Lettern geschrieben. MS

lichen Adjectiva und Fürwörter bekommen dieselben Anfangslaute, z.B. *kisu changu* ‚mein Messer', *kisu chema, kisu chema chetu, visu vyema vyetu.*[36] Diese Anfangslaute dienen somit zur Andeutung gewisser Kategorien, ohne von vornherein integrierende Bestandteile des Wortes selbst gewesen zu sein, sodass man also nur das *tu* in *mtu*, das *ti* in *mti*, das *su* in *kisu* als die bedeutungswichtigen Bestandteile dieser Hauptwörter anzusehen hat, wie dies bei den Fürwörtern *angu, etu* und den Adjektiven wie *ema* auf den ersten Blick sowieso klar auf der Hand liegt. Da also die Grundwörter selbst nicht verändert werden, kann von einer Flexion nicht gut die Rede sein, sondern höchstens von einer Agglutination [37], nur, dass das Anleimen [38] nicht wie sonst üblich am Ende geschieht, sondern vorn. Es ist anzunehmen, dass jene die Kategorien bildenden Elemente in einem früheren Sprachzustande noch selbständige Wörter gewesen sind, sodass das Anfangselement von *mtu* etwa ‚lebendes Wesen', dasjenige von *kisu* ‚Gegenstand' bedeutet haben mag.

Da vielerlei dafürspricht, dass die historische Entwicklung von der Isolierung über die Agglutination zur Flexion gegangen ist, und da die Sprache ein lebender, in steter Veränderung begriffener Organismus ist [39], begreift sich, dass die genannten Typen nicht immer durch strenge Grenzlinien voneinander geschieden sind, dass sich vielmehr Übergänge vom Niederen zum Höheren finden. So gibt es z.B. im klassischen Chinesisch zwei Wörter *chih* und *hu,* die in ihren verschiedenen Bedeutungen fast stets zu *chu* zusammengezogen werden.[40] Die Tondifferenzierungen wie z.B. *wang (2)*

---

36 Solche Sprachen heißen Klassensprachen. Sie unterteilen das Inventar der Substantive oder auch der Verben durch Affixe in verschiedene Klassen. Diese Klassen beziehen sich entweder auf semantisch bestimmbare Gruppen von Objekten der realen Welt (so in vielen australischen Sprachen), oder sie sind nur formal, ohne klaren Bedeutungsbezug, fassbar (so in vielen Bantusprachen). Aus Kongruenzgründen (damit Übereinstimmung zwischen den Wörtern eines Satzgliedes oder eines Satzes hergestellt wird) sind in Klassensprachen häufig auch die Adjektive und die Pronomina den einzelnen Klassen zugeteilt. HG

37 Agglutination ist ein Verfahren, das grammatische Merkmale durch einzelne Affixe an den Stamm v.a. von Verben und Substantiven ausdrückt. Diese Affixe sind in der Regel stabil (doch können sie der Vokalharmonie (s. o. Anm. 16) unterworfen sein). Sie drücken meist nur einen einzigen grammatischen Sachverhalt aus (z. B. den Plural oder ein bestimmtes Tempus). HG

38 Lat. *agglutinare* ‚anleimen'. HG

39 Krebs bezieht sich hier auf die Organismusmodelle der historischen Sprachwissenschaft des 19. Jahrhunderts, die auf Wilhelm von Humboldt (1767-1835) zurückgehen und in Heymann Steinthals (1823-1899) Konzept der Völkerpsychologie weiterentwickelt wurden. Eine Zuspitzung erfuhren diese Modelle in August Schleichers (1821-1868) Anwendung der Lehren Charles Darwins (1809-1882) auf die Sprachentwicklung. Diese Modelle besagen, dass Sprachen Organismen sind, die einen Lebenszyklus durchlaufen. Sie besagen, dass es wenig entwickelte, voll entwickelte und verfallende Typen von Sprachen gibt. Der „Reifegrad" einer Sprache wurde daran gemessen, welche Rolle die Flexion in ihr spielte; an der Spitze der Hierarchie der Sprachen standen die stark flektierenden Sprachen, etwa das Altgriechische. Alle anderen Sprachtypen galten demnach als nachrangig und weniger wertvoll. HG

40 Dieses Beispiel deutet auf die chinesische Sprachentwicklung der letzten 100 Jahre. Eine letztendlich gültige Nennung der chinesischen Schriftzeichen ist heute kaum noch möglich. Welches Zeichen sich

‚König', *wang* (4) [41] ‚König sein'; *yin* (3) ‚trinken', *yin* (4) ‚tränken'; *shao* (3) ‚wenig', *shao* (4) ‚gering an Jahren, jung', gehören aber wohl nicht hierher, d.h. in das Gebiet der grammatischen Kategorien, sondern in das lexikalische der Wortbildung. Im modernen Nordchinesisch setzt man zu *t'a* ‚er' [42] und *ni* ‚du' [43] häufig das Wort *na* [44] hinzu, das diesen beiden Fürwörtern eine höfliche Wendung gibt. In beiden Fällen ist die Zusammenziehung zu *t'an* [45] und *nin* aus *t'a na* und *ni na* ganz gewöhnlich. Ein anderes sehr gewöhnliches Beispiel ist die Zusammenziehung von *to tsao wan* ‚wann' in *to tsan*.[46] Das sieht schon wie ein Ansatz zur Flexion aus. Es ist mir in der Tat nicht zweifelhaft, dass das Chinesische in der Zukunft einmal eine agglutinierende und schließlich vielleicht sogar flektierende Sprache werden wird. Eine ganz auffallende Erscheinung zeigt das Tibetische, das in zahlreichen Verben Tempus- und Modusbildung hat, z.B. *gtong* ‚geben', Vergangenheit: *btang*, Zukunft: *gtang*, Imperativ: *t'ong*; ebenso *lta* schauen: *bltas, ltas, ltos*; *debs* ‚werfen': *btab, gdab, t'ob; byed* ‚machen': *byas, bya, byos; len* ‚nehmen': *blangs, blang, long* (s) oder *lon* und zahlreiche andere mehr. Das ist wirkliche Flexion, und doch gehört das Tibetische zu den isolierenden Sprachen. Unter den agglutinierenden Sprachen ist es vor allem das Finnische, dessen eigentümliche Lautgesetze das Grundwort beim Antritt von Endungen häufig derart verändern, dass wir Flexion vor uns zu haben glauben. wenn z.B. der Genitiv von *suku* ‚Geschlecht' *suvun*, von *hevonen* ‚Pferd' *hevosen* lautet, wenn aus *kolmas vuosi* ‚das dritte Jahr' gebildet wird *kolmantena vuonna* ‚im dritten Jahr', wenn die Gegenwart von *lukea* ‚lesen' *luen* heisst, von *lyödä* ‚schlagen' *löin* ‚ich schlug', von *antaa* ‚geben': *annoin* ‚ich gab' kommt usw., dann wird es dem Nichteingeweihten schwer sein, zu glauben, dass er es nicht mit einer flektierenden Sprache zu tun hat.[47] Ein Beispiel aus dem Georgischen: *bma* ‚binden', *bami* ‚gebunden'.

---

hinter *chu* (Pinyin *zhu*) verbirgt ist unklar. *Chih* (Pinyin *zhi*) könnte 之 sein. Bei *hu* (Pinyin *ditc*) könnte es sich um 乎 handeln. WB

41 Die eingeklammerten Zahlen stehen für die Töne des (Hoch-) Chinesischen (putonghua). Töne haben dort eine bedeutungsunterscheidende Funktion. Ein Ton ist die Art und Weise, wie ein Vokal realisiert wird. Dies kann durch Unterschiede in der Tonhöhe (Registerton) oder durch Variation der Tonhöhe innerhalb einer Silbe (Konturton) geschehen. Die vier Töne des Chinesischen sind: Hochton (1), steigender Ton (2), fallend-steigender Ton (3) und (stark) fallender Ton (4) Die letzte Variante, also die mit dem vierten Ton (4), kommt nur in der klassischen chinesischen Schriftsprache vor. Ein fünfter Ton, der neutrale Ton, ist ein kurz und leicht fallender Ton; er wird häufig nicht als besonderer Ton gezählt. HG und WB

42 Wade-Giles *t'a*, Pinyin *ta* 他 WB

43 Wade-Giles und Pinyin *ni* 你 WB

44 Das Wort „na" ist möglicherweise veraltet oder regional begrenzt, eventuell auch ein inzwischen ausgestorbener Einfluss des Mandschurischen. WB

45 Zusammenziehung von *t'a* und *na* zu *t'an* ist heute ungebräuchlich bzw. nicht mehr bekannt. WB

46 Wade-Giles *to tsao wan*, Pinyin *duo zao wan* 多早晚 Zusammenfügung: Wade-Giles *to tsan*, Pinyin *duo zan* 多咱 (ein Dialektausdruck). WB

47 Bei den Verbbeispielen zum Finnischen ist eine gewisse Inkonsequenz vorhanden. Während bei dem Verb *lukea* lesen das Präsens angegeben ist, so ist es bei den anderen das Präteritum, was bei der deutschen Übersetzung zwar angegeben, aber im Text nicht verzeichnet ist. MS

Ich hatte gesagt, dass der historische Entwicklungsgang von der Isolierung über die Agglutination zur Flexion führt. Das heutige Englisch bietet ein bemerkenswertes Beispiel für den umgekehrten Gang, dass eine im Verkehr viel gebrauchte Sprache sich des größten Teiles ihrer Flexion entledigt und abschleift. Dass der verstärkte Verbrauch im Verkehr die Flexion abschwächt, zeigt sich bei allen flektierenden Sprachen. Besonders krass tritt es in Erscheinung in den neuindischen Sprachen im Vergleich zur reichen Flexion des Altindischen; wir sehen es im Vulgär-Griechischen, wenn wir es mit dem Altgriechischen vergleichen, im Wegfall der vokalischen Endungen des klassischen Arabisch im Vulgär-Arabischen und in vielen anderen Fällen. Dieser Prozess schreitet immer weiter vorwärts, wie wir es auch im Deutschen selbst beobachten können; selbst die spärlichen Deklinationsreste fängt man immer mehr zu vernachlässigen an. So sagt man z.B. häufig schon *zu Haus, zu Tisch* anstatt *zu Hause, zu Tische*.

Sprachvergleichung

Die Sprachvergleichung hat ihre Tätigkeit natürlich längst noch nicht abgeschlossen, weil manche Sprachen noch nicht genügend bekannt und erforscht sind. Auch bei einigen ihrem Bau nach ganz gut bekannten haben die Forschungen noch zu keinem allgemein anerkannten Ergebnis geführt. So zählt man zwar das Japanische und damit das augenscheinlich mit ihm verwandte Koreanische (Hauptcharakteristikum: Konjugation des Adjektivs genau wie beim Verbum) zu den ural-altaischen Sprachen[48]; aber mit solcher Bestimmtheit wie bei den anderen Sprachen dieses Stammes kann man es noch nicht hinstellen. So gehört das Siamesische[49] nach allgemeiner Ansicht zur indochinesischen Gruppe. Störend ist allerdings der Umstand, dass ganz im Gegensatz zu dieser im Siamesischen das adjektivische Attribut und der Genitiv hinter dem Hauptwort stehen, wie es in den malaiischen Sprachen der Fall ist. Deshalb zählen einige das Siamesische tatsächlich zu den malaiischen Sprachen und wollen die indochinesischen Wörter, aus denen es in der Hauptsache besteht, zu Fremdwörtern stempeln, die das ursprüngliche malaiische Element so gut wie verdrängt hätten. Das erscheint mir etwas ganz Ungeheuerliches. Unsicher ist z.B. auch die Stellung des Sumerischen, das manche der ural-altaischen Gruppe zuzählen.[50] Mancherlei spricht dagegen. Wahrscheinlich ist es, dass es mit den kaukasischen Sprachen, deren bekanntester Vertreter das Georgische ist,

---

48 Die Verwandtschaftsbeziehungen des Japanischen sind ungeklärt. Es gibt Gründe, eine Verwandtschaft mit dem Koreanischen anzunehmen, doch „durch neuere Forschungen haben Hypothesen einer gemischten Herkunft aus altaischen und austronesischen Quellen mit zusätzlichen dravidischen Einflüssen an Plausibilität gewonnen" (Florian Coulmas, *Japanisch*, in: Metzler Lexikon Sprache, 5. Aufl. 2016, S. 313). Ähnliches gilt für das Koreanische, das oft den altaischen Sprachen zugerechnet wird, doch auch hier gibt es Hinweise auf Verwandtschaftsbeziehungen zu den austronesischen und dravidischen Sprachen (F. Coulmas, *Koreanisch*, a.a.O. S. 374). HG

49 Heute: Thai, die Amtssprache Thailands. HG

50 Das Sumerische ist die älteste schriftlich überlieferte Sprache. Sie wurde im Süden Mesopotamiens gesprochen und seit ca. 3200 vor Chr. auch geschrieben. Genetische Beziehungen zu anderen Sprachen sind nicht nachgewiesen. HG

zusammenhängt, mit dem es die Infigierung gemeinsam hat.[51] Ob aber das Georgische zur ural-altaischen Gruppe zu rechnen ist, dafür fehlt es noch an schlüssigen Beweisen.[52]

Überblickt man die unzweifelhaften Ergebnisse, welche die Sprachvergleichung und Gruppierung in verhältnismäßig kurzem Zeitraum von kaum 100 Jahren geliefert hat, so kann man mit Bestimmtheit hoffen, dass die spätere Forschung in das jetzt noch Zweifelhafte und Unbekannte Klarheit bringen wird. Die Erkenntnis auf diesem Gebiet ist nicht etwa von bloß philologischem Interesse, sondern führt vermöge der durch sie aufgedeckten Verwandtschaftszusammenhänge zu wichtigen geschichtlichen und kulturgeschichtlichen Ergebnissen. Man muss natürlich diejenigen Fälle vorsichtig ausscheiden, wo ein Volk seine eigene Sprache zu Gunsten einer anderen verlernt und ganz aufgegeben hat, wie es in absehbarer Zeit mit den Mandschus geschehen wird, von denen die Mehrzahl schon heute keine Ahnung mehr vom Mandschurischen hat, und wie es den Kopten in Aegypten ergangen ist.[53] Von solchen Fällen abgesehen, liefert das Sprachstudium fast durchgehend die Mittel, um zu entscheiden, ob und wie nahe die verschiedenen Rassen und Völker miteinander verwandt und wie demnach die Völkerfamilien einzuteilen sind, deren einzelne Mitglieder irgendeinmal in einer gemeinsamen Urheimat zusammengewohnt und dort einen bestimmten Stammcharakter ausgebildet und eine eigentümliche Kulturentwicklung gemeinsam durchlaufen haben müssen, wie weit sie auch nachmals bei ihrem ersten Auftreten in der Geschichte voneinander getrennt und in Sitten und Gebräuchen einander unähnlich erscheinen mögen.

So gründet sich die Etymologie vornehmlich auf die Sprachenkunde. Natürlich hat auch diese Wissenschaft ihre Kinderkrankheiten durchmachen müssen. Die Lust am Vergleichen suchte dort Vergleiche, wo nichts zu vergleichen war, und ließ sich vom ähnlichen Klang Gleiches oder Ähnliches bedeutender Wörter zu den unüberlegtesten Schlüssen verführen. So warf z.B., um nur eines der vielen Beispiele aus jener Epoche der ersten Hälfte des vorigen Jahrhunderts anzuführen, der bekannte Sprachforscher Hans Conon von der Gabelentz (1807-1874) folgende mandschurische Wörter mit indogermanischen zusammen: *aisin* ‚Gold, Metall', deutsch Eisen; *schun* ‚Sonne', englisch *sun*; *aniya* ‚Jahr', lateinisch *annus* ‚dass.'; *budschen* ‚Wald', deutsch Busch; *ilenggu* ‚Zunge', lateinisch *lingua* ‚dass.' *morin* ‚Pferd', deutsch Mähre; *scholo* die Musse (Muße?), griechisch *(unleserlich); amba* ‚groß', lat. *amplus* ‚dass.'; *sain* ‚gut', lat. *sanus* ‚dass.'; *ako* ‚nicht,' griechisch *ouk* ‚dass.'; *uttu tutu* ‚so', griechisch *toios, toioutos* ‚so beschaffen, von der Art'.

Das Haarsträubendste leistete sich auf diesem Gebiet noch in neuester Zeit der englische Sinologe Edkins[54], der sich nicht entblödete, unter Zuhilfenahme von ihm selbst erfundener Lautgesetze zu beweisen, dass das Chinesische mit dem Hebräischen eng

---

51 Diese Annahme ist heute gegenstandslos. HG
52 Diese Annahme ist heute gegenstandslos. HG
53 Das Koptische ist die jüngste Sprachstufe des (Alt-) Ägyptischen. Es wird in einem modifizierten griechischen Alphabet geschrieben. Im Laufe des Mittelalters wurde es als gesprochene Sprache vom Arabischen verdrängt, doch ist es bis heute bei den ägyptischen Christen als Liturgiesprache in Gebrauch. HG
54 Gemeint ist möglicherweise der in China tätige englische Missionar Joseph Edkins (1823–1905). HG

verwandt ist. Ethymologien wie Chinesisch *ma* ‚Pferd'⁵⁵ gleich deutsch ‚Mähre', *wadze* ‚Strumpf' ⁵⁶ gleich deutsch ‚Wade', *mao dze* gleich deutsch ‚Mütze' ⁵⁷ nehmen dabei nicht wunder. Das ist nichts anderes als Blödsinn. Etwas ganz anderes ist es natürlich, wenn man sich solcher zufälliger Ähnlichkeiten zur Unterstützung des Gedächtnisses beim Memorieren bedient, ein Hilfsmittel, von dem ich stets reichlich Gebrauch mache. Kindsköpfe in der Art von Dr. Edkins gibt es natürlich auch heute noch, sie schaden aber nicht mehr viel. Irreführender können für das große Publikum solche werden, die sich auf eine vorgefasste Meinung versessen haben und diese mit dem ihnen zur Verfügung stehenden wissenschaftlichen Apparat zu beweisen suchen. So hatte der Ungar Csoma de Körös ⁵⁸ sich in den Kopf gesetzt, die Heimat seiner Landsleute müsse Tibet sein; er reiste hin, um seine Forschung an Ort und Stelle vorzunehmen, und ist in Dardschiling (Darjeeling) gestorben. Da er sich auf dem Spezialgebiet des Tibetischen einen mit Recht verdienten Namen gemacht hat, hat sich bei vielen Ungarn die Meinung festgesetzt, das Tibetisch und Ungarisch verwandt seien, was natürlich nicht im Entferntesten zutrifft. Solche Seitensprünge schaden der Sprachforschung heut nicht mehr. So kann aus ihrer ruhigen wissenschaftlichen Bahn nicht mehr herausgedrängt werden.

Fremdwörter

Nicht geringe Schuld an falschen Schlüssen über Verwandtschaft von Sprachen haben in der Vergangenheit als solche nicht erkannte Fremdwörter gehabt. Eine Sprache ohne Fremdwörter ist nicht denkbar, es müsste denn die eines Volkes sein, die niemals während seines ganzen Lebens mit einem anderen Volke in Berührung gekommen ist, und dass es heutzutage noch irgendwo in der Welt ein solches Volk gibt, möchte ich bezweifeln.

Sehr verschieden ist der Grad, bis zu welchem die einzelnen Sprachen sich durch Fremdwörter bereichert haben. Unter den bekannten Sprachen hat die geringste Anzahl von Fremdwörtern wohl das Chinesische, was sich leicht erklärt, einmal durch die lange strenge Abgeschlossenheit Chinas gegen das Ausland und sodann durch die überragende Stellung, die es gegenüber den anderen Ländern Ostasiens einnahm. Frei davon bleiben konnte es aber auch nicht.

---

55 Wade-Giles und Pinyin *ma* 马 WB
56 Wade-Giles modifiziert *wadze*, Wade-Giles *wa-tzu*, Pinyin *wazi* 袜子 WB
57 Wade-Giles modifiziert *mao dze*, Wade-Giles *mao-tzu*, Pinyin *maozi* 袜子 WB
58 Sándor Kőrösi Csoma, auch Alexander Csoma de Kőrös, ungarisch: Kőrösi Csoma Sándor (1784-1842) war der erste Europäer, der ein Wörterbuch des Tibetischen verfasste. Er gilt als Begründer der modernen Tibetologie. HG

Zu den bekanntesten Fremdwörtern im Chinesischen gehören z.B. *putao* [59] ‚Wein' (griech. *botrys* ‚Weintraube'), *poli* [60] ‚Glas' (bilur) [61], *shitze* [62] ‚Löwe' (schir) [63], die gleichzeitig interessante kulturgeschichtliche Daten an die Hand geben. Dass die Einführung des Buddhismus zahlreiche indische Fremdwörter brachte, ist selbstverständlich. Anführen möchte ich nur beispielsweise den jedem Chinesen bekannten buddhistischen Gruß *namo omit'ofu*[64], das ist ein ganzer indischer Satz: *namo Amitha Buddha*.

Dass in neuerer Zeit die Anzahl der Fremdwörter zunimmt, ist kein Wunder; zu den auffallendsten gehören *aitimetun* ‚Ultimatum', *polisitiento* ‚Präsident' (der Vereinigten Staaten von Nordamerika); letzteres wird jetzt zum Glück durch ein echt chinesisches Wort mehr und mehr verdrängt; auch für ersteres gibt es einen echtchinesischen Ausdruck, doch scheint das fremde Wort den Chinesen besser zu gefallen. Überhaupt hätten die Chinesen es gar nicht nötig, ihre Sprache durch Fremdwörter zu entstellen, sie können vielmehr mittels ihrer hierzu äußerst bequemen einsilbigen Wörter und Schriftzeichen für den kompliziertesten Begriff eigene Zusammensetzungen bilden, eine gewisse geistige Trägheit scheint dem aber neuerdings im Wege zu stehen, sodass sie es heutzutage vorziehen, diese Arbeit den regsameren Japanern zu überlassen und deren Composita zu übernehmen, ein Umstand, der das moderne Chinesisch immer mehr zu japanisieren droht. Etwas näher habe ich das ausgeführt in einem Aufsatz im dritten Jahrgang des „China-Archivs".[65]

Unvermeidlich sind Fremdwörter dann, wenn es sich um bisher unbekannte Gegenstände des Auslandes handelt, für die ein einheimischer Name natürlich nicht vorhanden sein kann. Man adoptiert in einem solchen Falle meist einfach den fremden Namen. Diese Erscheinung finden wir selbstverständlich überall. Ähnlich verhält es sich dann, wenn ein Volk niederer Kultur mit einem anderen höherer Kulturstufe in Verbindung trat und es in der eigenen Sprache keine Wörter für ihm bisher unbekannte abstrakte Begriffe hatte. In der Regel übernahm es die fremden Wörter, entweder ganz unverändert wie z.B. das Türkische bei der Übernahme arabischer und persischer Fremdwörter, oder indem es die fremden Wörter in einheimisches Gewand kleidete, so das Mandschurische bei der Einverleibung chinesischer Fremdwörter. Der zweite Ausweg, nämlich aus Wörtern der eigenen Sprache einen den fremden Begriff wiedergebenden Ausdruck zu bilden, wird hauptsächlich von Chinesen und Japanern gewählt und in neuerer Zeit von den Sprachreinigern z.B. in Deutschland und Ungarn.

---

59 Weintraube; Wade-Giles modifiziert und Pinyin *putao;* Wade-Giles *p'u-t'ao* 葡萄 WB
60 Glas; Wade-Giles modifiziert *poli;* Wade-Giles *po-li;* Pinyin *boli* 玻璃 WB
61 Die Referenzsprache ist unklar. Eventuell kommt griech. *bikos* ‚bauchiges irdenes Gefäß, Krug, Kanne' in Frage. HG
62 Löwe; Wade-Giles modifiziert *shitze;* Wade-Giles *shih-tzu;* Pinyin *shizi* 狮子 WB
63 Das Wort *shir* von dem sich lt. Emil Krebs *shizi* ableitet, ist persisch. WB
64 Buddhistische Gebetsformel; Wade-Giles modifiziert *namo omit'ofu;* Wade-Giles *nan wu o-mi-t'o-fu;* Pinyin *nan wu emituofo* 南无阿弥陀佛 WB
65 Es handelt sich um den Aufsatz von E. Krebs „Über das Chinesisch Lernen", in: China-Archiv, hg. vom Deutsch-Chinesischen Verband, 3. Jahrgang (1918), Heft 1 und 2. Sonderabdruck von H. S. Hermann, Berlin. EH

Das Japanische hat – abgesehen von den chinesischen Ausdrücken, die aber bei der eigentümlichen Gestaltung des heutigen Japanisch vielfach kaum noch als Fremdwörter empfunden werden – eigentliche Fremdwörter nicht viele; meist sind sie auf die gewöhnliche Umgangssprache beschränkt, wie z.B. *shatsu* ‚Hemd' vom englischen *shirt*, *hoko* ‚Gabel' vom englischen *fork*, *garasu* ‚Glas' u.a.m.; merkwürdig ist das Wort *haikara*, welches ‚Stutzer' bedeutet und weiter nichts ist als das englische *high collar* ‚hoher Kragen'; *kame* bezeichnet einen ausländischen Hund und kommt vom englischen *come*, weil die Japaner die Ausländer ihre Hunde *come* rufen hörten. Dem Deutschen ist das Wort *chifusu* für ‚Typhus' entnommen.

Wenn sich aber in einem bei Toussaint-Langenscheidt erschienen Sprachbuche Sätze finden wie: *ju kara san ikuoru shichi* (10 - 3 = 7), worin *ikuoru* das englische *equal* darstellt, so ist das ein Unfug, wie er vielleicht von einem Japaner begangen wird, der mit englischen Kenntnissen prunken will. Das Resultat bei solchen Rechnungsoperationen wird vielmehr im Japanischen immer mit *ni naru* bzw. mit der höflichen Endung *ni narimasu* ‚wird zu' ausgedrückt. Im Übrigen hat das Japanische, das seine Kultur von den Chinesen entlehnte, von Anfang an eine große Anzahl chinesischer Ausdrücke und Wendungen übernommen, und bald galt es für ein Zeichen ausgesuchter Eleganz, wenn man sich möglichst vieler dem Chinesischen entnommener Ausdrücke bediente, auch da, wo rein japanische zur Verfügung standen, ähnlich wie es bei den Türken üblich geworden ist, arabische und persische Wendungen und Wörter den rein türkischen vorzuziehen. Da es außerdem bei den Japanern zur Regel geworden ist, sich auch zur Wiedergabe rein japanischer Wörter in der Schrift chinesischer Zeichen von entsprechender Bedeutung zu bedienen, so findet man bei Laien vielfach die falsche Meinung vertreten, beide Sprachen seien verwandt. Vielmehr sind die chinesischen Bestandteile Fremdkörper, die allerdings in solcher Menge vorhanden sind und so viele altjapanische Ausdrücke verdrängt haben, dass vielfach das Gefühl für ihre fremde Herkunft verloren gegangen ist und ihre Entfernung, selbst wenn jemand sie einmal beabsichtigen sollte, der Sprache ihre Lebensfähigkeit nehmen würde. Im Koreanischen liegen die Dinge annähernd ähnlich. Eine sehr begriffsarme Sprache scheint ursprünglich das Finnische gewesen zu sein, sonst wäre der ganze ungeheure Prozentsatz fremder, besonders schwedischer Wörter in dieser Sprache nicht zu erklären, die allerdings den finnischen Lautgesetzen derart angepasst sind, dass sie häufig nicht auf den ersten Blick als Fremdwörter zu erkennen sind (*räätäli* ‚Schneider' von schwedisch *skräddare*).

Zu den Gründen, welche das Eindringen von Fremdwörtern ohne weiteres erklärlich erscheinen lassen, – so z.B. auch noch arabische Kulturausdrücke in den mohammedanischen Ländern, indische Fremdwörter dieser Art im Siamesischen und Birmanischen, während z.B. die Tibetaner nicht nur die buddhistischen Kulturausdrücke, sondern auch die indischen Namen regelmäßig durch rein tibetanische Wörter zu übersetzen pflegten – trat häufig ein anderer, der ein unnötiges Überhandnehmen von Fremdwörtern begünstigte, nämlich mangelndes Nationalbewusstsein und Geringschätzung der eigenen Sprache. In dieser Richtung haben die Deutschen viel gesündigt. Der deutsche

Sprachverein⁶⁶ bemüht sich, hier einen gesunden Wandel zu schaffen. Ganz lässt sich die Sprache selbstverständlich nicht reinigen; Wörter wie *schreiben, Post, Natur, Papier* und hunderte anderer können durch rein deutsche nicht ersetzt werden. Geradezu verpönt war noch im Beginn des vorigen Jahrhunderts das Ungarische in den gebildeten Kreisen Ungarns, die sich untereinander lieber des Deutschen oder Lateinischen bedienten und Ungarisch nur mit den Hörigen sprachen. Die Folge war beim Erwachen des Nationalbewusstseins, als die Gebildeten lernen mussten, die ungarische Sprache in größerem Umfange zu gebrauchen, eine gewisse Wortverlegenheit und infolgedessen eine sklavische Übersetzung besonders deutscher Wörter, die zu Gebilden führte wie z.B. *nyárspolgár* ‚Spießbürger'. Infolge langer Vernachlässigung hat das Ungarische sehr viele Fremdwörter zu Hilfe nehmen müssen, nicht einmal für das *Haus* besitzt es ein eigenes Wort, sondern hat sein *hás* aus dem Deutschen holen müssen. Eine den erwähnten früheren Zuständen in Ungarn ähnliche Erscheinung finden wir in Birma; dort herrscht bei einem Teile der gebildeten Eingeborenen eine Abneigung gegen die eigene Landessprache, an deren Stelle sie sich lieber des Pali ⁶⁷ bedienen. Dass Volksgenossen die eigene Landessprache überhaupt nicht kennen, dürfte, wenn man vom Mandschurischen absieht, das aber niemals eine selbständige Kultursprache gewesen ist, nur bei den Finnen vorkommen. Tatsächlich kennen viele gebildete Finnen, besonders in den Küstengegenden, Finnisch entweder gar nicht oder nur höchst mangelhaft; sie sprechen und schreiben Schwedisch und versuchen zum Teil auch gar nicht, das sehr schwierige Finnisch zu lernen. Selbst der finnische Nationaldichter Runeberg ⁶⁸ hat seine Dichtwerke, denen die finnische Nationalhymne entnommen ist, nur Schwedisch geschrieben. Diese eigentümliche Erscheinung erklärt sich daraus, dass die in Rede stehenden Finnen entweder Nachkommen von Schweden aus der Zeit der Schwedenherrschaft oder solcher Finnen sind, die sich auch damals innerlich eng an die Schweden anschlossen und ihre Sprache annahmen. Das Schwedische blieb auch nach der Schwedenzeit noch ihre Muttersprache, da die Erlernung des Finnischen ihnen große Mühe verursacht hätte. Dass politische Umstände das Schicksal von Sprachen ungünstig beeinflusst haben, sehen wir überhaupt in zahlreichen Fällen; so hat das siegreiche Römische allmählich die italischen Sprachen vertilgt, das Arabische das Koptische seit dem XVI. Jahrhundert als lebende Sprache vollständig beseitigt. Dafür aber, dass umgekehrt auch die Sprache des Eroberers derjenigen des Besiegten höheren Kulturvolkes weichen muss, ist uns das Mandschurische ein Beispiel, das in Peking während der Kaiserzeit bis zuletzt noch als Zeremoniensprache bei Hofe ein Scheinleben fristete und daneben, wie ich mich oft überzeugen konnte, von mandschurischen Prinzen gesprochen wurde, wenn sie von ihrer chinesischen Umgebung nicht verstanden werden wollten, dessen Anwendungsgebiet aber mit der politischen Umwälzung immer kleiner

---

66 Der Allgemeine Deutsche Sprachverein existierte von 1885 bis 1943/45. Seine Nachfolgeorganisation ist die Gesellschaft für deutsche Sprache (gegr. 1947). HG
67 Pali ist eine mittelindische Sprache, die als Literatursprache des Buddhismus großes Prestige besaß und besitzt. HG
68 Johan Ludvig Runeberg (1804-1877). HG

wird, sodass es in absehbarer Zeit zu den toten Sprachen gehören wird. Spuren der Fremdherrschaft hat die Sprache jedes Landes, das fremden Eroberern zum Opfer fiel, behalten und manche wie z.B. das Rumänische, zeigen fast ein mosaikartiges Bild. Auf der anderen Seite haben sich mitten zwischen modernen Sprachen Sprachinseln aus dem Altertum erhalten, so das Rumünsche oder Rhätoromanische in einigen Gegenden der Schweiz, das noch ganz lateinisch anmutet, und ein sardischer Dialekt, in dem z.B. 100 *kentum* heißt und Sätze vorkommen wie *da mihi panem* ‚gib mir Brot'. Als ich mich 1888 eine Zeitlang in Sardinien aufhielt, schenkte mir der Bischoff von Nuero ein von ihm verfasstes Buch, „Italienische Gebete und Kirchenlieder" mit der Übersetzung in die Sprache seiner Diözesane enthaltend. Diese sardischen Übersetzungen sind von schlechtem Latein nicht allzu sehr verschieden.

Mischsprachen

In einigen Sprachen hat sich das fremde Element in einer Weise breitgemacht, dass sie von manchen geradezu als Mischsprachen bezeichnet werden, so das Türkische, das von arabischen und persischen Wörtern und Wortverbindungen wimmelt.[69] Trotzdem wird man das Türkische keine Mischsprache im eigentlichen Sinne nennen können; denn die fremden Bestandteile wurden aufgepfropft, als die Sprache in ihrem Bau bereits fertig vorlag, und in der Tat ist der Bau des Türkischen von ihnen unbeeinflusst geblieben, wenn auch die geradezu ins Ungeheure gesteigerte Anwendung arabischer und persischer Wörter, Redensarten und ganzer Sätze sich während einer langen Periode zu einer dem Volke gänzlich unverständlichen Schriftsprache entwickelte; ein Unfug, dem das Jungtürkentum erfolgreich entgegengetreten ist. Ebenso wenig hat das Übermaß persischer Wörter im Hindustani (Urdu) und Afghanischen[70] den eigentümlichen Bau dieser Sprachen affiziert. Das Gleiche möchte ich von dem mit chinesischen Elementen reichlich durchsetztem Japanischen sagen.

Wirkliche Mischsprachen nenne ich vielmehr solche, die aus verschiedenen Bestandteilen aufgewachsen, ohne einen dieser integrierenden Bestandteile als Sprachen schlechterdings nicht mehr zu denken und deren Bestandteile einander ungefähr gleichwertig sind: So das heutige Englisch, das aus germanischen und romanischen Bausteinen gebildet ist, und die unter dem Namen *lingua franca* bekannte Verkehrssprache im Mittelmeere, die aus romanischen und arabischen Bestandteilen zusammengesetzt ist. Keine dieser beiden Sprachen würde eine Sprache bleiben, wenn man einen komponierenden Bestandteil daraus entfernen wollte, während sich z.B. das Persische ohne die arabischen Bestandteile wenigstens denken lässt. Tatsächlich ist in Persien ebenso wie in der Türkei seit einiger Zeit eine Bewegung im Gange, die die fremden Elemente auf

---

69 Politisch motivierte Sprachreformen haben die arabischen und persischen Elemente im Türkischen seit den 1920er Jahren spürbar zurückgedrängt. HG
70 Heute: Paschtu, eine südostiranische Sprache im Süden und Osten Afghanistans und angrenzenden Gebieten Pakistans. HG

das unvermeidliche Maß zurückzuführen und an ihre Stelle möglichst alte, seit langem außer Gebrauch gekommene Wörter der eigenen Sprache zu setzen strebt.

Einfluss von Kultur und Religion

Dass Sprachen fremde Kulturausdrücke mit der Übernahme einer neuen Religion aus einem anderen Lande übernehmen, sahen wir schon. Es überrascht nicht, diese Erscheinung auch auf anderen Gebieten zu finden. So hat z.B. das Russische eine Unzahl militärischer Ausdrücke dem Deutschen entnommen (z.B. *rotmistr*[71], *Gauptmann, gauptwachta, jefreitor*[72], *unterofizer, jegjär*[73], *akselbant, obschlag, patrontasch* und viele hundert andere), auch solche aus der Hofsprache (z.B. *freilina*[74], *kamerjeger, kamerjunkjer*), selbst das bescheidene *Buterbrot* haben sie von uns entlehnt, und jedem Zigarettenraucher wird die *gilza*, die russische Zigarettenhülse, bekannt sein. Auch das Polnische enthält eine ungeheure Menge deutscher Wörter aus dem Gebiet des gesellschaftlichen Lebens, z.B. *gmin* ‚gemein, das gemeine Volk', *gmina* ‚Gemeinde', selbst konkrete Wörter wie *dach*, *szlam* und unzählige andere hat es von uns entnommen; besonders sind viele Wörter auf -*unek* nichts anderes als deutsche Abstracta auf -*ung* z.B. *rachunek* ‚Rechnung', *kierunek* ‚Richtung', aus dem deutschen *Gang* haben sie einen *ganek* gemacht, und die polnische Bildung *wykształcenie* ist deutsches Produkt, abgeleitet von *kształt* ‚Gestalt, Form'; sogar die berühmte *szlachta* ist nichts als das deutsche *Geschlecht*. Bekanntlich sagt man den Polen nach, sie hätten in ihrer Sprache kein Wort für *Ehre*. Richtig ist dies zwar nicht, dass sie sogar die zwei Wörter *cześć* und *zaszczyt* dafür besitzen; doch bedienen sie sich mit Vorliebe des Fremdwortes *honor*. Diese Sprachen besitzen mehr Fremdwörter als das Deutsche, das mag diejenigen trösten, die über die große Zahl fremder Wörter in unserer Sprache klagen, ganz zu schweigen von Sprachen, die das Neugriechische, das von türkischen und italienischen Wörtern durchsetzt ist, und anderen Sprachen geringerer Bedeutung wie z.B. Albanisch, das erklärlicherweise von türkischen Bestandteilen wimmelt. Sprachreinigende Tendenzen findet man an vielen Orten. Zu den hierher gehörigen, bereits erwähnten Bestrebungen der Jungtürken möchte ich der Merkwürdigkeit halber noch hinzufügen, dass sie einem in der Türkei eingebürgert gewesenen deutschen Worte den Garaus gemacht haben. Die türkischen Bahnen waren von Deutschen gebaut, und so hatte sich auch der türkische Schaffner das Abfahrsignal „Fertig" angewöhnt und hieß daher offiziell der *Fertigdschi*. Die Jungtürken verbannten das deutsche Wort und ließen auf Türkisch *tamam* rufen; der Schaffner heißt daher jetzt auch bloß noch *tamamdschy*. Soviel von Fremdwörtern.

---

71 Rottmeister. HG
72 Gefreiter. HG
73 Jäger. HG
74 *Fräulein* mit dem russischen Feminin-Suffix –*ina*. HG

Mundarten und Dialekte

Ebenso wie aus der indogermanischen Ursprache im Laufe der Jahrtausende die verschiedenen Sprachen der indogermanischen Sprachfamilie sich entwickelt und auch die anderen großen Sprachstämme sich in Einzelsprachen gespalten haben, sobald Gruppen von der gemeinsamen Heimat sich loslösten und ein selbständiges getrenntes Leben begannen, sind innerhalb der einzelnen Landessprachen in kürzeren Zeiträumen wieder Mundarten oder Dialekte entstanden, die unter gewissen Umständen sich ihrerseits zu selbständigen neuen Sprachen auswachsen können. So ist das Holländische weiter nichts als Niederdeutsch, das sich selbständig weiterentwickelte, nachdem die Niederlande aus dem deutschen Reichsverband ausgeschieden waren. Der Grad der Abweichung der einzelnen Mundarten von der allgemeinen Landessprache und ihre Anzahl innerhalb derselben sowie endlich der Bereich ihrer Anwendung sind unendlich verschieden. Manche Dialekte zeigen nur verhältnismäßig geringe Abweichungen von der allgemeinen Landessprache, so dass, wer nur die letztere kennt, den Dialekt ohne große Mühe verstehen kann. Andere wiederum unterscheiden sich von der Landessprache so sehr, dass sie dem Kenner der letzteren ohne besonderes Studium nicht verständlich werden. In manchen Ländern bedienen sich nur die ungebildeten Klassen untereinander des Dialektes, während die Gebildeten möglichst dialektfrei zu sprechen sich bemühen; so ist es in Deutschland. In anderen Ländern wie z.B. in Italien sprechen auch die Gebildeten unter sich den Lokaldialekt. Die Verhältnisse sind in dieser Beziehung derartig unklar, dass es in vielen Fällen schwer ist, die Grenze zwischen Mundart und selbständiger Sprache zu ziehen. Soll man z.B. das Plattdeutsche, das eine eigene Literatur aufzuweisen hat und die Mutter des Holländischen ist, einen deutschen Dialekt oder eine besondere Sprache nennen? Ähnlichen Zweifeln steht man in außerordentlich vielen Fällen gegenüber, so z.B. auch bezüglich des Kleinrussischen.[75]

Welches soll das Kriterium zur Unterscheidung zwischen Sprache und Mundart sein? Eine bestimmte Antwort hierauf gibt es nicht. Man spricht von verschiedenen chinesischen Dialekten, dem Hochchinesischen, Kantonesischen, dem Futschoudialekt, dem Shanghaidialekt, dem Hakkadialekt usw. usw. Tatsächlich sind diese Mundarten unter sich mit Bezug auf Wortschatz, grammatische Hilfswörter und Aussprache so grundverschieden, dass Leute verschiedener Mundarten sich ohne die Vermittlung einer dritten Sprache oder ohne Zuhilfenahme der Schriftzeichen sich nicht die geringste mündliche Mitteilung machen können. Da es außerdem in China eine über den Dialekten stehende allgemeine Umgangssprache nicht gibt – denn das sogenannte Hochchinesische ist eben auch nur die Mundart einiger Provinzen, die nur den Vorzug hat, zufälligerweise auch die Sprache der Reichshauptstadt zu sein und als solche von den Beamten mit mehr oder weniger Erfolg gelernt zu werden – kann ich nicht einsehen, warum man jene Sprechweisen Mundarten nennt, da sie doch tatsächlich viel mehr selbständige Sprachen vorstellen. Das Jiddische zeigt uns, wie der fehlerhafte Gebrauch einer

---

75 Obsolete Bezeichnung für das Ukrainische. HG

Landessprache durch eine bestimmte Bevölkerungsschicht zur Bildung einer besonderen Mundart oder Sprache führen kann. Das Jiddische ist ursprünglich nichts weiter als von den deutschen und polnischen Juden fehlerhaft gesprochenes Hochdeutsch[76], das sich, mit einer nicht großen Anzahl hebräischer Worte vermischt, zu einer weit verbreiteten Mundart mit eigener Literatur entwickelt hat.

Gänzlich verschieden davon ist die Gaunersprache in Deutschland, die zahlreiche hebräische Wörter enthält (*dibbern, Kasiber, Kalle, Kümmelblättchen*). Solche Geheimsprachen, die auf den Gebrauch gewisser Kreise beschränkt ist, gibt es allenthalben. Manche sind gebildet durch Verschiebung der Wortbedeutung, manche durch Wortveränderung. Zu letzteren gehört z.B. die Sprache der Camorra in und um Neapel, die nach demselben Prinzip geformt ist wie die spielerische „Sprache", mit denen wir uns als Kinder belustigten. Während meines Aufenthaltes in Italien 1888 brachte mir ein Neapolitaner diese Sprache bei. Die regelmäßigen Lautumstellungen und Zusätze hatten die italienischen Wörter für die nichteingeweihten Italiener so unkenntlich gemacht, dass sie meiner Versicherung, jener Neapolitaner und ich sprächen chinesisch, ohne weiteres Glauben schenkten. Denkbar ist, dass auch solche Gebilde zu wirklichen Mundarten sich gestalten. Als Unterscheidungsmerkmal zwischen Sprache und Dialekt könnte man vielleicht aufstellen: Allgemein gebrauchte Landessprache im ganzen Lande so, dass sie auch von den Ungebildeten wenigstens verstanden wird, während der Dialekt sich nur auf gewisse Kreise beschränkt und keine nennenswerte Literatur hat. Wie gesagt, ist man zu einer strengen Scheidung noch nicht gelangt, und solange eine solche nicht erreicht ist, wird auch die oft gehörte Frage, wie viele Sprachen es gibt, nicht beantwortet werden können. Die Zahlenangaben in dieser Richtung bewegen sich um 1000 herum.[77]

Schriftsprache

Bei denjenigen Völkern, die ihre Sprache nicht nur im mündlichen, sondern auch im schriftlichen Verkehr anwenden, hat sich neben der Umgangssprache eine Schriftsprache herausgebildet. Ursprünglich war sie natürlich der Umgangssprache vollständig gleich, und bei den meisten Sprachen ist sie auch den Änderungen der letzteren gefolgt, sodass bei ihnen ein wesentlicher Unterschied zwischen beiden Sprachen nicht besteht, sie sich vielmehr nur in der Ausdrucksweise unterscheiden, in der Art, dass die Umgangssprache häufiger flüchtiger ist und man sich beim Schreiben in der Regel sorgfältiger, je nach dem Gegenstande auch mehr oder weniger schwülstig auszudrücken liebt. Auch bevorzugt man in schriftlichen Aufzeichnungen häufig Worte und Sprechweisen angesehe-

---

76 Das Jiddische hat sich seit dem Mittelalter auf der Grundlage v.a. rheinfränkischer Mundarten zu einer selbständigen westgermanischen Sprache entwickelt, die viele Entlehnungen aus dem Hebräischen und (im Ostjiddischen) slavischen Sprachen enthält. Die Klassifizierung als „fehlerhaftes Hochdeutsch" ist unangemessen. HG

77 Heute geht man von etwa 5000 Sprachen weltweit aus, deren Zahl sich jedoch laufend drastisch reduziert. HG

ner Schriftwerke früherer Zeiten, immer jedoch so, dass nur die Sprechweisen verschieden sind, aber nicht zwei verschiedene Sprachen entstehen. So ist das Verhältnis in den meisten europäischen Sprachen. Nur im heutigen Griechenland geht man zum Teil erheblich weiter, indem dort viele Schriftsteller und Gelehrte aus Bewunderung für das klassische Griechisch es auch in der heutigen Schriftsprache wieder zu Ehren bringen wollen; auch von diesen Extremisten abgesehen, haben viele Griechen das Bestreben, die geschriebene Sprache den altgriechischen Formen wenigstens anzunähern, während andere für absolute Übereinstimmung zwischen Schrift und Umgangssprache eintreten. Das Ergebnis ist gegenwärtig ein heilloser Wirrwarr.[78] Auch die Armenier wenden in ihrer Literatur noch zuweilen die Sprache des goldenen Zeitalters des VI. Jahrhunderts an, die von heut gesprochenem Armenisch durchaus verschieden ist. Ganz anders steht es in China und Japan. Dort sind die Schriftsprachen von der gesprochenen gänzlich verschieden, nicht nur was die Wörter, sondern auch was die Grammatik anlangt. So wendet die chinesische Schriftsprache ganz andere grammatische Hilfswörter an als die gesprochene Sprache, und die Konjugation des japanischen Zeitwortes der Schriftsprache ist von der Umgangssprache völlig verschieden. In beiden Fällen handelt es sich also nicht mehr um verschiedene Sprechweisen, sondern geradezu um verschiedene Sprachen. Hier ist die Schriftsprache den Änderungen der Umgangssprache nicht gefolgt, sondern mehr oder weniger im ursprünglichen Zustande verharrt. Natürlich schließt das nicht aus, dass Schriftzeugnisse niederer Gattung sich mehr oder weniger der jeweilig üblichen Umgangssprache annähern, um auch dem weniger gebildeten Leser verständlich zu werden.

Alphabet, Keilschrift und Hieroglyphen

Heutzutage wird es nicht mehr viele Völker geben, die nicht imstande sind, sich ihrer Sprache zu schriftlichen Mitteilungen zu bedienen.[79] Insbesondere sind es die Missionare gewesen, die auf niedriger Stufe stehenden Völkern entweder die Kenntnis eines fremden Alphabetes, meist des Lateinischen, übermittelten oder eigene Schriftzeichen für sie erfanden. Andere Völker haben in Anlehnung an fremde Alphabete selbst eine Schrift für die eigene Sprache erfunden, so hat z.B. der Tscherokese Sikwayi vor etwa 100 Jahren seinen Landsleuten eine Silbenschrift beschert, in der er die lateinischen Buchstaben zu Grunde legte und willkürlich verwendete, da er ihren Lautwert nicht kannte. Immerhin kann man das keine großen Leistungen nennen.[80]

---

78 Krebs spricht hier die großen Unterschiede zwischen der *Dhimotiki* ‚Volkssprache' und der *Katarhevousa* ‚gereinigte Sprache' an, die lange Zeit für Konflikte sorgten. Seit 1976 ist die Dhimotiki die offizielle Standardsprache Griechenlands. HG

79 Diese Auffassung war schon 1919 sehr optimistisch. Ein großer Teil der Sprachen der Welt ist bis heute nicht nachhaltig verschriftet. HG

80 Der Cherokee Sequoyah (um 1760-1843) entwickelt um 1820 eine Silbenschrift, bestehend aus 85 Zeichen. Diese Verschriftung des Cherokee, des südlichen Zweiges der irokesischen Sprachen, fand rasch Verbreitung, d.h. dass Teile der Sprachgemeinschaft in dieser Schrift alphabetisiert wurden.

Eine der größten Leistungen aber ist die Schrifterfindung als solche gewesen. Die ersten Menschen, die das Bedürfnis empfanden, einem nicht Anwesenden eine nicht mündliche Mitteilung zukommen zu lassen, hatten kaum eine andere Möglichkeit hierzu, als ihre Gedanken durch den Empfänger verständliche Bilder anzudeuten, mit der Zeit gewöhnt man sich an bestimmte konventionelle Bilder, und so entstanden Bilderschriften. Einen anderen Ursprung der Schrift kann ich mir wenigstens nicht denken.[81]

Den Ansatz zu einer Bilderschrift sehen wir in den auf uns gekommenen Texten der alten Mexikaner. Eine eigentliche Schrift ist es noch nicht; es handelt sich allerdings schon um ganz feststehende Zeichnungen von stereotyper Form, die auch durch Über- und Ineinanderzeichnen die schriftliche Wiedergabe von zusammengesetzten Wörtern und teilweise auch syntaktischer Zusammenhänge ermöglichten, aber im Großen und Ganzen fehlt doch die Ausdrucksmöglichkeit für die grammatischen Beziehungen, sodass diese Texte sich nicht eigentlich lesen, sondern nur deuten ließen.[82] Die bekanntesten wirklichen Bilderschriften von Kulturvölkern sind die chinesische, die altägyptische und die Keilschrift.[83] Von diesen ist die chinesische am vollkommensten ausgebildet und für die Sprache des Volkes wundervoll geeignet. Ihr stehen die Keilschrift der Sumerer, die die semitischen Assyrer von diesen übernahmen, die in den meisten Fällen eine genaue Lesung des Wortes mit vollkommener Vokalangabe gestattet, und die ägyptischen Hieroglyphen, die gänzlich vokallos sind, bei weitem nach. Die chinesischen Zeichen sind immer Wortzeichen gewesen und werden als Silbenzeichen nur verwendet, wenn man fremde Wörter zu umschreiben gezwungen ist, wenn man z.B. das Wort *Deutsch* durch die 3 Wörter *te-i-tschi* wiedergibt, die als chinesische Wörter ‚Tugend' bzw. ‚Sinn' bzw. ‚Entschluss' bedeuten, in diesem Zusammenhange aber nicht als Wörter, sondern nur als Silben aufzufassen sind. Die assyrischen Keilschriftzeichen werden teils als Wortzeichen, teils als Silbenzeichen, teils auch als sogenannte Determinative oder Deutungszeichen gebraucht. Ein Beispiel zur Erläuterung. Eine aus drei schrägen Keilen bestehende Gruppe stellt in der Urform einen Berg dar, der heißt auf Sumerisch

---

Bereits 1828 erschien eine erste Zeitung in Cherokee-Schrift, Drucke juristischer und religiöser Werke folgten. In neueren Werken zur Schriftgeschichte wird Sequoyahs Erfindung durchaus als große Leistung anerkannt. HG

81 Inzwischen gilt als gesichert, dass sich die Schrift im 4. Jahrtausend vor Chr. in Mesopotamien aus Verwaltungsnotwendigkeiten heraus entwickelte. Frühere Datierungen haben sich bisher nicht als seriös erwiesen. HG

82 Krebs meint hier mutmaßlich die Hieroglyphenschrift der Maya, doch könnte er auch die zapotekische Schrift (seit dem 6. Jh. vor Chr. in Gebrauch, nur in Ansätzen entziffert), die epiolmekische Schrift (zwischen 150 vor Chr. und 450 nach Chr. in Gebrauch, 1993 entziffert) oder die (entzifferte) aztekische Hieroglyphenschrift gemeint haben. Die Maya-Schrift kann man heute lesen, nicht nur deuten. Näheres zum Forschungsstand bietet der Artikel „Mittelamerikanische Schriften" von Nikolai Grube, in: Schrift und Schriftlichkeit. Ein interdisziplinäres Handbuch internationaler Forschung (= HSK 10). Berlin, New York 1994, 1. Halbband, S. 405-415. HG

83 Die sumerische Keilschrift entwickelte sich zwar aus einer Piktographie, war aber im Wesentlichen eine Silbenschrift, aus der sich später eine Alphabetschrift (Konsonantenschrift) entwickelte, die ugaritische Schrift. HG

kur, ebenso heißt das Wort für ‚Land', sodass die Gruppe sowohl für ‚Berg' wie für ‚Land' gebraucht und *kur* gelesen wurde. Im Assyrischen heißt der Berg *sadu*, das Land *matu*, für diese beiden Wörter wurde die Gruppe im Assyrischen gebraucht. Daneben wurde sie aber auch rein als Silbenzeichen für die Silbe *kur*, *sad* und *mat* verwendet, schließlich aber auch vor Länder- und Bergnamen gesetzt, ohne selbst gelesen zu werden, lediglich um darauf hinzuweisen, dass die nächste Zeichengruppe ein solcher Name ist. Diese verschiedenen Anwendungen der Keilschriftzeichen gehen ganz durcheinander, was das Lesen zu keiner leichten Aufgabe macht. Die alten Aegypter sind zwar von der Anwendung ihrer Hieroglyphen als Wortzeichen und Deutzeichen zu Silbenzeichen und sogar bis zur Aufstellung eines wirklichen Konsonantenalphabets durchgedrungen, haben aber diese verschiedenen Verwendungen bis zuletzt gleichzeitig nebeneinander beibehalten und den Schritt bis zur ausschließlichen Anwendung eines Alphabets, so nahe er zu liegen schien, nicht getan. Vor allem aber haben sie niemals auch nur den geringsten Versuch gemacht, die Vokale anzudeuten, sodass wir die genaue Aussprache der meisten altägyptischen Wörter nicht wissen und die Vokalisation nur hin und wieder aus dem Koptischen annähernd erschließen können, das sich eines in der Hauptsache aus griechischen Buchstaben bestehenden Alphabets bedient. Hieratisch und Demotisch sind keine besonderen Schriften, sondern nur flüchtige Abarten der Hieroglyphenschrift, derart, dass im Hieratischen die Bilder nur in ganz flüchtigen Umrissen gezeichnet, im Demotischen überhaupt nicht mehr zu erkennen sind. Hieratisch wurden z.B. die Konzepte der Inschriften geschrieben, die in Hieroglyphen an Tempeln usw. angebracht werden sollten.

Die Frage lag nahe, ob die genannten drei Schriftsysteme einen gemeinsamen Ursprung haben. Zu diesem Zweck habe ich mich auch mit Keilschrift und Hieroglyphen beschäftigt und bin dabei zu der Überzeugung gekommen, dass jede der Schriften selbständig und unabhängig von den beiden anderen entstanden ist. Dass gewisse Bilder für konkrete Gegenstände in der ursprünglichen Form in allen drei Schriftarten übereinstimmen, so z.B. für ‚Mund', ‚Berg', dass man zur Wiedergabe des Wortes ‚Fisch' einen Fisch malte, ja, dass für gewisse Abstrakta sich ganz ähnliche Gedankengänge finden, wie das Zeichen für *ta* ‚groß' im Chinesischen, das einen Menschen mit ausgestreckten Armen darstellt, und für das Wort *heh* im Ägyptischen, das eine große Zahl bedeutet und einen Mann vorstellt, der beide Arme emporhebt, beweist nichts; denn das waren Bilder, die sich überall von selbst aufdrängen mussten. Im Übrigen aber sind die drei Systeme offenbar grundverschieden und haben sich in gänzlich voneinander abweichender Weise weiterentwickelt. Während die chinesische Schrift die Jahrtausende bis heute überdauert hat, sind die beiden anderen Systeme längst aus dem Gebrauch verschwunden.

Ob die phönizische Schrift, wie manche meinen, aus den Hieroglyphen entstanden oder eine eigene Erfindung der Phönizier ist, ist noch nicht ausgemacht.[84] Bedenklich

---

[84] Heute gilt als gesichert, dass die phönizische lineare Konsonantenschrift über die protokanaanäische und die protosinaitische Schrift auf eine alphabetische Verwendung ägyptischer Hieroglyphen

für die Annahme der Ableitung aus den Hieroglyphen erscheint mir vor allem der Umstand, dass die semitischen Buchstaben und ihre Namen im Allgemeinen zur ägyptischen Konsonantenschrift nicht passen. Um das durch ein Beispiel klar zu machen, so stellt das semitische *Alef* einen Ochsenkopf dar, der entsprechende ägyptische Buchstabe aber einen Vogel (Adler), das semitische *Beth* geht auf ein Haus zurück, das ägyptische *b* wird durch ein menschliches Bein dargestellt. Demgegenüber sollte man doch annehmen, dass im Falle der Entlehnung die Phönizier sich an die ägyptischen Vorbilder gehalten haben würden. Mag dem nun sein, wie ihm solle, jedenfalls verdankt ein großer Teil der Welt gerade den Phöniziern die Schrift. Denn aus dem phönizischem Alphabet ist das Hebräisch-Aramäische hervorgegangen, sodann das Griechische (dessen Buchstabennamen noch Aramäisch sind), das Lateinische, das aus dem Griechischen abgeleitete Cyrillische, dessen sich ein großer Teil der Slaven bedient, das Arabische, das Äthiopische, das Syrische [85], welches seinerseits wieder der uigurischen Schrift als Vorbild gedient hat [86], aus der dann die mongolisch-kalmückische und schließlich die mandschurische Schrift abgeleitet worden ist. Überwiegt bei den christlichen Völkern Europas die lateinische Schrift, so ist die arabische durch die Eroberungszüge des Islam den von diesen unterworfenen Völkern rücksichtslos aufgezwungen worden, gleichgültig ob sie, für eine semitische Sprache geschaffen, die der Vokalbezeichnung ohne große Unbequemlichkeiten entraten kann, für die Völker nicht semitischer Zunge passte oder nicht. Daher wenden heute alle mohammedanischen Völker das arabische Alphabet an mit der meines Wissens einzigen Ausnahme der Javanen; dass kommt vielleicht daher, dass der Islam auf Java verhältnismäßig spät eingeführt wurde, als der Fanatismus nicht mehr so rücksichtslos verfuhr wie unter den ersten Kalifen. Ein Glück ist die Einführung der arabischen Schrift bei den nichtsemitischen Völkern nicht gewesen, sie erschwert das Erlernen ihrer Sprache erheblich. Das einzige semitische Alphabet, das die Vokale und zwar durch kleine Veränderungen und Zusätze am Konsonanten selber regelmäßig bezeichnet, ist das Äthiopische.

Die alten Inder hatten ein eigenes sehr vollkommenes Alphabet, über dessen Ursprung nichts Näheres bekannt ist. Es hat die Alphabete für die nichtmohammedanischen indischen Völker sowie für die Tibeter, Siamesen, Birmanen und Javanen

---

im Mittleren Reich zurückgeht. Näheres dazu in „Die nordwestsemitischen Schriften" von Josef Tropper, in: Schrift und Schriftlichkeit. Ein interdisziplinäres Handbuch internationaler Forschung (= HSK 10). Berlin, New York 1994, 1. Halbband, S. 297-306. HG

85 (Alt-) Syrisch ist eine Variante des Aramäischen, die in der Spätantike zur Kirchensprache der ostaramäischen Christen wurde. Seit dem 7. Jahrhundert wurde es durch das Arabische zurückgedrängt, blieb aber bis in Gegenwart die Liturgiesprache der verschiedenen syrischen Kirchen. HG

86 Das (Alt-) Ujgurische ist eine nordtürkische Sprache Innerasiens. Das ujgurische Alphabet war seit dem 10. Jahrhundert über das sogdische Alphabet (eine mitteliranische Sprache; älteste Zeugnisse aus dem 5. Jh. nach Chr.) aus dem syrisch-aramäischen Alphabet entstanden. Im Sogdischen wie im (Alt-) Ujgurischen schreibt man von oben nach unten, wie im klassischen Chinesischen. Nachdem die Ujguren im 13. Jh. den Islam angenommen hatten, gingen sie dazu über, ihre Sprache in arabischer Schrift zu schreiben. Das Neuujgurische hingegen ist eine osttürkische Sprache, die v.a. in Xinjiang gesprochen wird. HG

geliefert. Noch zu erwähnen sind das armenische Alphabet, über dessen Geschichte und Erfinder wir zwar genauere Nachrichten haben, die sich aber merkwürdigerweise darüber ausschweigen, welche Schrift ihnen zu Grunde gelegt wurde; vermutlich sind seine Bestandteile Nachbildungen von griechischen Buchstaben und solcher anderer Alphabete. Das georgische Alphabet scheint in Anlehnung an das armenische entstanden zu sein; die Reihenfolge der Buchstaben in beiden ist zwar nicht genau dieselbe, stimmt aber wenigstens zum Teil überein.

In Ostasien beherrscht die chinesische Schrift den ganzen chinesischen Kulturkreis. Zwar behaupten die Japaner, schon vor Einführung der chinesischen Schrift in Japan ein eigenes Alphabet gehabt zu haben, das sie Götterschrift nennen und das Anklänge an das altindische Alphabet zeigt, doch wird die Richtigkeit dieser Angabe stark angezweifelt. In historischer Zeit haben sie sich jedenfalls stets der chinesischen Schriftzeichen, auch zur Wiedergabe rein japanischer Wörter, bedient und erst verhältnismäßig spät ihre beiden einheimischen Silbenschriften erfunden, die aber gleichfalls chinesischen Ursprungs sind. Die einfachere, Katakana genannt, besteht aus stark verkürzten chinesischen Zeichen, die schwierigere, Hiragana, aus unverkürzten chinesischen Zeichen in sehr flüchtiger Kursivform. Auch die Koreaner bedienen sich neben der chinesischen Schrift einer einfachen Buchstabenschrift, der wahrscheinlich das indische Alphabet zu Grunde liegt.[87] Die Annamiten [88] verwenden eine modifizierte chinesische Schrift, seit dem Eindringen der Europäer auch das lateinische Alphabet mit vielen diakritischen Unterscheidungszeichen.

Man sieht, dass im Verhältnis zur Vielheit der Sprachen die Anzahl der verschiedenen Schriftarten nur klein ist.

Methoden zum Sprachstudium

Über die Nützlichkeit des Sprachstudiums wird es überflüssig sein, ein weiteres zu sagen. Es gibt aber Fälle, wo es geradezu notwendig erscheint, dann nämlich, wenn man sich von Berufswegen lange Zeit im fremden Lande aufhalten muss. Zwar wird man im fremden Lande auch ohne die Kenntnis seiner Sprache nicht gänzlich isoliert sein, man wird Landsleute dort treffen, auch andere Ausländer, deren Sprache man kennt oder die unsere Sprache kennen, auch wird es Eingeborene geben, die entweder unsere Sprache oder eine dritte uns gleichfalls bekannte beherrschen. Aber das alles kann nicht verhindern, dass der der Landessprache unkundige Fremde vom direkten Verkehr und Gedankenaustauch mit der überwiegenden Mehrheit des Volkes und von einem tieferen Einblick in dessen Geistesleben abgeschnitten bleibt. Unter solchen Umständen kann er niemals die wünschenswerte Kenntnis von Land und Leuten und die notwen-

---

87 Gemeint ist die koreanische Han'gul-Schrift, die 1466 eingeführt wurde, aber die chinesische Schrift nicht verdrängen konnte. Die Han'gul-Schrift besteht aus Silbenzeichen, die die jeweilige Silbe phonologisch genau abbilden, so dass ihr ein alphabetischer Grundzug zugesprochen werden muss. Mit den indischen Schriften hat sie keine Gemeinsamkeiten. HG
88 Veraltete Bezeichnung für die Vietnamesen. HG

dige Einsicht in den Volkscharakter erlangen und wird daher auch den ihm gestellten Aufgaben nicht in dem Maße gewachsen sein wie einer, der mit der Landessprache vertraut und deshalb für den mündlichen und schriftlichen Verkehr durch keinerlei Schranken eingeengt ist. Zwar stehen unter Umständen Dolmetscher zur Verfügung; doch wird auch der beste unter ihnen den eigenen Mangel an Kenntnissen nicht ersetzen können, ganz abgesehen von unfähigen Elementen und von solchen, besonders im Orient unter den Eingeborenen nicht seltenen sogenannten Dragomanen, die aus verwerflichen Gründen ihr Dolmetscheramt nicht gewissenhaft ausüben. Einmal stört das Gespräch mit Hilfe eines Dritten häufig genug die Intimität und wird den Sprecher, insbesondere den Orientalen, möglicherweise zurückhaltender machen als er unter vier Augen sein würde. In den meisten Fällen erscheint es geradezu ausgeschlossen, dass die Gedanken des Sprechenden genau mit jeder Schattierung, die in seinen Worten lag, dem Angesprochenen übermittelt werden. Das wird durch folgende Erwägung klarwerden. Jede Sprache hat ihre eigene Psychologie, ihren ihr allein eigentümlichen Sprachgeist, führt ein selbständiges Leben und ist daher in ihrem Wortschatze auch der ihr am nächsten stehenden Schwester niemals ganz gleich, sondern kommt ihr nur nahe. So hat jede eine große Anzahl von Wörtern, für die es in den anderen ganz genaue Entsprechungen nicht gibt. Es wird z.B. niemandem möglich sein, in irgendeiner fremden Sprache ein Wort zu finden, welches genau dem deutschen *gemütlich* entspricht. Derartige unübersetzbare Wörter gibt es in jeder Sprache, sobald sich ihre Ausdruckmöglichkeiten über die einfachsten Bedürfnisse des Daseins erheben. Das macht das genaue Übersetzen so unendlich schwer. Dr. Martin Luther war gewiss kein schlechter Übersetzer, und doch hat auch er in seinem „Sendbrief vom Dolmetschen", den er im September 1530 von der Koburg aus schrieb, auseinandergesetzt, wie schwierig das Dolmetschen sei. Wer Englisch kennt, wird schon oft die Erfahrung gemacht haben, dass es keine leichte Sache ist, aus dem Englischen ins Deutsche und umgekehrt genau zu übersetzen, und doch stehen sich diese beiden Sprachen sehr nahe. Die Schwierigkeit wächst natürlich, wenn es sich um grundverschiedene Sprachen handelt, insbesondere also um orientalische, die von den unsrigen so vielfach abweichen, und erreicht ihren Höhepunkt, wenn Sprachen wie das Chinesische in Frage kommen, bei denen von einer einigermaßen wörtlichen Übersetzung überhaupt keine Rede mehr sein kann, sondern nur eine sinngemäße Übertragung möglich ist. Es ist unschwer einzusehen, wie unvollkommen im Gespräch mit einem Chinesen über abstrakte Dinge seine und des Ausländers Gedanken unter Umständen ihren Weg zu einander finden werden, wenn sie zur Übermittlung erst die Verstandestätigkeit eines Dritten durchlaufen müssen, selbst, wenn beide sich auf die Tüchtigkeit und Gewissenhaftigkeit des letzteren durchaus verlassen können. Die Engländer haben diese Schwierigkeiten von Anfang an erkannt, und ihre Erfolge im Orient sind gewiss nicht zum allerwenigsten dem Umstande zu danken, dass sie die Wahrnehmung ihrer Interessen in der Regel politischen und konsularischen Beamten anvertrauten, die der Landessprache mächtig waren, von denen zudem viele in der orientalischen Linguistik Vorzügliches geleistet haben.

Was die Methode betrifft, wie man am besten fremde Sprachen lernt, so lassen sich keine allgemeingültigen Anleitungen geben. Hier müssen Neigung und Begabung des Einzelnen sowie äußere Umstände den Weg bestimmen. Ich selbst pflege zunächst die Grammatik gründlich zu studieren, bei welcher Gelegenheit schon ein hinreichender Wortvorrat gewonnen wird, der es ermöglicht, alsbald zur Lektüre zu schreiten. Wenn es sich um abgelegenere Sprachen handelt, von denen Originalwerke oder Chrestomathien nicht ohne weiteres zur Hand sind, empfiehlt sich als erste Leseübung das Neue Testament, von dem Übersetzungen in eine große Anzahl von Sprachen bereits vorliegen und das deshalb eine bequeme Einführung in die Lektüre ist, weil wir seinen Inhalt bereits kennen. Ich habe es bei manchen orientalischen Sprachen mit Erfolg benutzt. Man liest am besten stets laut, damit das Ohr sich an den fremden Klang gewöhnt. Will man die Sprache auch sprechen lernen, ist selbstverständlich Verkehr mit Eingeborenen unerlässlich. Ohne mündliche Übung ist es unmöglich, eine fremde Sprache sprechen und im Gespräch verstehen zu lernen, mag man sie auch sonst noch so gut lesen können. Andererseits führt ein rein papageienmäßiges Lernen ausschließlich durch den Verkehr ohne gleichzeitiges grammatisches Studium niemals zu einer gründlichen Kenntnis der Sprache.

Über das Chinesisch lernen im Besonderen habe ich mich in dem erwähnten Aufsatz im Chinaarchiv ausgesprochen.[89] Bemerken möchte ich hierzu, dass ich ihn auf Anregung und zu dem besonderen Zwecke geschrieben habe, zum praktischen Studium des Chinesischen zu ermutigen, und dass ich daher die Sache absichtlich etwas leichter dargestellt habe als sie in Wirklichkeit ist. Auch hatte ich die höhere Schriftsprache ausdrücklich von der Besprechung ausgeschlossen. Zum gründlichen Verständnis des Chinesischen gehört natürlich aber auch ihre Kenntnis ebenso wie derjenige, der Japanisch wirklich beherrschen will, außer der japanischen Umgangssprache und alten und heutigen Schriftsprache noch ein gut Teil Chinesisch dazu kennen muss. Von diesen beiden Sprachen abgesehen, existieren erhebliche Unterschiede zwischen der gesprochenen und der Schriftsprache sonst nur im Griechischen und teilweise im Armenischen, zu einem geringeren Grade im Tibetischen, Mongolischen und Arabischen.[90] In den meisten Sprachen sind die Unterschiede mehr stilistischer Art. Für das Studium des Chinesischen ist zwar Mandschurisch nicht nötig, für die klassische Literatur aber wegen der mandschurischen Übersetzungen nützlich und für einen, der als Beamter in Peking lebt, mindestens angenehm. Ich habe im Verkehr mit mandschurischen Prinzen viel Freude daran gehabt, wie mir auch das Mongolische im Verkehr mit Mongolen dort nicht unnütz gewesen ist. Für ein gründliches Studium des

---

89 Es handelt sich um den Aufsatz von E. Krebs „Über das Chinesisch Lernen" in: China Archiv, III. Jahrgang, Heft 1 und 2, 1918 (Verlag Karl Curtius, Berlin), Sonderdruck von H.S. Hermann, Berlin. EH

90 Die Unterschiede zwischen den einzelnen „Dialekten" des Arabischen sind erheblich, sie sind gegenseitig nur zum Teil verständlich. Dasselbe gilt für die Unterschiede zwischen den „Dialekten" und der Schriftsprache. HG

Türkischen halte ich die Kenntnis des Arabischen und Persischen für unerlässlich, desgleichen für Hindustani [91] und Afghanisch, während zum vollständigen Verständnis des Siamesischen und Birmanischen indische Kenntnisse erforderlich sind.

Das natürliche Mittel, die Schranke der Sprachenverschiedenheit zu durchbrechen, ist fremde Sprachen zu lernen. Aber dem menschlichen Können sind Grenzen gesetzt. So kam man schon im Altertum auf den Ausweg, für den internationalen Verkehr gewisse Sprachen zu bevorzugen. Eine solche Rolle hat in Vorderasien bis nach Ägypten hin lange das Assyrische gespielt, das später durch das Aramäische abgelöst wurde, noch später überwog das Griechische. In Europa war das Lateinische lange internationale Verkehrssprache, bis es als Diplomatensprache vom Französischen verdrängt wurde, während heute Englisch auf dem besten Wege ist, Weltsprache zu werden. Den islamischen Kulturkreis bis nach Afrika und nach Chinesisch-Turkestan beherrscht das Arabisch.

Im Stillen Ozean hat sich das Malaiische eine überragende Stellung als allgemeine Verkehrssprache erobert, wozu es sich vermöge seiner leichten Erlernbarkeit und seines einfachen Lautbestandes vorzüglich eignet. In holländischen Kreisen habe ich daher den Gedanken aussprechen hören, es würde sich gut zur Weltsprache eignen, was tatsächlich mancherlei für sich hat.

In manchen Ländern mit ausgedehnten Handelsbeziehungen, aber besonders schwierig zu erlernenden Sprachen haben die Verkehrsbedürfnisse zu unbeholfenen Sprachverstümmelungen geführt, deren bekannteste das Pidschenglisch [92] in Ostasien sein dürfte. Das Wort hat nichts mit *mi pigeon* die Taube zu tun, sondern ist das dem chinesischen Munde angepasste englische *business*, der Ausdruck bedeutet demnach ‚Geschäftsenglisch'. Dieses Kauderwelsch besteht in der Mehrzahl aus englischen, zum geringen Teil aus portugiesischen und einigen anderen, den ostasiatischen Sprachorganen angepassten verderbten Wörtern, die nicht flektiert und nach den Grundsätzen der chinesischen Grammatik nebeneinandergesetzt werden. Es ist nicht etwa, wie vielfach in Deutschland geglaubt wird, allgemeines Verständigungsmittel zwischen Chinesen und Ausländern, sondern dient nur in den Vertragshäfen zur Verständigung zwischen einheimischen Kaufleuten und Dienstboten mit Ausländern, die der Landessprache nicht mächtig sind. In Tsingtau hatte sich mit der Zeit im Verkehr mit den Chinesen ein ähnlich verdorbenes Deutsch entwickelt. Die Lingua franca genannte Mischsprache im Gebiet des Mittelmeeres ist aus ähnlichen Bedürfnissen entstanden.

Künstliche Weltsprachen

Die Überlegungen, dass es sich für rein praktische Verständigungszwecke nicht lohne, eine Anzahl fremder Sprachen zu lernen, brachte schließlich die Menschen auf den Gedanken eines Sprachensurrogates. So erfand Leibniz seine Pasigraphie, die nach dem

---

91 In Nordindien und Pakistan verbreitete indoarische Sprache, die heute in Pakistan als Urdu (arabisch geschrieben), in Indien als Hindi (in der Devanagari-Schrift geschrieben) Staatssprache ist. HG
92 Pidginenglisch. HG

Prinzip der mathematischen Zeichen eine aus Begriffszeichen bestehende allgemein verständliche Schreibsprache darstellt. Praktisch ist sie nie geworden. In neuerer Zeit machte man sich an die Erfindung künstlicher sogenannter Weltsprachen mit einfachen grammatischen Regeln ohne irgendwelche Ausnahmen, die mühelos zu erlernen sein sollten. Erst erschien das Volapük [93] auf dem Plane, ihm folgte das Esperanto, das sich bereits eine große Anhängerschaft erworben hat. Ich lernte sogar in Peking einen Mandschu kennen, der Mitglied des Esperantobundes ist und eifrig, wenn auch bis dahin ohne großen Erfolg, Anhänger warb. Ein solch künstliches Gebilde mag vorübergehend für die gegenseitige Verständigung nutzbringend verwertbar sein, ist aber sinnlos, wenn etwa beabsichtigt ist, dass es die Landessprache ganz ersetzen soll. Angenommen die ganze Welt lernte plötzlich Esperanto und die jetzt lebenden Sprachen würden damit totes Sprachgut, dann würde, da die Sprache kein bloßes totes Handwerkzeug, sondern ein in fortwährender Veränderung begriffener lebendiger Organismus ist, das Esperanto sich im Lauf der Zeit mit absoluter Naturnotwendigkeit doch wieder in viele Sprachen auflösen, und die Unbequemlichkeit, der es abzuhelfen bestimmt sein soll, wäre von Neuem da.

---

93 „1879 in der Zeitschrift *Sionsharfe* von dem Konstanzer Prälaten Johann Martin Schleyer (1831-1912) ‚aus reiner Libe zur vilgeplagten und zerklüfteten Menschheit' veröffentlichtes Plansprachenprojekt. [...] Nach bedeutenden Anfangserfolgen (große Kongresse, lebhafte Literaturproduktion, 1889 Volapük-Akademie in Paris) rascher Niedergang. Viele Volapük-Anhänger schlossen sich nach 1890 der Esperanto-Bewegung an" (MLS, 5. Aufl., 757f.) HG

Quellenangaben

Personalakte Emil Krebs, Politisches Archiv des Auswärtigen Amts, Berlin;
Historisches Archiv Krupp der Alfried Krupp von Bohlen und Halbach-Stiftung Essen (Dokumentation FAH 4 E 847);
Cécile und Oskar Vogt-Archiv, (Heinrich-Heine-Universität Düsseldorf);
Pachtgebiet Kiautschou, Politisches Archiv des Auswärtigen Amts Berlin (Ziffer 1861/97);
Keipert, Maria/ Grupp, Peter/ Historischer Dienst des Auswärtiges Amts (Hg.): *Biographisches Handbuch des deutschen Auswärtigen Dienstes 1871-1945*. Verlag Ferdinand Schöningh. Paderborn 2005, Bd. 2, G-K, S. 647f.;

Krebs, Emil (1899): [Abschnitt] XIX China. In: von Liszt, Franz (Hg.): *Die Strafgesetzgebung der Gegenwart in rechtsvergleichender Darstellung*. Bd. 2: *Das Strafrecht der aussereuropäischen Staaten*. Berlin: Otto Liebmann, S. 369-384;
Krebs, Emil: *Über das Chinesisch lernen*. China-Archiv, hg. vom Deutsch-Chinesischen Verband, 3. Jahrgang (1918), Heft 1 und 2. Sonderabdruck von H. S. Hermann, Berlin;
Krebs, Emil: *Deutsche Tätigkeit in China*. In: Der neue Orient 7 (1920), S. 75-79; Ders.: *Chinas innere und äußere Politik*. In: Der neue Orient 7, 3, S. 81-89; 4, S. 124-133;
Krebs, Emil (1919): *Nutzen des Sprachstudiums für Beamte des Auslandsdienstes*. Unveröffentlichtes Manuskript, Historisches Archiv Krupp, FAH 4 E847, S. 135-166;
Deneke, Toni (1967): Das Sprachwunder. In memoriam *Emil Krebs, 15.11.1867 – 31.3.1930* unveröffentlichtes Manuskript, Leipzig Oktober 1967;
Deneke, Toni zum 80. Geburtstag ihrer Schwester Mande Krebs, 1957, unveröffentlichtes Manuskript;
„Bibliothek Krebs", Inventarverzeichniss;

Prof. Dr. Wilhelm Matzat Deutsche China-Gesellschaft Köln, Mitteilungsblatt 43, Heft 1, S. 31 - 47 und Internet http://www.tsingtau.org/das-sprachwunder-emil-krebs/;
Prof. Dr. med. Katrin Amunts aus „Emil Krebs Kurier des Geistes";
Otto Juliu Bierbaum (1897): *To-lu-to-lo oder Wie Emil Türke wurde*. In: Studentenbeichten, Kap. 4, S. 38-77;
von Glasenapp, Helmuth: *Meine Lebensreise – Menschen, Länder und Dinge, die ich sa'* (Wiesbaden 1964);
von Heyking, Elisabeth: *Tagebücher aus vier Weltteilen*, Leipzig 1926;
von Maltzan, Edith Freifrau (1986): *Briefe aus China an ihre Eltern Hermann und Carola Gruson sowie Tagebuch-Aufzeichnungen 1914-1917*. Bearbeitet von Edith von Bohlen und Halbach geb. von Maltzan. Partenkirchen, S. 178-181;
von Bohlen und Halbach, Gustav: *Briefe an die Mutter Sophie von Bohlen und Halbach. 1900 – 1903*, aus dem Englischen übersetzt und bearbeitet von Edith von Bohlen und Halbach, geb. von Maltzan. Richard Bracht Essen 1984, Grafische Betriebe und Verlag GmbH;
von Hentig, Werner Otto (1963), *Mein Leben – eine Dienstreise*, S. 32/35 und 44/45 sowie Anhang, Verlag Vandenhoeck & Ruprecht, Göttingen;

Prof. Leutner, Mechthild (2006): Auszüge aus den stenographischen Berichten des Deutschen Reichstags (14.-15.04.1913). In: Dies. (Hg.): *Deutsch-chinesische Beziehungen 1911-1927. Vom Kolonialismus zur ‚Gleichberechtigung'*. Eine Quellensammlung. Verfasst von Andreas Stehn, Berlin, Kap. 1, Dokument 7, S. 79-90, bes. S. 84ff. ;
Hahn, Peter (Hg.) (2011): *Emil Krebs – Kurier des Geistes*. OASE Verlag Badenweiler;

Programm des evangelischen Gymnasiums zu Schweidnitz von 1887
Schweidnitz, L. Heege's Buchdruckerei (Oskar Güntzel), 1887, Progr.-Nr. 193;
Nachrichtenblatt der Schulgemeinde des Schweidnitzer Gymnasiums
Verfasser: Georg Dröscher, Berlin;
Prof. Ferdinand Lessing: *Emil Krebs*. In: Ostasiatische Rundschau, 11. Jahrgang, Nr. 8 (16.04.1930);
Gutmann, Heinrich: *Ein Kopf und hundert Zungen*. Berliner Illustrierte Zeitung, Nr. 22 (31.05.1930), S. 979 – 982;
Prof. Eduard Erkes: Emil Krebs + In: ‚Litterae orientales' Nr. 46 (Leipzig 1931), S. 13 – 14;
von Salzmann, Erich: Zeitschrift *Die Woche*, Berlin 1914, Heft 1, S. 24-29;
Vossischen Zeitung Erste Beilage: *Das Sprachwunder*, vom 3.4.1930, Nr. 158; Zeichen H. G – n.;
3sat, Sendung vom 22.12.2004, Manuskript *Einzig dastehende Fähigkeit für Erlernen von Sprachen;*

Stadtbibliothek München/Monacensia, Nachlass von Otto Julius Bierbaum (Signatur: Nachl. O. J. Bierbaum);
Deutsche Staatsbibliothek Berlin, diverse Veröffentlichungen von Emil Krebs (Recherche von Yan, Jianan, Fremdsprachenuniversität Peking;

Freiherr Philipp *Alfons Mumm* von Schwarzenstein, Kaiserlicher ausserordentlicher Gesandter und bevollmächtigter Minister in Peking: *Ein Tagebuch in Bildern (1900 – 1902);*
Hu, Shu Chao (1979): The development of the Chinese Collection in the Library of Congress. Boulder: Westview Press;
Yan, Jianan 闫佳男 (2016): 夏礼辅及其《燕影剧》研究 (dt.: Studie über Emil Krebs und *Chinesische Schattenspiele*). Univ. Masterarbeit, Düsseldorf – Peking (Beijinger Fremdsprachenuniversität, chinesisch 北京外国语大学, englisch Beijing Foreign Studies University);

Diverse Bilder, Briefe, Reiseberichte usw. aus den persönlichen Archiven von Brigitte Mayr (Gaienhofen) und Eckhard Hoffmann (Potsdam).